COLLECTION MICHEL LÉVY

OEUVRES COMPLÈTES
D'ALEXANDRE DUMAS

2800

D'ALEXANDRE DUMAS
PUBLIÉES DANS LA COLLECTION MICHEL LÉVY.

	Vol.		Vol.
Acté	1	Impressions de voyage:	
Amaury	1	— Quinze Jours au Sinaï	1
Ange Pitou	2	— En Russie	4
Ascanio	2	— Le Speronare	2
Aventures de John Davys	2	— En Suisse	3
Les Baleiniers	2	— Le Véloce	2
Le Bâtard de Mauléon	3	— La Villa Palmieri	1
Black	1	Ingénue	2
La Bouillie de la C^{sse} Berthe	1	Isabel de Bavière	2
La Boule de Neige	1	Italiens et Flamands	2
Bric-à-Brac	2	Ivanhoe de W. Scott. (Trad.)	2
Un Cadet de famille	3	Jane	1
Le Capitaine Pamphile	1	Jehanne la Pucelle	1
Le Capitaine Paul	1	Louis XIV et son Siècle	4
Le Capitaine Richard	1	Louis XV et sa Cour	2
Catherine Blum	1	Les Louves de Machecoul	3
Causeries	2	Madame de Chamblay	2
Cécile	1	La Maison de glace	2
Charles le Téméraire	2	Le Maître d'armes	1
Le Chasseur de sauvagine	1	Les Mariages du père Olifus	1
Le Château d'Eppstein	2	Les Médicis	1
Le Chevalier d'Harmental	2	Mes Mémoires	10
Le Chevalier de Maison-Rouge	2	Mémoires de Garibaldi	2
Le Collier de la reine	3	Mémoires d'une aveugle	2
La Colombe, Adam le Calabrais	1	Mém. d'un médecin (Balsamo)	5
Le Comte de Monte-Cristo	6	Le Meneur de loups	1
La Comtesse de Charny	6	Les Mille et un Fantômes	1
La Comtesse de Salisbury	2	Les Mohicans de Paris	4
Les Compagnons de Jéhu	3	Les Morts vont vite	2
Confessions de la marquise	2	Napoléon	1
Conscience l'Innocent	2	Une Nuit à Florence	1
La Dame de Monsoreau	3	Olympe de Clèves	3
La Dame de Volupté	2	Le Page du duc de Savoie	2
Les Deux Diane	3	Le Pasteur d'Ashbourn	2
Les Deux Reines	2	Pauline et Pascal Bruno	1
Dieu Dispose	2	Un Pays inconnu	1
Les Drames de la mer	1	Le Père Gigogne	2
La Femme au collier de velours	1	Le Père la Ruine	1
Fernande	1	La Princesse de Monaco	2
Une Fille du régent	1	La Princesse Flora	1
Le Fils du forçat	1	Les Quarante-Cinq	3
Les Frères corses	1	La Régence	1
Gabriel Lambert	1	La Reine Margot	2
Gaule et France	1	La Route de Varennes	1
Georges	1	Le Salteador	1
Les Grands Hommes en robe de chambre: César	2	Salvator	5
Un Gil Blas en Californie	1	Souvenirs d'Antony	1
La Guerre des femmes	2	Les Stuarts	1
Histoire d'un casse-noisette	1	Sultanetta	1
L'Horoscope	1	Sylvandire	1
Impressions de voyage:		Le Testament de M. Chauvelin	1
— Une Année à Florence	1	Trois Maîtres	1
— L'Arabie Heureuse	3	Les Trois Mousquetaires	2
— Les Bords du Rhin	2	Le Trou de l'enfer	1
— Le Capitaine Arena	1	La Tulipe noire	1
— Le Caucase	3	Le Vicomte de Bragelonne	6
— Le Corricolo	2	La Vie au désert	2
— Le Midi de la France	2	Une Vie d'artiste	1
— De Paris à Cadix	2	Vingt ans après	

Clichy. — Imprimerie de Maurice LOIGNON, rue du Bac-d'Asnières, 12.

LES
GRANDS HOMMES
EN ROBE DE CHAMBRE

CÉSAR

PAR

ALEXANDRE DUMAS

I

PARIS

MICHEL LÉVY FRÈRES, LIBRAIRES ÉDITEURS

RUE VIVIENNE, 2 BIS, ET BOULEVARD DES ITALIENS, 15
A LA LIBRAIRIE NOUVELLE

1866
Tous droits réservés

LES
GRANDS HOMMES
EN ROBE DE CHAMBRE
— CÉSAR —

I

César naquit le 10 du mois de juillet, cent ans juste avant Jésus-Christ, — et nous dirons plus tard comment, à notre avis, il fut un des précurseurs de la religion chrétienne.

Nulle origine moderne, si ambitieuse qu'elle soit, ne saurait se comparer à la sienne : ni celle des Mérode, qui prétendent descendre de Mérovée; ni celle des Lévis, qui se disent cousins de la Vierge.

Écoutez-le lui-même dans l'éloge funèbre de sa tante Julia, femme de Marius le Vieux :

« Mon aïeule maternelle, dit-il, descendait d'Ancus Martius, l'un des premiers rois de Rome, et mon père appartenait à la famille Julia, dont Vénus fut la source, *on trouve donc dans ma famille la sainteté des rois, qui sont les maîtres des hommes, et la majesté des dieux, qui sont les maîtres des rois.* »

Peut-être, nous autres modernes, sceptiques que nous sommes, douterions-nous de cette généalogie, mais quatre vingts ans avant Jésus-Christ, c'est-à-dire à l'époque où César faisait son discours, personne n'en doutait.

En effet, César avait en lui, transmises à travers les siècles, beaucoup de qualités de ce quatrième roi de Rome, qui réunissait, disent les historiens, à la valeur de Romulus, son prédécesseur, la sagesse de Numa, son grand-père, qui avait agrandi et reculé jusqu'à la mer le territoire romain, fondé la colonie d'Ostie, jeté sur le Tibre le premier pont permanent, enfermé dans le Pomœrium le mont de Mars et le mont Aventin, et organisé, si l'on peut appliquer ce mot à l'antiquité, cette fameuse commune romaine, plèbe agricole qui donna à la République ses plus grands hommes.

Vénus, de son côté, a été prodigue envers lui. Il a la taille haute et mince, sa peau est blanche et fine, son pied et sa main sont modelés sur le pied et la main de la déesse de la fortune et de la beauté, il a des yeux noirs et pleins de vie, dit Suétone, « des yeux de faucon, » dit Dante, et son nez, légèrement recourbé, lui donne avec cet oiseau, et même avec l'aigle, une de ces ressemblances comme en ont avec les animaux véritablement nobles les hommes véritablement grands.

Quant à son élégance, elle est proverbiale. Il s'épile la peau avec soin, il a, même dans sa jeunesse, ces cheveux rares qui lui feront une calvitie précoce ; ses cheveux, il les ramène donc avec le plus grand art sur le devant de sa tête ; ce qui fait que Cicéron ne se défie pas de ce jeune homme si bien coiffé, et qui se gratte la tête avec un seul doigt, pour ne pas déranger l'économie de sa chevelure. Mais Sylla, qui est un autre politique que l'avocat de Tusculum, qui a des yeux bien autrement perçants que l'ami d'Atticus, Sylla, en le voyant marcher mollement sur les franges de sa toge, Sylla le montre du doigt et dit : « Prenez garde à cette ceinture lâche ! »

On ne sait pas grand'chose sur la première jeunesse de César.

Rome, occupée des sanglantes disputes de Marius et de Sylla, ne fait point attention à cet enfant qui grandit dans l'ombre.

César a seize ans déjà quand le dictateur remarque au Forum, au champ de Mars, sur la via Appia, un bel adolescent qui marche la tête haute et souriante, qui va rarement en litière, — en litière, on n'est point assez vu ; — qui, tout au contraire de Scipion Nasica ou Émilien, — nous ne nous rappelons plus au juste — lequel, demandait à un paysan aux mains calleuses : « Mon ami, marches-tu donc sur les mains ? » qui, au contraire de ce Scipion, laisse tomber sa main blanche et efféminée entre les mains les plus rudes ; ce jeune homme connaît par leur nom jusqu'aux esclaves ; il passe orgueilleux et sans baisser la tête devant les plus puissants, mais courtise et flatte le plébéien en tunique ; il est gai dans une époque où tout le monde est triste, prodigue dans un temps où tout le monde enfouit son argent, populaire dans un moment où la popularité est un titre de proscription.

Avec tout cela, il est le neveu de Marius !

Le dictateur, disons-nous, le remarque ; il veut savoir

à quoi s'en tenir sur lui, il va lui imposer sa volonté : si César cède à cette volonté, Sylla s'est trompé ; s'il y résiste, il a bien jugé César.

Enfant, César avait été fiancé à Cossutia, une des plus riches héritières de Rome, mais née de parents chevaliers, c'est-à-dire de médiocre noblesse ; il ne peut souffrir une pareille alliance ; la chevalerie, la noblesse même sont indignes de lui : il lui faut le plus pur patriciat.

Il répudie Cossutia pour prendre Cornélie.

A la bonne heure ! celle-là lui convient ; Cinna, son père, a été quatre fois consul.

Mais il ne convient point à Sylla que le jeune César s'appuie à la fois sur l'influence de sa propre famille et sur l'influence de celle de son beau-père.

César reçoit l'ordre de répudier Cornélie.

Il y a, au reste, un antécédent : Pompée a reçu de Sylla un ordre pareil, et Pompée a obéi. Mais Pompée est une nature secondaire, un grand homme surfait qui a abusé de ses malheurs pour nous apparaître à travers les siècles avec une taille bien supérieure à sa taille véritable ; aussi Pompée, disons-nous, a obéi.

César refuse.

D'abord, Sylla le prive du sacerdoce, ou plutôt l'empêche d'y arriver. — Dans Rome, on n'arrivait qu'à force d'argent ; nous reviendrons là-dessus.

Sylla, comme dirait un chroniqueur moderne, coupe les vivres à César.

Comment cela ?

En vertu de la loi Cornélia.

Qu'était-ce que la loi Cornélia ?

C'était une loi qui confisquait les biens des proscrits et en dépouillait leurs parents. Or, le père de Cornélie,

Cinna, et quelques-uns des parents de César ayant été proscrits dans les guerres civiles comme attachés au parti de Marius, une partie de la fortune de César se trouvait séquestrée par l'application rigoureuse de cette loi.

César ne céda point.

Sylla donna l'ordre d'arrêter César.

En ce temps, la délation n'était point encore devenue, comme elle le devint plus tard, du temps de Caligula et de Néron, une vertu politique.

César se réfugia chez les paysans de la Sabine, où la popularité de son nom lui ouvrit jusqu'aux plus pauvres chaumières.

Là, il tomba malade.

Chaque soir, la nuit venue, on le transportait dans une autre maison que celle où il avait passé la nuit précédente.

Dans un de ces déménagements, il fut rencontré et reconnu par un lieutenant de Sylla, nommé Cornélius; mais, moyennant deux talents d'or, c'est-à-dire dix ou onze mille francs de notre monnaie actuelle, celui-ci le laissa passer.

A Rome, on le crut pris, et ce fut presque une révolution.

Dans une époque où l'on n'intercédait guère que pour soi, ce fut à qui intercéderait pour lui. Toute la noblesse, les vestales même allèrent demander sa grâce.

— Vous le voulez, dit Sylla en haussant les épaules; mais prenez garde : il y a dans cet enfant-là plusieurs Marius.

On courut dans la Sabine pour annoncer cette nouvelle à César.

Il était embarqué.

Pour quel pays?

Tout le monde l'ignorait. — L'histoire et ses vétérans lui reprochèrent, depuis, cet exil.

Il était en Bithynie, chez Nicomède III.

On ne sait guère aujourd'hui où était la Bithynie, ni qui était Nicomède III. Disons-le : nous avons, on le sait, la prétention d'apprendre à nos lecteurs plus d'histoire que l'histoire.

La Bithynie était la partie nord-ouest de l'Anatolie. Au nord, elle touchait au Pont-Euxin ; au sud, à la Galatie et à la Phrygie ; à la Propontide, à l'ouest ; à la Paphlagonie à l'est ; ses villes principales étaient Pruse, Nicomédie, Héraclée. Avant Alexandre, elle formait un petit royaume de la Perse, gouverné par Zypétès. Alexandre prit, en passant, ce royaume dans ce manteau macédonien sur le patron duquel il devait tailler Alexandrie, et en fit une de ses provinces. Deux cent quatre-vingt-un ans avant Jésus-Christ, Nicomède Ier la refit libre. Annibal s'y réfugia près de Prusias II et s'y empoisonna pour ne pas être livré aux Romains. Tout le monde connaît la tragédie de Corneille sur ce sujet.

Nicomède III était le fils de Nicomède II. Il régna de l'an 90 à l'an 75 avant Jésus-Christ ; chassé deux fois de ses États par Mithridate, il y fut rétabli deux fois par les Romains, et mourut en léguant son royaume à la République.

Quant à cette accusation portée contre César, à propos du testateur royal, elle est résumée, comme nous l'avons dit, dans les couplets que lui chanteront plus tard ses soldats :

« César a soumis les Gaules ; Nicomède a soumis César ; César triomphe pour avoir soumis les Gaules ; Nicomède ne triomphe pas pour avoir soumis César. »

César s'en fâchera. Il offrira de se justifier par serment; mais les soldats lui riront au nez, et lui chanteront le second couplet :

« Citoyens, gardez vos femmes; nous amenons le libertin chauve qui achetait les femmes dans la Gaule avec l'argent qu'il avait emprunté à Rome. »

César était donc chez Nicomède III lorsqu'il y apprit la mort de Sylla.

Sylla venait, en effet, de mourir après avoir abdiqué.

Cette abdication imprévue fait l'étonnement de la postérité. Pauvre postérité! elle ne s'est point amusée à compter les gens qui, à Rome, avaient intérêt à ce qu'il n'arrivât point malheur à Sylla, et qui le gardaient, simple particulier, avec un bien autre soin qu'ils gardaient le dictateur, lequel, étant dictateur, n'avait pas besoin d'être gardé, attendu qu'il avait ses gardes.

Il avait mis à peu près trois cents hommes à lui dans le sénat.

A Rome seule, le nombre des esclaves des proscrits — esclaves affranchis par lui et qui portaient le nom de *cornéliens*, — à Rome seule, disons-nous, le nombre des esclaves affranchis par lui montait à plus de dix mille.

Il avait fait propriétaires en Italie, en leur donnant des parts dans l'*ager publicus*, cent vingt mille soldats qui avaient combattu sous ses ordres.

D'ailleurs, avait-il bien véritablement abdiqué celui qui, dans sa villa de Cumes, la veille de sa mort, ayant appris que le questeur Granius, comptant sur l'événement attendu, différait de payer une somme qu'il devait au trésor, faisait prendre le questeur Granius et le faisait étrangler sous ses yeux et près de son lit?

Le lendemain donc de cette exécution, il était mort;

d'une vilaine mort, ma foi, pour l'homme qui se faisait appeler fils de Vénus et de la Fortune, et qui avait la prétention, justifiée d'ailleurs, d'avoir été au mieux avec toutes les belles femmes de Rome : pourri avant de mourir ! comme certains corps dont parle le fossoyeur d'*Hamlet* : *Rotten before he dies*. Il avait rendu le dernier soupir, rongé par les poux jaillissant des ulcères dont son corps était couvert, et qui, pareils à des colonies d'émigrants, ne sortaient d'une plaie que pour rentrer dans une autre.

Cela n'avait pas empêché que ses funérailles ne fussent peut-être son plus beau triomphe.

Porté de Naples à Rome par la via Appia, son corps avait été escorté par des vétérans. Devant ce cadavre immonde marchaient vingt-quatre licteurs avec des faisceaux ; derrière le char, on portait deux mille couronnes d'or envoyées par les villes, par les légions et même par de simples particuliers ; tout autour se tenaient les prêtres, pour protéger le cercueil.

Sylla, le reconstructeur de l'aristocratie romaine, n'était pas populaire, il faut l'avouer ; mais, outre les prêtres, il y avait aussi le sénat, les chevaliers et l'armée.

On craignait une émeute. Toutefois, ceux qui n'avaient rien tenté contre le vivant laissèrent passer tranquillement le mort.

Et le mort passa au bruit des acclamations solennelles poussées en mesure par le sénat, au bruit des fanfares éclatantes jetées à l'écho par les trompettes.

Entré à Rome, l'infect cadavre fut conduit et loué à la tribune aux harangues.

Enfin, on l'enterra au champ de Mars, où personne n'avait été enterré depuis les rois.

Puis ces femmes dont il se vantait d'avoir été l'amant, ces descendantes de Lucrèce et de Cornélie apportèrent, outre ceux qui étaient contenus dans deux cent dix corbeilles, une si grande quantité d'aromates, qu'il en resta, Sylla brûlé, assez pour faire une statue de Sylla de grandeur naturelle et une statue de licteur portant les faisceaux devant lui.

Sylla mort à Cumes, brûlé à la tribune aux harangues et enterré au champ de Mars, César vint donc à Rome, comme nous l'avons dit.

Maintenant, dans quel état était Rome ?

C'est ce que nous allons essayer de raconter.

II

A l'époque où nous sommes arrivés, c'est-à-dire l'an 80 avant Jésus-Christ, Rome n'est point encore la Rome que Virgile appelle *la plus belle des choses*, que le rhéteur Aristide appelle *la capitale des peuples*, qu'Athénée appelle *l'abrégé du monde*, et Polémon le Sophiste *la ville des villes*.

Ce n'est que quatre-vingts ans plus tard, vers l'époque correspondant à la naissance du Christ, qu'Auguste dira : « Voyez cette Rome, je l'ai prise de brique et je la laisserai de marbre. »

En effet, le travail d'Auguste, — dont nous n'avons pas à nous occuper à cette heure, et dont néanmoins nous ne sommes pas fâché de dire un mot en passant, — le travail d'Auguste peut se comparer à celui qui se fait aujourd'hui chez nous, et qui change l'aspect de cette autre chose, *la plus belle des choses*, de cette autre *capitale des peuples*, de cet autre *abrégé du monde*, de cette autre *ville des villes* qu'on appelle Paris.

Revenons à la Rome de Sylla. Voyons d'où elle était partie ; voyons où elle était arrivée.

Tâchez de retrouver, au milieu de cet amas confus de maisons qui couvre les sept collines, deux buttes hautes comme ce que nous appelons la montagne Sainte-Geneviève, et que l'on nomme, ou plutôt que l'on nommait *Saturnia* et *Palatium*.

Saturnia est le village de chaume fondé par Évandre ; Palatium est le cratère d'un volcan éteint.

Entre ces deux buttes passe une étroite vallée : c'était autrefois un bois, c'est aujourd'hui le Forum.

C'est dans ce bois que furent trouvés les deux jumeaux historiques et la louve nourricière.

Rome est partie de là.

Quatre cent trente-deux ans après la prise de Troie, deux cent cinquante ans après la mort de Salomon, au commencement de la septième olympiade, dans la première année du gouvernement décennal de l'archonte athénien Chérops, l'Inde étant déjà décrépite, l'Égypte penchant vers la décadence, la Grèce montant les premières marches de la grandeur, l'Étrurie étant à son apogée, tout l'Occident et tout le Nord demeurant encore dans les ténèbres, Numitor, roi des Albains, donna à ses deux petits-fils, Romulus et Rémus, bâtards de Rhéa Sylvia, sa fille, la place où ils avaient été exposés et trouvés.

Romulus et Rémus étaient les deux jumeaux trouvés dans le bois où les allaitait la louve ; le bois où les allaitait la louve, c'était le bois situé dans la vallée entre Saturnia et Palatium.

Aujourd'hui, vous retrouverez encore la source qui arrosait ce bois ; elle est connue sous le nom de fontaine Juturne. C'est la sœur de Turnus qui, au dire de Virgile, pleure éternellement la mort de son frère.

Prenons ici l'histoire au point de vue de la tradition ; nous n'avons point le temps de l'examiner comme mythe.

Sur la plus élevée de ces deux montagnes, Romulus trace une ligne circulaire.

— Ma ville s'appellera Rome, dit-il, et voilà l'enceinte de ses murailles.

— Belles murailles ! dit Rémus en sautant par-dessus la ligne tracée.

Romulus ne cherchait probablement qu'une occasion de se débarrasser de son frère. Il l'assomma, disent les uns, avec le bâton qu'il portait à la main ; il le tua, disent les autres, en lui passant son épée au travers du corps.

Rémus mort, Romulus creusa l'enceinte de la ville avec une charrue.

Le soc de la charrue heurta une tête d'homme.

— Bon ! dit-il, je savais déjà que ma ville s'appellerait Rome ; la citadelle s'appellera le Capitole.

Ruma, mamelle ; *caput*, tête.

En effet, le *Capitole* sera la tête du monde antique, *Rome* sera la mamelle où les peuples modernes puiseront la foi.

Le titre, comme on voit, est doublement symbolique.

En ce moment, douze vautours passent.

— Je promets à ma ville, dit Romulus, douze siècles de royauté.

Et, de Romulus à Augustule, douze siècles s'écoulent.

Alors, Romulus fait le recensement de son armée. Il a

autour de lui trois mille hommes d'infanterie et trois cent cavaliers.

C'est le noyau du peuple romain.

Cent soixante-quinze ans après ce jour, Servius Tullius fait un recensement. Il trouve quatre-vingt-cinq mille citoyens en état de porter les armes, et il trace une nouvelle enceinte où peuvent habiter deux cent soixante mille hommes.

Cette enceinte, c'est le Pomœrium, limite sacrée, enceinte inviolable, qui ne pouvait être agrandie que par ceux qui avaient conquis une province sur les barbares.

Sylla profita de la permission en 674, César en 710, Auguste en 740.

En dehors de cette enceinte s'étendait un espace consacré où l'on ne pouvait ni bâtir ni labourer.

Mais bientôt ce qui n'était pour Rome qu'une ceinture lâche et flottante, comme celle qui serrait la taille de César, devient un carcan qui l'étouffe ; — au fur et à mesure qu'elle conquiert l'Italie, l'Italie la conquiert, au fur et à mesure qu'elle envahit le monde, le monde l'envahit.

Et puis, il faut le dire, Rome a de suprêmes privilèges, le titre de citoyen romain confère de grands honneurs et surtout de grands droits, le citoyen romain est payé pour voter au Forum, et va gratis au cirque.

Mais tous ces agrandissements furent peu de chose.

« L'enceinte de la ville, dit Denys d'Halycarnasse, qui écrit du temps d'Auguste, ne s'est pas étendue davantage, le lieu ne le permettant pas. »

Autour de Rome, il est vrai, se trouve une ceinture de villes municipes, investies du droit de suffrage. Ces villes sont des Rome en miniature, ce sont les vieilles cités sabines : Tusculum, Lavinium, Aricia, Pedum, Nomentum

Privernum, Cumes, Acerre; on leur a adjoint Fondi, Formies, Arpinum.

Puis viennent les municipes sans droit de suffrage, quarante-sept colonies fondées avant la guerre punique dans l'Italie centrale, vingt autres s'écartant encore plus de *la ville*, — car déjà l'on ne dit plus Rome, on dit *la ville*, — toutes ces colonies ayant droit de cité, mais non pas droit de suffrage.

Ainsi, Rome au haut de la spirale, comme la statue sur la colonne.

Au-dessous de Rome les municipes, ou villes ayant droit de cité et de vote; au-dessous des municipes, les colonies, n'ayant plus que droit de cité; enfin, au-dessous des colonies, les Latins, les Italiens, dont le gouvernement avait pris les meilleures terres au bénéfice des colons.

Ces derniers étaient exempts des tributs d'argent, mais ils n'étaient pas exempts du tribut de la chair : ils recrutaient les armées romaines; puis ils étaient traités à peu près comme des peuples conquis, eux qui servaient à conquérir les peuples.

L'an 172, l'année de la défaite des Perses, un consul ordonne à ceux de Préneste de venir au-devant de lui et de lui préparer un logement et des chevaux.

Un autre fait battre de verges les magistrats d'une ville qui ne lui ont pas fourni de vivres.

Un censeur, qui construit un temple, fait enlever le toit du temple de Junon Lacinienne, le temple le plus sacré de l'Italie, pour achever le sien.

A Férente, un préteur, qui veut se baigner dans les bains publics, en chasse tout le monde et fait battre de verges un des questeurs de la ville qui a voulu s'opposer à cette fantaisie.

Un bouvier de Venusium rencontre un citoyen romain porté dans sa litière, — un simple citoyen, vous entendez.

— Bon! dit le bouvier aux esclaves, est-ce que vous portez un mort?

Ce mot déplaît au voyageur, qui le fait expirer sous le bâton.

Enfin, à Teanum, un préteur fait battre de verges les magistrats, parce que sa femme, qui avait eu l'idée d'aller aux bains à une heure inaccoutumée, n'a pas trouvé ces bains libres, quoique, une heure auparavant, elle ait signifié son intention.

Rien de cela ne serait jamais arrivé à Rome.

C'est qu'en effet Rome ne se révèle aux provinces que par ses proconsuls.

Et de quelle façon les proconsuls traitent-ils les provinces?

Nous venons d'en voir quelques exemples.

Ce n'est rien que ce que nous venons de dire; voyez Verrès en Sicile, Pison en Macédoine, Gabinius en Syrie.

Lisez Cicéron. Tout le monde connaît son accusation contre Verrès.

Quant à Pison, il lève en Achaïe des impôts pour son propre compte, oblige les plus nobles filles à devenir ses maîtresses; plus de vingt se jettent dans des puits pour échapper à la couche proconsulaire.

Gabinius tient plus à l'argent qu'aux femmes. Il crie à tue-tête que tout lui appartient en Syrie, et qu'il a payé son proconsulat assez cher pour qu'il ait le droit de tout vendre.

Enfin, ouvrez Cicéron toujours, cherchez aux lettres à Atticus, et vous verrez dans quel état il trouve la Bithynie quand, proconsul à son tour, il succède à Atticus, et quel est l'étonnement des populations quand il déclare qu'il se contente de deux millions deux cent mille sesterces, c'est-à-dire des quatre cent quarante mille francs que le sénat lui donne, et que, moyennant cette somme, il n'a besoin ni de bois pour sa tente, ni de blé pour sa suite, ni de foin pour ses chevaux.

Dans la société antique, la capitale est tout, la province n'est rien.

Numance prise, l'Espagne est aux Romains.

Il en est ainsi de Carthage, qui livre l'Afrique; de Syracuse, qui livre la Sicile; de Corinthe, qui livre la Grèce.

Jugez donc de ce qu'est Rome, à qui les augures promettent l'empire du monde, quand il en est ainsi des autres capitales.

Tout vient à elle :

Riche, pour jouir; pauvre, pour manger; citoyen nouveau, pour vendre son vote; rhéteur, pour ouvrir son école; Chaldéen, pour dire la bonne aventure.

Rome, c'est la source de tout : pain, honneurs, fortune, plaisirs; on trouve tout à Rome.

L'an 565, le sénat a beau en chasser douze mille familles latines; l'an 581, seize mille habitants; l'an 626, tous les étrangers... que sais-je, moi? — J'oublie la loi Fannia, la loi Mucia Licinia, la loi Papia, qui sont autant de saignées à la population. — Cela n'empêche point que Rome, qui ne peut s'étendre en superficie, ne s'élance en hauteur, et qu'Auguste — vous verrez cela dans Vitruve — ne soit obligé de rendre une loi qui défend de bâtir des maisons de plus de six étages.

Aussi voyons-nous que, quelque temps avant l'époque où nous sommes arrivés, Sylla relâche d'un cran la ceinture de Rome, qui commençait à craquer.

Dans quelle proportion chronologique Rome s'est-elle augmentée peu à peu ?

Nous allons le dire.

Sa première révolution faite, Brutus et Collatin nommés consuls, Rome s'occupe d'abord de repousser hors d'elle l'élément étrusque, comme la France d'Hugues Capet repoussa l'élément carlovingien. Puis elle passa à la conquête des territoires environnants.

Après s'être agrégé les Latins et les Herniques, elle soumet les Volsques, prend Véies, jette les Gaulois en bas du Capitole, remet à Papirius Cursor la conduite de la guerre des Samnites, qui embrasera l'Italie, de l'Étrurie à la pointe de Rhegium.

Puis, regardant autour d'elle, voyant l'Italie soumise, elle passe aux conquêtes étrangères.

Duilius lui soumet la Sardaigne, la Corse et la Sicile, Scipion, l'Espagne, Paul-Émile, la Macédoine, Sextius, la Gaule transalpine.

Là il y a une halte. Rome s'arrête.

De ce sommet des Alpes qu'elle a entrevu à travers les neiges, descend Annibal, il frappe trois coups, et à chacun de ces coups, fait à Rome une blessure presque mortelle.

Ces blessures s'appellent Trébie, Trasimène et Cannes.

Par bonheur pour Rome, Annibal est abandonné par le parti des marchands, on le laisse en Italie sans argent, sans hommes, sans renforts.

Scipion, de son côté, passe en Afrique. Annibal a manqué prendre Rome, Scipion va prendre Carthage.

Annibal se place entre lui et la ville africaine, et perd la bataille de Zama, se réfugie chez Prusias, et s'y empoisonne pour ne pas tomber au pouvoir des Romains.

Ce grand ennemi abattu, la conquête reprend son cours.

Antiochus livre la Syrie; Philippe V, la Grèce; Jugurtha la Numidie.

Alors, Rome n'aura plus qu'à conquérir l'Égypte, et elle sera maîtresse de ce grand lac qu'on appelle la Méditerranée, bassin merveilleux creusé pour la civilisation de tous les âges, que traversent les Égyptiens allant peupler la Grèce, les Phéniciens allant fonder Carthage, les Phocéens allant bâtir Marseille; vaste miroir où se sont réfléchies tour à tour Troie, Canope, Tyr, Carthage, Alexandrie, Athènes, Tarente, Sybaris, Rhegium, Syracuse, Sélinunte et Numance, et où Rome se réfléchit elle-même, majestueuse, puissante, invincible.

Couchée aux rives septentrionales de ce lac, elle étend un de ses bras vers Ostie, l'autre vers Brindes, et elle a sous sa main les trois parties du monde connu :

L'Europe, l'Asie et l'Afrique.

Grâce à ce lac, avant soixante ans écoulés, elle ira à tout et partout : par le Rhône, au cœur de la Gaule; par l'Éridan, au cœur de l'Italie; par le Tage, au cœur de l'Espagne; par le détroit de Cadix, à l'Océan et aux îles Cassitérides, c'est-à-dire à l'Angleterre; par le détroit de Sestos, au Pont-Euxin, c'est-à-dire à la Tartarie; par la mer Rouge, à l'Inde, au Thibet, à l'océan Pacifique, c'est-à-dire à l'immensité; par le Nil, enfin, à Memphis, à Éléphantine, à l'Éthiopie, au Désert, c'est-à-dire à l'inconnu.

Voilà cette Rome que viennent de se disputer Marius et Sylla, que vont se disputer César et Pompée, et dont héritera Auguste.

III

Que représentaient ces deux hommes qui venaient de lutter à mort : Marius et Sylla?

Marius représentait l'Italie, Sylla représentait Rome.

La victoire de Sylla sur Marius avait été le triomphe de Rome sur l'Italie; celui des nobles sur les riches, des hommes portant la lance sur les hommes portant l'anneau, des quirites sur les chevaliers.

Seize cents chevaliers et quarante sénateurs du même parti furent proscrits. Ici, proscrit ne veut pas dire exilé : il veut dire tué, massacré, égorgé.

Leurs biens passèrent aux soldats, aux généraux, aux sénateurs.

Marius avait tué brutalement et comme un rustre d'Arpinum.

Sylla tua en aristocrate, méthodiquement, régulièrement. Chaque matin, il lançait sa liste; chaque soir, il en vérifiait le total.

Il y avait telle tête qui valait deux cents talents, douze cent mille livres.

Il y en avait d'autres qui ne valaient que leur poids en argent.

On se rappelle cet égorgeur qui avait coulé du plomb dans le crâne de la sienne, afin qu'elle pesât davantage.

Être riche était un motif pour être proscrit; l'un était proscrit pour son palais, l'autre pour ses jardins.

Un homme qui n'avait jamais pris parti ni pour Marius ni pour Sylla, lit son nom sur la liste nouvellement affichée.

— Malheureux! dit-il, c'est ma villa d'Albe qui me tue!

Les proscriptions ne se bornaient point à Rome, elles s'étendaient à toute l'Italie.

Non-seulement les suspects étaient mis à mort, bannis, dépouillés, mais aussi leurs parents, leurs amis, mais encore ceux qui, les ayant rencontrés dans leur fuite, avaient échangé une seule parole avec eux.

Des cités étaient proscrites comme des hommes; alors, on les pillait, on les démantelait, on les dépeuplait. L'Étrurie fut presque entièrement rasée, et, en échange, dans la vallée de l'Arno, sous le nom sacerdotal de Rome, *Flora*, une ville fut fondée.

Rome avait trois noms : un nom civil : *Roma*; un nom mystérieux : *Eros* ou *Amor*; un nom sacerdotal : *Flora* ou *Anthusa*.

Flora s'appelle aujourd'hui Florence : cette fois, l'étymologie est facile à retrouver.

Sylla avait exterminé la vieille race italienne, sous le prétexte d'assurer la sûreté de Rome.

Rome, selon Sylla, était menacée par les alliés : ceux-ci avaient fait signe aux barbares qu'ils pouvaient venir, et les Chaldéens, les Phrygiens et les Syriens étaient accourus.

A la mort de Sylla, le peuple de Rome n'était plus romain; ce n'était même plus un peuple, c'était un ramas d'affranchis et de fils d'affranchis, dont les grands-pères, les pères et eux-mêmes avaient été vendus sur les places publiques. Sylla, nous l'avons dit, à lui seul, en avait affranchi dix mille.

Déjà, du temps des Gracchus, c'est-à-dire cent trente ans avant Jésus-Christ, cinquante ans environ avant la mort de Sylla, le Forum n'était plein que de cette canaille.

Aussi, un jour qu'elle faisait grand bruit, empêchant Scipion Émilien de parler :

— Taisez-vous, bâtards de l'Italie! cria celui-ci.

Puis, comme ils menaçaient, il marcha droit à ceux qui lui montraient le poing, et leur dit :

— Vous avez beau faire, ceux que j'ai amenés garrottés à Rome ne me feront pas peur, tout déliés qu'ils sont maintenant.

Et effectivement, devant Scipion Émilien, ils se turent.

C'était dans cette Rome et au milieu de ce peuple que, Sylla mort, revenait César, c'est-à-dire l'héritier et le neveu de Marius.

Soit qu'il ne crût pas que l'heure de marquer sa place fût arrivée, soit que, comme Bonaparte demandant, après le siége de Toulon, du service en Turquie, il ne vît pas encore clair dans sa fortune, César ne fit que toucher barre à Rome, et repartit pour l'Asie, où il fit ses premières armes sous le préteur Thermus. La probabilité est qu'il attendait que les troubles causés par un certain Lépide fussent calmés.

Ne pas confondre ce Lépide avec celui du triumvirat.

Celui-là était un aventurier, un champignon de hasard qui, battu par Catulus, mourut de chagrin.

Rome plus calme, César revint pour accuser de concussion Dolabella.

C'était un excellent moyen non-seulement de se faire connaître, mais encore d'arriver vite à la popularité, que l'accusation ; seulement, il fallait réussir ou s'exiler.

César échoua.

Il résolut alors de se retirer à Rhodes, tant pour se dérober aux nouveaux ennemis qu'il venait de se faire que pour y étudier l'éloquence, qu'il n'avait point assez étudiée, à ce qu'il paraissait, puisque Dolabella l'avait emporté sur lui.

En effet, à Rome, tout le monde était avocat peu ou prou; on discutait rarement, on plaidait toujours; les discours étaient de véritables plaidoyers déclamés, modulés, chantés. Beaucoup d'orateurs avaient derrière eux un joueur de flûte qui leur donnait le *la*, et qui les rappelait au ton et à la mesure quand ils parlaient faux.

Tout le monde avait le droit d'accuser.

Si l'accusé était citoyen romain, il restait libre; seulement, un ami le cautionnait, et, la plupart du temps, un magistrat le recevait dans sa maison.

Quand l'accusé était un chevalier, un quirite ou un patricien, l'accusation mettait Rome sens dessus dessous; c'était la nouvelle du jour. Le sénat prenait parti pour ou contre l'accusation; en attendant le grand jour, des amis de l'accusateur ou de l'accusé montaient à la tribune et échauffaient le peuple pour ou contre; chacun cherchait des preuves, achetait des témoins, fouillait de tous côtés pour trouver la vérité et, à défaut de la vérité, le mensonge. On avait trente jours pour cela.

— Un homme riche ne peut être condamné! criait tout haut Cicéron.

Et Lentulus, acquitté à deux voix de majorité, s'écriait:

— J'ai jeté cinquante mille sesterces par la fenêtre!

C'était le prix qu'il avait payé une des deux voix, laquelle était superflue, puisqu'une seule eût suffi pour le faire acquitter.

Il est vrai que c'était dangereux de n'en avoir qu'une seule.

L'accusé, en attendant le jour du jugement, parcourait les rues de Rome en haillons; il allait de porte en porte, réclamant la justice et même la miséricorde de ses concitoyens, se mettant à genoux devant ses juges, priant, suppliant, pleurant.

Ces juges, quels étaient-ils ?

Tantôt les uns, tantôt les autres.

On les changeait pour que les nouveaux ne se vendissent pas comme les anciens, — et les nouveaux se vendaient plus cher.

Les Gracques enlevèrent, en 630, par la loi Sempronia, ce privilége aux sénateurs et le donnèrent aux chevaliers.

Sylla, en 671, par la loi Cornélia, partagea ce pouvoir entre les tribuns, les chevaliers et les représentants du trésor.

César, sous l'empire de la loi Cornélia, avait eu une affaire au sénat.

Le débat durait un jour, deux jours, quelquefois trois jours.

Sous le ciel ardent de l'Italie, dans ce Forum où les deux partis se heurtaient comme les flots d'une mer houleuse, l'orage des passions grondait et les éclairs de la haine passaient comme des serpents de flamme sur la tête des auditeurs.

Puis ces juges, n'essayant pas même de chasser de leur front et de leur regard la sympathie ou l'antipathie, passaient devant l'urne.

Ils étaient quelquefois quatre-vingts, cent et même davantage, et déposaient le vote qui absolvait ou qui *permettait* l'exil au coupable.

C'est ainsi que, l'an 72, l'exil fut permis à Verrès, sur l'accusation de Cicéron.

La lettre A, qui voulait dire *absolvo*, avait été en majorité pour Dolabella, et Dolabella avait été absous.

Comme nous l'avons dit, César partit donc de Rome ; lisez : fut obligé de s'enfuir de Rome, pour Rhodes.

A Rhodes, il comptait sur un fameux rhéteur nommé Molo ; mais César comptait sans les pirates. César ne *portait pas encore avec lui sa fortune* : il fut pris par les pirates qui infestaient la Méditerranée.

Disons un mot de ces pirates, qui, vers l'an 80 avant Jésus-Christ, jouaient à peu près, dans les mers de Sicile et les mers de Grèce, le rôle qu'y jouaient, au XVI° siècle, les corsaires d'Alger, de Tripoli et de Tunis.

IV

Ces pirates avaient été autrefois, en général, des auxiliaires de Mithridate ; mais, Sylla l'ayant battu, l'an 94 avant Jésus-Christ, lui ayant pris l'Ionie, la Lydie, la Mysie, lui ayant tué deux cent mille hommes, ayant anéanti sa marine et l'ayant réduit aux États de son père, les marins du roi de Pont se trouvèrent sur le pavé, et, ne pouvant plus combattre pour le compte du père de Pharnace, ils résolurent de combattre pour leur propre compte.

A eux s'étaient joints tous ceux que les déprédations des proconsuls romains envoyés en Orient avaient poussés hors des gonds : c'étaient des Ciliciens, des Syriens, des Cypriotes, des Pamphyliens.

Rome, occupée des guerres entre Marius et Sylla, laissait la mer sans défense ; les pirates s'en emparèrent.

Mais ils ne se bornaient pas à attaquer les barques, les galères et même les grands bâtiments ; « ils ravageaient, dit Plutarque, les îles et les villes maritimes. »

Bientôt, à ce ramas d'aventuriers et d'hommes sans

nom se joignirent des proscrits de Sylla, des nobles, des chevaliers. De même que le mot *bandit* vient chez nous de *bandito*, de même la piraterie en arriva à devenir une réaction de l'Orient contre l'Occident, une espèce de métier sinon honorable, du moins pittoresque et poétique, qui pouvait fournir aux Byrons et aux Charles Nodier du temps des types de Conrad et de Jean Sbogar.

Ils avaient des arsenaux, des ports, des tours d'observation, des citadelles parfaitement fortifiées, ils échangeaient, de la terre à la mer et de la mer à la terre, des signaux compris par eux seuls, à des distances considérables.

Leurs flottes étaient riches en bons rameurs, en excellents pilotes, en matelots consommés, leurs bâtiments étaient faits, sous leurs yeux, par les meilleurs constructeurs, en Grèce ou en Sicile. Quelques-uns épouvantaient par leur magnificence: les poupes des principaux chefs étaient dorées, les appartements intérieurs avaient des tapis de pourpre, ils battaient la mer avec des rames argentées, ils érigeaient enfin leur brigandage en trophée.

Le soir, on entendait, d'une ville située au bord de la mer une musique qui rivalisait avec le chant et la mélodie des sirènes, on voyait passer un château flottant illuminé comme une ville en fête. C'étaient les pirates qui donnaient concert et bal.

Souvent, le lendemain, la ville répondait aux chants de la veille par des cris de désespoir, et la fête sanglante succédait à la fête parfumée.

On comptait plus de mille de ces vaisseaux sillonnant la mer intérieure de Gades à Tyr, et d'Alexandrie au détroit de Lesbos.

Plus de quatre cents villes avaient été prises et forcées de se racheter. Enfin, des temples, jusqu'alors sacrés, avaient été pris, profanés, pillés : ceux de Claros, de Didyme, de Samothrace, ceux de Cérès à Hermione, d'Esculape à Épidaure, de Junon à Samos, d'Apollon à Actium et à Leucade, de Neptune dans l'isthme, à Ténare et à Calaurie.

En échange, ces bandits faisaient des sacrifices à leurs dieux, célébraient des mystères secrets, entre autres ceux de Mithra, que les premiers ils firent connaître.

Parfois ils descendaient à terre et se faisaient voleurs de grand chemin, infestaient les routes, ruinaient les maisons de plaisance qui avoisinaient la mer.

Un jour, ils enlevèrent deux préteurs vêtus de leurs robes de pourpre, et les emmenèrent, ainsi que les licteurs qui portaient les faisceaux devant eux.

Un autre jour, ce fut la fille d'Antonius, magistrat honoré du triomphe, qui fut enlevée et obligée de payer une énorme rançon.

Parfois, un prisonnier, oubliant en quelles mains il était tombé, s'écriait, pour leur inspirer du respect :

— Prenez garde ! je suis citoyen romain.

Eux, alors, s'écriaient aussitôt :

— Citoyen romain ! que ne disiez-vous cela, seigneur ? Vite ! rendez au citoyen romain ses habits, ses souliers, sa toge, afin qu'on ne le méconnaisse pas davantage.

Puis, quand la toilette du citoyen était faite, on mettait le bâtiment en panne, on y accrochait une échelle dont le pied baignait dans la mer, et on disait à l'orgueilleux prisonnier :

— Citoyen romain, la route est ouverte, retournez à Rome.

Et, s'il ne descendait pas de bonne volonté à la mer, on l'y précipitait de force.

Voilà les hommes aux mains desquels était tombé César.

D'abord, ils lui demandèrent vingt talents pour sa rançon.

— Allons donc! leur dit César en se moquant d'eux, il paraît que vous ne savez pas qui vous avez pris; vingt talents pour la rançon de César! César vous en donne cinquante. Seulement, prenez-y garde! une fois libre, César vous fera mettre en croix.

Cinquante talents, c'était quelque chose comme deux cent cinquante mille francs.

Les bandits acceptèrent le marché en riant.

César expédia, à l'instant même, toute sa suite pour recueillir cette somme, ne gardant avec lui qu'un médecin et deux valets de chambre.

Il resta trente-huit jours avec ses Ciliciens, « hommes très-portés au meurtre, » dit Plutarque, et les traitant avec un tel mépris, que, chaque fois qu'il voulait dormir, il leur faisait dire de se taire; puis, quand il était éveillé, il jouait avec eux, écrivait des poésies, faisait des discours, les prenant pour auditeurs et les appelant brutes et barbares quand ils n'applaudissaient pas selon la mesure où César pensait que sa poésie ou son discours devaient être applaudis.

Puis, à la fin de chaque jeu, de chaque conférence ou de chaque lecture :

— C'est égal, disait César en prenant congé d'eux, cela n'empêchera point qu'un jour ou l'autre, je ne vous fasse mettre en croix, comme je vous l'ai promis.

Et eux riaient à cette promesse, l'appelaient joyeux garçon, et applaudissaient à sa bonne humeur.

Enfin, l'argent arriva de Milet.

Les pirates, fidèles à leur parole, relâchèrent César, qui, de la barque qui le conduisait au port, leur cria une dernière fois :

— Vous savez que je vous ai promis de vous faire tous mettre en croix?

— Oui ! oui ! crièrent les pirates.

Et leurs éclats de rire le suivirent jusqu'au rivage.

César était homme de parole. A peine eut-il mis pied à terre, qu'il arma des vaisseaux, courut sus au navire qui l'avait fait prisonnier, le prit à son tour, fit deux parts, une de l'argent, l'autre des hommes ; déposa les hommes dans les prisons de Pergame; après quoi, il alla lui-même vers Junius, qui gouvernait l'Asie, ne voulant point lui enlever ses priviléges de préteur, et réclamant de lui la punition des pirates. Mais celui-ci, en voyant l'énorme quantité d'argent pris sur eux, déclara que la chose méritait d'être examinée à loisir.

Cela voulait dire, en bon latin, que le préteur Junius voulait donner le temps aux compagnons de doubler cette somme, et que, cette somme doublée, il rendrait la liberté aux prisonniers.

Ce n'était point l'affaire de César; cette vénalité du préteur le faisait manquer à sa parole.

Aussi, retournant à Pergame, se fit-il rendre ses prisonniers, et, par ses marins à lui, les fit-il tous clouer en croix en sa présence.

Il avait un peu moins de vingt ans lorsqu'il fit cette exécution.

Au bout d'un an, à peu près, César revint à Rome.

Il avait étudié à Rhodes avec Cicéron, non plus sous Molon, qui était mort dans l'intervalle, mais sous Apollonius, son fils.

Cependant, trouvant bientôt l'étude de l'éloquence une chose peu en harmonie avec le besoin d'action qui le dévorait, il partit pour l'Asie, leva des troupes à son propre compte, chassa de la province un lieutenant de Mithridate qui y était entré, et retint dans le devoir tous ceux qui étaient chancelants et incertains.

Puis il reparut au Forum.

Son aventure avec les pirates avait fait du bruit; son expédition en Asie n'avait point été sans éclat : c'était ce que l'on appellerait de nos jours, les Anglais, un homme excentrique; les Français, un héros de roman.

Il n'y avait pas jusqu'aux bruits répandus sur lui et sur Nicomède qui, tout en faisant rire les hommes, ne donnassent de la curiosité aux femmes.

Quand les femmes se chargent de la célébrité d'un homme, sa réputation est vite faite. César, jeune, beau, noble, prodigue, fut bientôt à la mode.

Il mena de front les affaires de cœur et les affaires d'État, l'amour et la politique.

C'est à cette époque qu'il faut rattacher le mot de Cicéron :

— Lui, un ambitieux ! ce beau garçon qui se gratte la tête d'un seul doigt de peur de déranger sa coiffure ? Non, et je ne crois pas que jamais celui-là mette la République en péril.

En attendant, César se faisait nommer tribun des soldats en concurrence avec Caïus Popilius, sur lequel il l'emportait.

Ce fut dans ce poste qu'il reprit sa lutte contre Sylla.

Sylla avait fort rogné le pouvoir des tribuns. César fit valoir la loi Plautia, et rappela dans Rome Lucius Cinna, son beau-frère, et les partisans de ce Lépide dont nous avons déjà parlé, et qui, après la mort de celui-ci, s'était retiré près de Sertorius.

Nous nous occuperons plus tard de cet autre capitaine d'aventure, fidèle, contre toutes les habitudes, à Marius, qui avait fait sa fortune. Pour le moment, revenons à César.

César faisait son chemin; élégant, généreux, passionné avec les femmes, gracieux dans la rue, saluant tout le monde, mettant sa blanche main dans la plus rude, comme nous l'avons dit, et laissant de temps en temps tomber ces mots quand on s'étonnait de ces abaissements vers le peuple :

— Est-ce qu'avant tout je ne suis pas le neveu de Marius ?

Maintenant, où César prenait-il l'argent qu'il dépensait ?

C'était un mystère; mais tout mystère excite la curiosité, et, quand l'homme mystérieux est en même temps un homme sympathique, la popularité s'accroît encore du mystère.

En somme, César, à vingt et un ans, avait la meilleure table de Rome; la bourse pendue à cette ceinture lâche que lui reprochait Sylla était toujours pleine d'or; qu'importait à ceux que cet or soulageait où cet or prenait sa source !

Au reste, son doit et son avoir est presque à jour.

Avant son tribunat, on savait déjà qu'il était endetté de treize cents talents; lisez : sept millions cent cinquante mille francs de notre monnaie.

— Bon! disaient ses ennemis, laissez-le aller; la banqueroute fera justice de ce fou.

— Laissez-moi aller, disait César, et la première révolution liquidera mes dettes.

Après le tribunat, il fut investi de la questure.

Ce fut pendant qu'il remplissait cette charge qu'ayant perdu Julie, sa tante, et Cornélie, sa femme, il prononça leur éloge à toutes deux.

Nous avons déjà fait remarquer que ce fut dans l'éloge de sa tante qu'exaltant leur origine commune, il dit ces paroles : « Nous descendons, d'un côté, d'Ancus Martius, un des premiers rois de Rome; de l'autre, de la déesse Vénus ; donc, ma famille réunit la sainteté des rois, qui sont les maîtres des hommes, et la majesté des dieux, qui sont les maîtres des rois. »

Le discours fit grand effet.

« César, dit Plutarque, eût été le premier orateur de son temps, s'il n'eût préféré en être le premier général. »

Une occasion fut à ce propos donnée à César de mesurer son influence naissante.

V

C'était un usage antique, à Rome, de prononcer des discours sur le corps des femmes âgées, et la tante de César se trouvait dans ce cas, étant déjà âgée de plus de soixante ans ; mais jamais on n'en avait prononcé sur le corps de jeunes femmes. Or, la femme de César, dont César venait de prononcer l'oraison funèbre, avait à peine vingt ans.

Aussi, lorsqu'il commença l'éloge de Cornélie, quelques voix s'élevèrent contre l'orateur ; mais le peuple, qui était là en foule, imposa silence aux opposants, et César put continuer au milieu des bravos du peuple.

Son retour dans sa maison de la rue Suburra fut un triomphe.

Au milieu de ce peuple d'oisifs et d'ennuyés, César venait d'inventer un nouveau divertissement : l'éloge des jeunes mortes.

Ce triomphe donna l'idée de l'éloigner ; on commençait à comprendre qu'un homme qui maniait le peuple avec cette habileté pouvait devenir un homme dangereux.

Il eut le commandement de l'Espagne ultérieure, et fut chargé d'aller tenir les assemblées des négociants romains établis dans la province ; mais il s'arrêta à Cadix.

Là, dans un temple d'Hercule, ayant vu la statue d'Alexandre, il s'approcha de cette statue et la regarda longtemps, immobile et muet.

Un de ses amis s'aperçut alors que de grosses larmes lui coulaient des yeux.

— Qu'as-tu donc, César ? lui demanda cet ami ; et pourquoi pleures-tu ?

— Je pleure, répondit César, parce que je pense qu'à mon âge Alexandre avait déjà soumis une partie du monde.

Mais, la nuit même, il fit un songe.

Les anciens avaient pour les songes un grand respect.

Il y en avait de deux sortes : les uns qui sortaient du palais de la Nuit par la porte d'ivoire, c'étaient les songes frivoles et auxquels il ne fallait faire aucune attention ; les autres qui sortaient par la porte de corne, ceux-là étaient les songes prédestinés et venant des dieux.

Comme tous les grands hommes, comme Alexandre, comme Napoléon, César était superstitieux.

Voici, au reste, ce songe : il avait rêvé qu'il violait sa mère.

Il fit venir des explicateurs de songes — c'étaient, en général, des Chaldéens — et leur demanda ce que signifiait ce songe.

Ceux-ci lui répondirent :

— Ce songe, César, signifie que l'empire du monde t'appartiendra un jour ; car cette mère que tu as violée, et qui, par conséquent, t'a été soumise, n'est autre que la terre, notre mère commune, dont tu es destiné à devenir le maître.

Fut-ce cette explication qui détermina César à revenir à Rome ?

C'est probable.

En tout cas, il quitta l'Espagne avant le temps marqué, trouva sur sa route les colonies latines en pleine révolte ; — elles briguaient la bourgeoisie.

Un instant, il hésita s'il ne se mettrait point à leur tête, tant il était avide d'une célébrité quelconque ! mais les légions prêtes à partir pour la Cilicie stationnaient sous les murs de Rome ; le moment était inopportun ; il rentra sans bruit.

Seulement, en passant, il jeta son nom aux colonies, et elles surent qu'à un moment donné, qu'à une heure opportune, les mécontents pourraient se grouper autour de César.

Le nom de César avait dès lors son synonyme : il signifiait *opposition*.

Le lendemain, on apprit qu'il était de retour et qu'il se mettait sur les rangs pour être édile.

En attendant, il se fit nommer conservateur de la via Appia.

C'était un moyen pour lui de dépenser d'une façon fructueuse son argent, ou plutôt l'argent des autres, sous les yeux de Rome.

La *via Appia* était une des grandes artères romaines qui communiquaient de la ville à la mer ; elle touchait, en passant, à Naples et s'étendait de là, à travers la Calabre, jusqu'à Brindes.

Elle servait encore de cimetière et de promenade.

Aux deux revers du chemin, les riches particuliers, qui avaient des maisons tout le long de la route, se faisaient enterrer devant leur porte. On plantait des arbres autour de leurs tombeaux, on y adossait des bancs, des chaises, des fauteuils; et, le soir, quand on commençait à respirer, que les premières brises de la nuit passaient dans l'air, on venait s'asseoir, dans la fraîcheur du crépuscule, sous la fraîcheur des arbres, et l'on regardait passer les élégants sur leurs chevaux, les courtisanes dans leurs litières, les matrones dans leurs chariots, les prolétaires et les esclaves à pied.

C'était le Longchamps de Rome; seulement, ce Longchamps avait lieu tous les jours.

César fit repaver la route, replanter les arbres abattus ou morts, recrépir les tombeaux mal entretenus, réparer les épitaphes effacées.

La promenade, qui n'était qu'une promenade ordinaire, devint un véritable *Corso*. Sa grande faveur date des réparations que César y fit faire.

Cela préparait à merveille sa candidature à l'édilité.

Pendant ce temps, deux conspirations se trament à Rome.

Tout le monde crie que César en est, qu'il conspire avec Crassus, Publius Sylla et Lucius Autronius.

Dans l'une, on doit égorger une partie du sénat, donner la dictature à Crassus, qui aura César pour commandant de la cavalerie; rétablir Sylla et Autronius dans le consulat qui leur a été ôté.

Dans l'autre, il agit avec le jeune Pison, et c'est pour

cela, dit-on, que l'on donne à ce jeune homme de vingt-quatre ans le département de l'Espagne, par commission extraordinaire. Pison doit soulever les peuples vivant au delà du Pô et sur les bords de l'Ambre, tandis que César remuera Rome.

La mort seule de Pison, à ce que l'on prétend, fait avorter ce second projet.

Le premier a plus de consistance.

Tanusius Geminus dans son histoire, Bibulus dans ses édits, Curion le père dans ses harangues, constatent cette conjuration.

Curion y fait allusion dans une lettre à Axius.

Au dire de Tanusius, c'est Crassus qui recule. Crassus le millionnaire a peur à la fois pour sa vie et pour son argent. Il recule, et César ne donne pas le signal convenu.

Ce signal, au dire de Curion, c'était de laisser tomber sa robe de dessus ses épaules.

Mais toutes ces accusations sont des rumeurs qu'emporte le vent de la popularité de César.

L'an 687 de Rome, il se fait nommer édile, c'est-à-dire maire de Rome, donne des jeux splendides, fait combattre trois cent vingt paires de gladiateurs et couvre le Forum et le Capitole de galeries en bois.

Sa popularité devient de l'enthousiasme. On ne lui fait qu'un reproche: il faut, pour comprendre ce reproche, se mettre au point de vue de l'antiquité.

César est trop humain!

Lisez Suétone, si vous doutez; il cite des preuves, des preuves qui causent l'étonnement de Rome et qui font hausser les épaules aux vrais Romains, — à Caton surtout.

Ainsi, voyageant avec un ami malade, Caïus Oppius, il lui cède le seul lit de l'auberge et couche en plein air.

Son hôte lui sert en voyage de mauvaise huile; non-seulement il ne s'en plaint pas, mais encore il en redemande pour que l'aubergiste ne s'aperçoive pas de sa faute.

A sa table, son boulanger a l'idée de lui servir de meilleur pain qu'aux autres convives; il punit son boulanger.

Il y a plus : il pardonne. C'est étrange! le pardon est une vertu chrétienne; mais, nous l'avons dit, à nos yeux, César est un précurseur.

Nemmius l'a décrié dans ses harangues, disant qu'il a servi Nicomède à table avec les eunuques et les esclaves de ce prince. — On sait quel était le double métier des échansons; il y avait là-dessus un mythe : c'était l'histoire de Ganymède. — Il vote pour le consulat de Memmius.

Catulle a fait des épigrammes contre lui, parce que César, en passant, lui a enlevé sa maîtresse, la sœur de Clodius, la femme de Métellus Celer. Il invite Catulle à souper chez lui.

Il se venge cependant, mais c'est quand il y est forcé, et alors il se venge doucement : *in ulciscendo naturâ lenissimus.*

Ainsi, un esclave qui a voulu l'empoisonner est tout simplement mis à mort, *non gravius quam simplice morte punit.*

Que pouvait-il donc lui faire? demandera-t-on.

Pardieu! il pouvait lui faire donner la torture, le faire mourir sous les verges, le jeter aux poissons.

Mais il ne fait rien de tout cela, car César n'eut jamais le courage de faire le mal : *nunquam nocere sustinuit.*

Il n'y a qu'une chose que le peuple qui l'adore ne lui passe pas : il fait enlever de l'arène et soigner les gladiateurs blessés, au moment où les spectateurs vont prononcer leur arrêt de mort; *gladiatores notos sicubi infestis spectatoribus dimicarent vi rapiendos reservandosque mandabat.*

Mais, attendez, il y a un moyen de tout se faire pardonner.

Un matin, une grande rumeur s'élève du Capitole et du Forum.

Pendant la nuit, on a rapporté au Capitole les statues de Marius et les trophées de ses victoires. Ceux-là mêmes que peut-être on appelle encore aujourd'hui les trophées de Marius ont été relevés, ornés des inscriptions cimbriques que le sénat avait fait effacer.

César n'était-il pas neveu de Marius ! ne s'en vantait-il pas à tout propos, et Sylla n'avait-il pas dit à ceux qui lui demandaient sa grâce : » Je vous l'accorde, insensés que vous êtes ; mais prenez garde, il y a dans ce jeune homme plusieurs Marius ! »

Ce fut une grande affaire que cet essai de César. Marius, vu sur les ruines de Carthage, avait atteint les proportions gigantesques de Napoléon à Sainte-Hélène ; c'était son ombre sortant du tombeau qui apparaissait tout à coup aux Romains.

Figurez-vous la statue de Napoléon remontant, en 1834, sur le haut de la colonne avec son petit chapeau et sa redingote grise.

Les vieux soldats pleuraient. Des hommes à cheveux blancs racontaient l'arrivée à Rome du vainqueur des Teutons. C'était un paysan d'Arpinum, d'une famille équestre cependant, mais rude, et qui n'avait jamais voulu apprendre le grec, ce grec qui était devenu la seconde et même la première langue de l'aristocratie romaine, comme le français est devenu la seconde et même la première langue de l'aristocratie russe. Au siége de Numance, Sci pion Émilien avait deviné son génie militaire, et, comme on lui demandait qui lui succéderait un jour :

— Celui-ci peut-être! dit-il en frappant sur l'épaule de Marius.

VI

On se rappelait que, simple tribun, Marius, au grand étonnement de l'aristocratie, et sans consulter le sénat, avait proposé une loi qui tendait à réprimer les brigues dans les comices et les tribunaux. Un des Métellus avait attaqué la loi et le tribun, et proposé de citer Marius pour rendre compte de sa conduite; sur quoi, Marius était entré dans le sénat, avait ordonné aux licteurs de conduire Métellus en prison, et les licteurs avaient obéi.

La guerre de Jugurtha traînait en longueur. Marius accusa Métellus d'éterniser cette guerre, s'engagea, s'il était fait consul, à prendre Jugurtha ou à le tuer de sa main, obtint le consulat et la conduite de la guerre, battit Bocchus et Jugurtha. Bocchus ne voulut pas se perdre avec son gendre, il livra Jugurtha. Le jeune Sylla le reçut des mains du roi more, et le remit aux mains de Marius. Mais sur son anneau Sylla fit graver l'extradition du roi des Numides, et c'était avec cet anneau — ce que ne lui pardonna point Marius — qu'il scellait non-seulement ses lettres privées, mais encore ses lettres publiques.

On se souvenait de l'illustre prisonnier conduit à Rome avec les oreilles arrachées; les licteurs, pour en avoir plus tôt fait de lui prendre ses anneaux d'or, lui avaient arraché les oreilles avec les anneaux ! on répétait sa plaisanterie lorsqu'il fut jeté nu dans le cachot Mamertin :

Les étuves sont froides à Rome ! son agonie de six jours, pendant laquelle il ne se démentit pas un instant ; enfin, sa mort le septième jour.

Il mourut de faim !

Jugurtha était l'Abd-el-Kader de son époque.

La jalousie était grande à Rome contre Marius, et sans doute allait-il payer ses victoires à la manière habituelle, comme Aristide, comme Thémistocle, quand tout à coup un cri poussé des Gaules attira les yeux vers l'occident.

Trois cent mille barbares, fuyant l'Océan débordé, descendaient vers le midi ! Ils avaient tourné les Alpes par l'Helvétie, avaient pénétré dans les Gaules, et s'étaient réunis aux tribus cimbriques, dans lesquelles ils avaient reconnu des frères.

En effet, la nouvelle était désastreuse.

Le consul Caïus Servilius Scipion avait été attaqué par les barbares, et, de quatre-vingt mille soldats et de quarante mille esclaves, dix hommes seulement s'étaient sauvés.

Le consul était au nombre de ces dix hommes.

Marius seul, presque aussi barbare que ces barbares, pouvait sauver Rome.

Il partit, habitua ses troupes à la vue de ces terribles ennemis, en tua cent mille près d'Aix, barra le Rhône avec leurs cadavres, et pour des siècles fertilisa toute une vallée avec ce fumier humain.

Voilà pour les Teutons.

Puis il rejoignit les Cimbres, qui étaient déjà en Italie.

Les députés des Cimbres vinrent à lui.

— Donnez-nous, lui dirent-ils, des terres pour nous et pour nos frères les Teutons, et nous vous accordons la vie.

— Vos frères les Teutons, répondit Marius, ont des terres qu'ils garderont éternellement, et nous allons vous en concéder au même prix.

Et, en effet, il les coucha tous à côté les uns des autres sur le champ de bataille de Verceil.

Et cette terrible apparition du Nord s'était évanouie comme une fumée, et Rome n'avait vu de tous ces barbares que leur roi Teutobochus, qui sautait d'un seul élan six chevaux rangés de front, et qui, lorsqu'il entra prisonnier dans Rome, dépassait de la tête les plus hauts trophées.

Alors, Marius avait été appelé le troisième fondateur de Rome. — Le premier était Romulus ; le second, Camille.

On faisait des libations au nom de Marius comme au nom de Bacchus et de Jupiter.

Et lui-même, enivré de sa double victoire, ne buvait plus que dans une coupe à deux anses, où la tradition disait que Bacchus avait bu après sa conquête des Indes.

On oubliait la mort de Saturnius, lapidé sous les yeux, d'autres avaient dit par l'ordre de Marius, l'année même de la naissance de César ; — on oubliait Marius refusant le combat aux Italiens, et laissant échapper les plus belles occasions de vaincre ; — on oubliait Marius déposant le commandement sous prétexte de maux de nerfs, espérant que Rome tomberait si bas, qu'elle serait obligée de se jeter dans ses bras. On ne se souvenait que de sa tête mise à prix, que de sa fuite dans les marais de Minturnes, que de sa prison, où un Cimbre n'avait point osé l'égorger.

Sa mort, comme celle de Romulus, restait cachée par un nuage, et l'on ne s'apercevait point que ce nuage était la double vapeur du vin et du sang.

Il n'y avait que douze ans que Marius était mort; mais Sylla, qui lui avait survécu, en avait fait un dieu.

C'était donc à ces passions vivantes encore que César avait fait appel en ressuscitant Marius.

Aux cris poussés par la population de Rome au Capitole et au Forum, le sénat se rassembla. A ce seul nom de Marius, les patriciens tremblaient sur leurs chaises curules.

Catulus Lutatius se leva; « c'était, dit Plutarque, un homme très-estimé entre les Romains; » il se leva et accusa César.

— César, dit-il, n'attaque plus le gouvernement par des mines secrètes : il dresse ouvertement contre lui des machines.

Mais César s'avance souriant, prend la parole, caresse toutes les vanités, calme toutes les craintes, se fait pardonner, et, en sortant du sénat, retrouve ses partisans qui lui crient :

— Vive César ! bravo, César ! Conserve ta fierté, ne plie devant personne. Le peuple est pour toi; le peuple te soutiendra, et, avec l'aide du peuple, tu l'emporteras sur tous tes rivaux.

Là fut un des premiers, un des plus grands triomphes de César.

Mais l'occasion ne se présente pas tous les jours, même à un César, de faire parler de lui; — témoin Bonaparte enterré avec Junot dans sa petite chambre de la rue du Mail. — César vient d'achever sa villa d'Aricie. C'est la plus belle maison de campagne des environs de Rome. Il y a enfoui des millions.

— Elle ne me plaît pas, dit César; je m'étais trompé.

Et il la fait jeter bas.

Alcibiade coupait les oreilles et la queue à son chien, c'était moins coûteux; mais il faut dire que les Grecs étaient de bien autres badauds que les Romains. — Au reste, nous en parlerons plus tard, de cet Alcibiade, qui servit plus d'une fois de modèle à César, et qui, beau comme lui, riche comme lui, généreux comme lui, débauché comme lui, brave comme lui, mourut assassiné comme lui!

Cette villa d'Aricie occupa Rome un mois.

Qu'allait faire César? Son imagination était à bout, sa bourse était à sec.

Par bonheur, sur ces entrefaites, Métellus, le grand pontife, mourut.

Il lui faut ce grand pontificat, ou gare aux gardes du commerce!

Or, la situation était grave : deux sénateurs, Isauricus et Catulus, hommes illustres et influents, briguaient le sacerdoce.

César descendit dans la rue et s'annonça hautement pour leur rival.

Catulus, qui craignait cette rivalité, lui fit offrir quatre millions s'il se retirait.

César haussa les épaules.

— Que veut-il que je fasse de ses quatre millions? dit-il. Il me manque cinquante millions pour que ma fortune égale zéro.

Ainsi, de l'aveu même de César, à trente-six ans, il devait cinquante millions!

Nous sommes porté à croire que c'étaient des millions de sesterces, et non des millions de francs, que devait César. Dans ce cas, il n'aurait dû que douze à treize millions de notre monnaie. C'est bien peu pour César. Il faudrait, je crois, trouver un terme moyen.

Catulus lui en fit offrir six.

— Dites à Catulus, répondit César, que je compte en dépenser douze pour l'emporter sur lui.

Il usa de ses dernières ressources, vida la bourse de tous ses amis, et descendit aux comices avec deux ou trois millions.

C'était son va-tout ; par bonheur, restait sa popularité.

Le grand jour arriva. Sa mère, les larmes aux yeux, le conduisit jusqu'à la porte.

Sur le seuil, il lui donna un dernier baiser.

— O ma mère! lui dit-il, aujourd'hui, tu reverras ton fils ou grand pontife ou banni.

Le combat fut long et acharné. Enfin, César l'emporta triomphalement : il eut plus de suffrages dans les seules tribus de ses rivaux, Isauricus et Catulus, que ceux-ci n'en eurent dans toutes les autres réunies. Le parti aristocratique était battu. Soutenu comme il l'était par le peuple, jusqu'où César ne pouvait-il pas arriver?

Ce fut alors que Pison, Catulus et ceux qui étaient autour d'eux blâmèrent Cicéron de ne pas avoir frappé sur César à propos de la conspiration de Catilina.

Effectivement, pendant ce moment de gêne de César, avait éclaté la conspiration de Catilina, — une des grandes catastrophes de l'histoire de Rome, un des grands événements de la vie de César. — Voyons dans quelle situation était Rome lorsque Catilina dit à Cicéron cette fameuse phrase qui résumait si bien la situation :

— Je vois dans la République une tête sans corps et un corps sans tête ; cette tête, ce sera moi.

Les trois hommes importants de cette époque, à part César, étaient Pompée, Crassus et Cicéron.

Pompée, si improprement appelé *le Grand*, était fils de

Pompéius Strabon; il était né cent six ans avant le Christ; il avait donc six ans de plus que César.

Il avait commencé son nom et sa fortune militaires dans les guerres civiles. Lieutenant de Sylla, battant les lieutenants de Marius, reprenant la Cisalpine, soumettant la Sicile, défaisant Domitius Ahenobarbus en Afrique, tuant Carbon dans Cosyre.

A vingt-trois ans, il avait levé trois légions, il avait battu trois généraux, et il était revenu joindre Sylla.

Sylla, qui avait besoin de s'en faire un ami, se leva en le voyant et le salua du nom de *Grand*.

Le nom lui resta.

« La fortune est femme, disait Louis XIV à M. de Villeroy, qui venait de se faire battre en Italie; elle aime les jeunes gens et déteste les vieillards. »

La fortune aima Pompée tant qu'il fut jeune.

Sylla mort, Rome se tourna du côté de Pompée.

Il s'agissait de terminer trois guerres commencées : la guerre de Lépidus, la guerre de Sertorius, la guerre de Spartacus.

Celle de Lépidus fut un jeu; Lépidus était un homme sans valeur aucune. Mais il n'en était pas ainsi de Sertorius, ce vieux lieutenant de Marius, l'un des quatre borgnes célèbres de l'antiquité; — les trois autres, on le sait, sont Philippe, Antigone et Annibal. — Jeune, Sertorius avait combattu les Cimbres, sous Cépion, et, quand celui-ci avait été battu, Sertorius avait traversé le Rhône à la nage — le *Rhodanus celer* — avec sa cuirasse et son bouclier. Puis, quand Marius était venu reprendre le commandement de l'armée, Sertorius, revêtu du costume celtique, s'était mêlé aux barbares, était resté trois jours avec eux, et était revenu dire à Marius tout ce qu'il avait vu. Il avait prévu l'avénement de Sylla, et était passé en Espagne; il était fort estimé des barbares. — Soixante et dix ans avant Jésus-Christ, les Romains appelaient *barbare* tout ce qui n'était pas Romain, comme, quatre cents ans auparavant, les Grecs appelaient *barbare* tout ce qui n'était pas Grec. — En Afrique, il avait découvert le tombeau du Libyen Antée, étouffé par Hercule; seul entre tous les hommes, il avait mesuré les os du géant et leur avait reconnu soixante coudées; puis il les avait rendus à leur tombeau, en déclarant le tombeau sacré. Tout était mystérieux en lui : il correspondait avec les dieux au moyen d'une biche blanche; aussi rusé que brave, tous les déguisements lui étaient familiers; il avait traversé, sans être reconnu, les légions de son ennemi Métellus, qu'il défia en combat singulier, sans que celui-ci acceptât le combat. D'ailleurs, chasseur agile et infatigable, il franchissait, à la poursuite des chamois et des isards, les pics les plus escarpés des Alpes et des Pyrénées, puis repassait par les mêmes chemins pour fuir l'ennemi ou l'attaquer. Peu à peu il s'était rendu maître de la Gaule narbonnaise, et, d'un jour à l'autre, Trébie allait peut-être voir descendre un autre Annibal. Pompée vint en aide à Métellus; tous deux réunis forcèrent Sertorius à rentrer en Espagne; mais, tout en reculant, il battit Métellus à Italica, Pompée à Lausonne et à Sucro, refusant, au reste, toutes les offres de Mithridate, et finissant par être assassiné en trahison par son lieutenant Perpenna.

Sertorius mort, la guerre d'Espagne fut finie. Pompée condamna Perpenna à mort, le fit exécuter et brûla sans les lire tous ses papiers, de peur que ces papiers ne compromissent quelque noble Romain.

Restait la guerre de Spartacus.

VII

Vous vous rappelez l'homme qui croise ses bras dans le jardin des Tuileries en tenant une épée nue, tandis qu'un bout de chaîne brisée pend à son bras.

C'est Spartacus.

Voici les quelques lignes de l'histoire de ce héros.

C'était déjà un luxe de grand seigneur, à l'époque où nous sommes arrivés, que d'avoir des gladiateurs à soi. Un certain Lentulus Battatius en avait une école à Capoue. Deux cents d'entre eux résolurent de s'enfuir. Par malheur, le complot fut découvert; soixante et dix, prévenus à temps, firent irruption dans la boutique d'un rôtisseur, s'armèrent de couteaux, de couperets et de broches, et sortirent de la ville. Sur la route, ils rencontrèrent un chariot plein d'armes de cirque. C'étaient justement celles dont ils étaient habitués à se servir; ils s'en emparèrent, se rendirent maîtres d'une forteresse, et élurent trois chefs : un général et deux lieutenants.

Le général était Spartacus.

Voyons, maintenant, s'il était digne de ce dangereux honneur.

Thrace de nation, mais de race numide, fort comme Hercule, courageux comme Thésée, il joignait à ces qualités suprêmes la prudence et la douceur d'un Grec.

Conduit à Rome pour y être vendu, dans une halte et pendant qu'il dormait, un serpent, sans le réveiller ni le mordre, s'entortilla autour de son visage. Sa femme était versée dans l'art de la divination; elle vit dans cet accident un présage de fortune : selon elle, ce signe promettait à Spartacus un pouvoir aussi grand que redoutable, mais qui devait finir malheureusement.

Elle l'excita à la fuite, et s'enfuit avec lui, résolue à partager sa fortune bonne ou mauvaise.

Quand on sut la révolte des gladiateurs, on envoya quelques troupes contre eux. Ils combattirent, vainquirent et désarmèrent les soldats, s'emparant de leurs armes, c'est-à-dire d'armes militaires, honorables et non flétrissantes comme leurs armes de gladiateurs, qu'ils jetèrent loin d'eux.

Cela devenait sérieux. On envoya de nouvelles troupes de Rome : elles étaient commandées par Publius Clodius, qui appartenait à la branche Pulcher de la famille Claudia. — *Pulcher*, on le sait, veut dire *beau*. — Clodius ne démentait point sa race. Nous parlerons plus tard de sa beauté comme amant; nous ne nous occupons ici de lui que comme général.

Comme général, il ne fut point heureux. Il avait trois mille hommes de troupes. Il enveloppa les gladiateurs dans leur citadelle, gardant le seul passage par lequel ils pussent sortir. Partout ailleurs, ce n'étaient que rochers à pic couverts de ceps de vigne. Les gladiateurs coupèrent les sarments; le bois noueux et filandreux de la vigne, on le sait, a la solidité de la corde : ils en firent des échelles par lesquelles ils descendirent tous, à l'exception d'un seul qui resta pour leur jeter leurs armes. De sorte qu'au moment où les Romains croyaient leurs ennemis bloqués plus que jamais, ceux-ci les attaquèrent tout à coup avec des cris furieux. Les Romains prirent la fuite; ils étaient tout au premier sentiment et faciles à troubler par une surprise, — Italiens à tout prendre, et, par conséquent, impressionnables et nerveux.

Le camp tout entier fut abandonné au pouvoir des gladiateurs.

Le bruit de la victoire se répandit. Nous disons, nous autres modernes, que rien ne réussit comme le succès. Tous les pâtres et les bouviers des environs accoururent et se joignirent aux révoltés. C'était une bonne recrue de drôles robustes et agiles. On les arma et on en fit des coureurs et des troupes légères.

Un second général fut envoyé contre eux, Publius Varinus, qui ne réussit pas mieux que le premier. Spartacus commença par battre son lieutenant, puis son collègue Cossinius, puis enfin le battit lui-même et lui prit ses licteurs et son cheval de bataille.

Dès lors, ce fut une suite de victoires. Le plan de Spartacus était très-sage : il s'agissait de gagner les Alpes, de descendre dans la Gaule, et de se retirer chacun chez soi.

Gellius et Lentulus furent envoyés contre lui.

Gellius battit un corps de Germains qui faisait bande à à part; mais Spartacus, lui, à son tour, battit les lieutenants de Lentulus et s'empara de tout leur bagage; puis il continua sa marche vers les Alpes.

Cassius vint à sa rencontre avec dix mille hommes : le combat fut long et acharné; mais Spartacus lui passa sur le corps et se remit en route, toujours dans la même direction. Le sénat, indigné, déposa les deux consuls et envoya Crassus contre l'invincible. Crassus alla camper dans le Picenum pour y attendre Spartacus, tout en faisant prendre à Mummius et aux deux légions qu'il commandait un grand circuit, afin de suivre les gladiateurs, mais avec défense de les combattre.

La première chose que fit Mummius fut naturellement de présenter la bataille à Spartacus. Comme pour notre

Abd-el-Kader, chacun se croyait réservé à l'honneur de le prendre.

Spartacus écrasa Mummius et ses deux légions. Trois ou quatre mille hommes furent tués ; le reste se sauva en jetant ses armes pour courir plus vite.

Crassus décima les fuyards. Il prit les cinq cents qui avaient les premiers crié le *sauve qui peut*, les partagea en cinquante dizaines, les fit tirer au sort et punit de mort celui de chaque dizaine sur lequel le sort tomba.

Spartacus avait traversé la Lucanie et se retirait vers la mer. Au détroit de Messine, il rencontra les fameux pirates que l'on rencontrait partout, et dont nous avons parlé à propos de leur aventure avec César. Entre pirates et gladiateurs, Spartacus crut que l'on pouvait s'entendre. En effet, il fit un accord avec eux pour qu'ils transportassent deux mille hommes en Sicile. Il s'agissait d'y rallumer la guerre des esclaves, éteinte depuis peu de temps. Mais les pirates prirent l'argent de Spartacus et le laissèrent sur le bord de la mer ; ce que voyant Spartacus, il alla camper dans la presqu'île de Rhegium.

Crassus l'y suivit.

Il traça une ligne dans une largeur de trois cents stades, qui était celle de la presqu'île, et la convertit en tranchée ; puis, sur le bord de cette tranchée, il éleva un mur haut et épais.

Spartacus commença par rire de ces travaux et finit par s'en effrayer. Il ne les laissa point achever. Une nuit qu'il neigeait, il combla le fossé avec des fascines, des branches d'arbre et de la terre, et fit passer le tiers de son armée.

Crassus crut d'abord que Spartacus marchait sur Rome ;

mais bientôt il fut rassuré en voyant ses ennemis se séparer.

La division était entre Spartacus et ses lieutenants.

Crassus attaqua ceux-ci, et il commençait à les chasser devant lui, quand Spartacus apparut et lui fit lâcher prise.

Effrayé de la défaite de Mummius, Crassus avait écrit qu'on rappelât Lucullus de Thrace et Pompée d'Espagne, afin qu'ils vinssent à son aide. Arrivé au point où il en était, il comprit son imprudence. Celui des deux qui arriverait passerait pour le véritable vainqueur et lui enlèverait la récompense de la victoire.

Il résolut donc de vaincre seul.

Carminus et Castus, deux lieutenants de Spartacus, s'étaient séparés de leur chef. Crassus résolut de commencer par les battre. Il envoya six mille hommes, avec ordre de s'emparer d'un poste avantageux. Ceux-ci, pour ne pas être découverts, avaient, comme firent plus tard les soldats de Duncan, couvert leurs casques de branches d'arbre. Malheureusement, deux femmes qui faisaient pour les gladiateurs des sacrifices à l'entrée du camp, virent la forêt mouvante et donnèrent l'alarme. Carminus et Castus tombèrent sur les Romains, qui eussent été perdus si Crassus n'eût engagé le reste de son armée pour les soutenir.

Douze mille trois cents gladiateurs restèrent sur le champ de bataille. — On les compta, on examina leurs blessures. — Dix seulement avaient été frappés par derrière.

Après un pareil carnage fait de son armée, il n'y avait plus moyen, pour Spartacus, de tenir la campagne. Il essaya de battre en retraite vers les montagnes de Pétélée.

Crassus lança contre lui et sur ses traces Scrophas, son questeur, et Quintus, son lieutenant.

Spartacus, comme un sanglier qui revient sur les chiens, se retourna contre eux et les mit en fuite.

Cette victoire le perdit : ses soldats déclarèrent qu'ils voulaient combattre. Ils entourèrent les chefs et les ramenèrent contre les Romains.

C'était ce que demandait Crassus : en finir à quelque prix que ce fût.

Il venait d'apprendre que Pompée approchait.

Il s'approcha donc, de son côté, le plus qu'il put de l'ennemi.

Un jour qu'il faisait tirer une tranchée, les gladiateurs vinrent escarmoucher avec ses hommes ; l'amour-propre s'en mêla : des deux côtés, on sortit du camp ; le combat s'engagea ; chaque instant amenait de nouveaux combattants. Spartacus se vit obligé d'engager la bataille.

C'était justement ce qu'il voulait éviter.

Forcé d'agir contre son gré, il se fit amener son cheval, tira son épée et la lui plongea dans la gorge.

L'animal tomba.

— Que fais-tu ? lui demanda-t-on.

— Si je suis vainqueur, dit-il, je ne manquerai pas de bons chevaux ; si je suis vaincu, je n'en ai pas besoin.

Et aussitôt il se jeta au milieu des Romains, cherchant Crassus, mais sans pouvoir le trouver.

Deux centurions s'attachaient à lui ; il les tua tous deux.

Enfin, tous les siens ayant pris la fuite, il resta, lui, comme il avait promis, et se fit tuer sans reculer d'un pas.

Pompée arrivait en ce moment. Les débris de l'armée de Spartacus allèrent se heurter à lui. Il les extermina.

Dès lors, comme l'avait prévu Crassus, ce fut Pompée qui eut l'honneur de la défaite des gladiateurs, quoiqu'il fût arrivé après la défaite.

Quant à Crassus, il eut beau donner au peuple la dîme de ses biens, il eut beau dresser dix mille tables sur le Forum, il eut beau faire à chaque citoyen une distribution de blé pour trois mois, il fallut que Pompée le protégeât pour qu'il obtînt le consulat concurremment avec lui, et encore ne fut-il nommé que second consul.

Puis ce fut Pompée qui eut le triomphe, et Crassus l'ovation.

Comme nous l'avons dit, la fortune favorisait Pompée.

Métellus lui avait préparé sa victoire sur Sertorius. Crassus avait mieux fait : il lui avait vaincu Spartacus.

Et, dans les cris de triomphe du peuple, il n'était question ni de Métellus ni de Crassus, mais du seul Pompée.

Puis était venue la guerre des pirates.

Nous avons dit quelle puissance ils avaient conquise.

Il fallait les détruire de fond en comble.

Ce fut Pompée que l'on en chargea.

Sa triple victoire sur Lépidus, sur Sertorius et sur Spartacus en avait fait l'épée de la République.

On ne jugeait pas même Crassus digne d'être son lieutenant. Pauvre Crassus ! il était trop riche pour qu'on lui rendît justice.

C'étaient les chevaliers qui avaient le plus souffert de l'occupation de la mer par des pirates. Tout le commerce de l'Italie était entre leurs mains. Or, le commerce étant interrompu, les chevaliers étaient ruinés. Ils n'avaient d'espoir qu'en Pompée.

Ils le firent — malgré le sénat — maître de la mer, de

la Cilicie aux colonnes d'Hercule, avec tout pouvoir sur les côtes à la distance de vingt lieues. Sur ces vingt lieues, il avait droit de vie et de mort.

En outre, il pouvait prendre, pour construire cinq cents vaisseaux, chez les questeurs et les publicains, tout l'argent qu'il voudrait.

Il pouvait, à sa volonté, à son désir, à son caprice, lever soldats, matelots et rameurs; seulement, tous ces moyens lui étaient donnés à condition que, par-dessus le marché, il détruirait Mithridate.

Cela se passait soixante-sept ans avant Jésus-Christ. César avait trente-trois ans.

En trois mois, grâce aux terribles ressources qui lui étaient votées, Pompée avait réduit les pirates.

Au reste, l'œuvre de destruction s'était opérée bien plus par la persuasion que par la force.

Restait Mithridate.

Mithridate lui rendit le service de se tuer sur l'ordre que lui en donna son fils Pharnace, au moment où, après avoir soumis la Judée, lui, Pompée, venait d'entreprendre, avec les Arabes une guerre des plus imprudentes.

Voilà ce qu'était Pompée. Passons à Crassus.

VIII

Marcus Licinius Crassus, surnommé *Dives* ou le Riche, comme de nos jours plus d'un riche est surnommé *Crassus*, a ce grand avantage d'avoir été fourni par l'antiquité romaine comme un type de l'avarice moderne.

Il était né cent quinze ans avant Jésus-Christ; il avait donc quinze ans de plus que César.

Quatre-vingt-cinq ans avant Jésus-Christ, désigné déjà par sa richesse à la faction de Marius, il se sauva en Espagne; puis, deux ans après, Marius étant mort et Sylla ayant triomphé, Crassus revint à Rome.

Pressé par Cinna et le jeune Marius, Sylla songea à utiliser Crassus en l'envoyant lever des troupes chez les Marses. — Les Marses, c'étaient les Suisses de l'antiquité. — « Qui pourrait triompher des Marses ou sans les Marses? » disaient les Romains eux-mêmes.

Sylla envoyait donc Crassus recruter chez les Marses.

— Mais, dit Crassus, pour passer à travers les partis ennemis, il me faut une escorte.

— Je te donne pour escorte, répondit Sylla, les ombres de ton père, de ton frère, de tes parents et de tes amis assassinés par Marius.

Crassus passa.

Mais, comme il avait passé seul, il crut qu'il pourrait profiter seul des fruits de son ouvrage : il rassembla une armée, et, avec cette armée, il s'en alla prendre et piller une ville de l'Ombrie.

A cette expédition sa fortune, déjà considérable, s'augmenta de sept ou huit millions.

D'ailleurs, Crassus lui-même, sans mettre un terme à sa fortune, indiquait la fortune à laquelle il aspirait.

— Nul ne peut se vanter d'être riche, disait-il, s'il ne l'est assez pour solder une armée.

Le bruit de ce pillage vint jusqu'à Sylla, qui, sous ce rapport, n'était pourtant point un homme difficile; il en prit une prévention contre Crassus, auquel dès lors il préféra Pompée.

A partir de ce moment, Pompée et Crassus furent ennemis.

Cependant, Crassus allait rendre un immense service à Sylla, plus grand que tous ceux que lui rendit jamais Pompée.

Les Samnites, conduits par leur chef Télésinus, s'étaient avancés jusqu'aux portes de Rome ; ils avaient, sur leur route à travers l'Italie, laissé une large trace de feu et de sang. Sylla était accouru au-devant d'eux avec son armée ; mais, au choc de ces terribles pâtres, son aile gauche avait été anéantie, et il avait été obligé de battre en retraite vers Préneste. Il était, dans sa tente, à peu près dans la situation d'Édouard III, la veille de Crécy, regardant l'affaire comme perdue, et songeant déjà comment il s'en tirerait avec la vie sauve, quand on lui annonça un courrier de Crassus.

Il le fit entrer distraitement.

Mais, aux premiers mots du courrier, la distraction se changea en une attention profonde.

Crassus était tombé sur l'armée samnite tout en désordre de sa victoire ; il avait tué Télésinus, fait prisonniers Éductus et Censorinus, ses lieutenants, et poursuivait l'armée en déroute vers Antemnes.

C'étaient là des services oubliés par Sylla : Crassus les fit valoir près de Rome.

Aussi, ayant déployé un certain talent de parole, — nous avons dit le cas que les Romains faisaient des orateurs, — il obtint la préture, puis fut chargé de la guerre contre Spartacus ; nous avons raconté comment elle finit.

Ce dénoûment ne le raccommoda point avec Pompée.

Pompée avait dit à ce sujet un mot que Crassus avait gardé sur le cœur.

— Crassus a triomphé des rebelles, avait-il dit ; mais moi, j'ai triomphé de la rébellion.

Puis était venue l'histoire du triomphe de Pompée et de l'ovation de Crassus.

On était injuste envers ce pillard, ce publicain, ce millionnaire, et vraiment c'était presque justice.

D'ailleurs, son avarice révoltait. Tout le monde racontait certaine anecdote relative à un chapeau de paille, — et Plutarque, ce grand collectionneur d'anecdotes, nous l'a transmise; — tout le monde racontait, disons-nous, certaine anecdote relative à un chapeau de paille, et cette anecdote faisait la joie de Rome.

Crassus avait un chapeau de paille suspendu à un clou dans son antichambre, et, comme il aimait fort la conversation du Grec Alexandre, quand il l'emmenait avec lui à la campagne, il lui prêtait ce chapeau, qu'il lui reprenait à son retour.

Avec plus de raison que de César, Cicéron disait de Crassus à propos de cette anecdote :

— Un tel homme ne deviendra jamais le maître du monde.

Passons à Cicéron, qui fut un instant maître du monde, lui, puisqu'il fut un instant maître de Rome.

Sa naissance était plus qu'obscure : on s'accorde assez à dire que sa mère Helvia était une femme de noblesse; mais, quant à son père, on ne sut jamais bien quel métier il exerçait. L'opinion la plus accréditée fut que le grand orateur, né à Arpinum, patrie de Marius, était fils d'un foulon; d'autres prétendaient d'un maraîcher. Quelques-uns eurent l'idée, et peut-être lui-même l'eut-il, de mettre au nombre de ses aïeux Tullius Atticus, qui régna sur les Volsques; mais, sur ce point, les amis de Cicéron, ni lui-même, ne paraissent point avoir insisté.

Lui se nommait Marcus Tullius Cicero. — Marcus était

son nom personnel : le nom que les Romains avaient l'habitude de donner aux enfants six jours après leur naissance ; Tullius était son nom de famille et, dans la vieille langue romaine, signifiait *ruisseau* ; enfin, Cicero était le surnom d'un ancêtre qui avait eu sur le nez une verrue ayant la forme d'un pois, — *cicer* ; — de là le nom de Cicero, dont, en le francisant, nous avons fait Cicéron.

« Peut-être aussi, dit Middleton, ce nom de Cicero vient-il de quelque ancêtre jardinier qui était cité pour son aptitude à cultiver des pois. »

Cette opinion mettrait à néant celle de Plutarque, qui dit :

« Il faut cependant que le premier de cette maison qui fut surnommé Cicero fût un homme remarquable, pour que ses descendants tinssent à conserver son nom. »

En tout cas, Cicéron ne voulut point le changer, et à ses amis qui l'en pressaient, à cause du côté ridicule, il répondit :

— Non pas ! je garde mon nom de Cicéron, et je le rendrai, je l'espère, plus glorieux que celui des Scaurus et des Catulus.

Il tint parole.

Demandez à brûle-pourpoint à un homme de médiocre instruction ce qu'étaient les Scaurus et les Catulus, il hésitera à vous répondre. Demandez-lui ce qu'était Cicéron ; il vous répondra sans hésiter : « Le plus grand orateur de Rome, nommé Cicéron parce qu'il avait un pois chiche sur le nez. »

Il dira vrai quant au talent ; mais il se trompera quant au pois chiche, puisque c'était l'aïeul de Cicéron, et non pas lui, qui était décoré de cette excroissance charnue. Et encore, voyez Middleton, qui conteste même le pois chiche et qui le change en pois vert.

Mais, quant à Cicéron, il tenait fort à son pois chiche.

Étant questeur en Sicile, il offrit aux dieux un vase d'argent, sur lequel il fit inscrire ses deux premiers noms, *Marcus* et *Tullius;* mais, au lieu du troisième nom, il fit graver un pois chiche.

C'est probablement le premier rébus connu.

Cicéron était né cent six ans avant Jésus-Chist, le troisième jour de janvier ; il était de la même année que Pompée, et avait, comme lui, six ans de plus que César.

On raconte qu'un fantôme était apparu à sa nourrice, et lui avait dit qu'un jour cet enfant serait l'appui de Rome.

Ce fut probablement cette apparition qui lui donna une si grande confiance en lui-même.

Tout enfant encore, il avait fait un petit poëme : *Pontius Glaucus;* mais, comme presque tous les grands prosateurs, il était fort médiocre poëte, tout au contraire des grands poëtes, qui sont presque toujours d'excellents prosateurs.

Ses études terminées, il avait étudié l'éloquence sous Philon et les lois sous Mucius Scævola, jurisconsulte habile et le premier parmi les sénateurs; puis il était allé, quoique peu belliqueux, servir sous Sylla dans la guerre des Marses.

Cependant il débuta par un acte de courage, mais de courage civil; ne pas confondre le courage civil avec le courage militaire.

Un affranchi de Sylla, nommé Chrysogonus, venait de faire mettre en vente les biens d'un citoyen tué par le dictateur, et il avait lui-même acheté ces biens pour deux mille drachmes.

Roscius, fils et héritier du mort, prouva que l'héritage

valait deux cent cinquante talents, c'est-à-dire plus d'un million.

Sylla était convaincu du crime qu'il reprochait à Crassus; mais Sylla ne se laissait pas démonter facilement. A son tour, il accusa le jeune homme de parricide, et dit que c'était à l'instigation du fils que le père avait été tué.

Accusé par Sylla, Roscius fut abandonné de tous.

C'est alors que les amis de Cicéron le poussèrent en avant; s'il défendait Roscius, s'il gagnait son procès, son nom était certain, sa réputation était fondée.

Cicéron plaida et gagna.

Ne pas confondre ce Roscius avec son contemporain Roscius l'acteur, pour lequel Cicéron plaida aussi contre Fannius Cherea. Celui dont il est question ici s'appelle Roscius Amerinus, et nous possédons le plaidoyer de Cicéron : *Pro Roscio Amerino*.

Le jour même où il avait gagné son procès, Cicéron partit pour la Grèce, sous prétexte de soigner sa santé. En effet, il était si maigre, qu'il semblait être lui-même le fantôme apparu à sa nourrice; il avait l'estomac faible, ne pouvait manger que très-tard et fort peu. Mais il avait la voix pleine et sonore, quoique rude et peu flexible; et, comme sa voix montait jusqu'aux tons les plus élevés, il était toujours, dans sa jeunesse du moins, écrasé de fatigue après ses plaidoyers.

Arrivé à Athènes, il étudia sous Antiochus l'Ascalonite, puis il passa à Rhodes, où nous l'avons vu rencontrant César.

Enfin, Sylla mort, sa constitution s'étant améliorée, sollicité par ses amis, il revint à Rome, après avoir visité l'Asie et suivi les leçons de Xénoclès d'Adramytte, de Denys de Magnésie et de Ménippe le Carien.

A Rhodes, il avait eu un succès aussi grand qu'inattendu.

Apollonius Molon, sous lequel il étudiait, ne parlait point la langue latine, tandis que Cicéron, au contraire, parlait la langue grecque. Voulant avoir à la première vue une idée de ce que pouvait faire son futur élève, Molon lui donna un texte et le pria d'improviser en grec. Cicéron le fit volontiers; c'était un moyen de se fortifier dans une langue qui n'était point la sienne. Il commença donc, en priant Molon et les autres assistants de noter les fautes qu'il pourrait faire, afin que, ces fautes lui étant connues, il s'en corrigeât.

Lorsqu'il eut fini, les auditeurs éclatèrent en applaudissements.

Seul, Apollonius Molon, qui, pendant tout le temps que Cicéron avait parlé, n'avait donné aucun signe d'approbation ni d'improbation, resta pensif.

Puis, pressé par Cicéron, inquiet, de lui dire son avis :

— Je te loue et t'admire, jeune homme, lui dit-il; mais je plains le sort de la Grèce en voyant que tu vas transporter à Rome les seuls avantages qui nous restaient : l'éloquence et le savoir!

De retour à Rome, Cicéron prit des leçons de Roscius le comédien et d'Ésope le tragédien, qui tous deux tenaient le sceptre de leur art.

Ce furent ces deux maîtres qui le conduisirent à la perfection de débit à laquelle il était arrivé, et qui était sa plus grande puissance.

Élu questeur, il avait été envoyé en Sicile. C'était pendant un temps de disette, et, depuis que l'Italie avait été convertie en pâturages, — nous aurons occasion tout à l'heure de parler de cette conversion, — la Sicile était devenue le grenier de Rome ; Cicéron pressa donc les Siciliens d'envoyer leur blé en Italie, et, par cette instance, commença de se faire mal venir de ses clients ; mais, lorsqu'ils virent son activité, sa justice, son humanité et surtout son désintéressement, — chose rare au temps de Verrès, — ils revinrent à lui et l'entourèrent non-seulement d'estime, mais encore d'affection.

Il revenait donc de Sicile, content de lui, ayant fait le plus de bien qu'il avait pu, ayant, dans trois ou quatre occasions, brillamment plaidé, croyant que le bruit qu'il avait fait en Sicile s'était répandu dans le monde entier et qu'il allait trouver le sénat l'attendant aux portes de Rome, lorsque, traversant la Campanie, il rencontra un de ses amis qui, le reconnaissant, vint à lui le sourire sur les lèvres et la main ouverte.

Après les premiers compliments :

— Eh bien, demanda Cicéron, que dit-on à Rome de mon éloquence, et que pense-t-on de ma conduite pendant mes deux ans d'absence ?

— Où étais-tu donc ? lui demanda l'ami. Je ne savais point que tu eusses quitté Rome.

Cette réponse eût guéri Cicéron de la vanité, si la vanité n'était une maladie incurable.

Au reste, une occasion allait se présenter qui donnerait toute carrière à cette vanité.

D'abord, il plaida contre Verrès et le fit condamner à sept cent cinquante mille drachmes d'amende et à l'exil. L'amende était une plaisanterie, mais l'exil était sérieux ; — puis l'exemple, puis la flétrissure, puis la honte.

Il est vrai qu'il n'y a pas de honte pour les coquins.

Ce succès mit Cicéron à la mode.

« Il eut, dit Plutarque, une cour presque aussi nombreuse, à cause de son talent, que Crassus à cause de ses millions et Pompée à cause de sa puissance. »

Ce fut sur ces entrefaites que l'on commença à s'occuper de la conspiration de Catilina.

Après avoir vu ce qu'étaient Pompée, Crassus et Cicéron, voyons ce qu'était Catilina. — Nous savons ce qu'était César.

IX

Lucius Sergius Catilina appartenait à la plus vieille noblesse de Rome.

Il prétendait, sur ce point, ne le céder à personne, pas même à César, et il avait droit à cette prétention si, comme il le disait, il descendait de Sergestus, compagnon d'Énée.

Ce qu'il y avait de certain, c'est qu'il comptait parmi ses aïeux un Sergius Silus qui, blessé vingt-trois fois dans les guerres puniques, avait fini par faire adapter à son bras mutilé une main de fer avec laquelle il continuait de combattre.

Cela rappelle Goëtz de Berlichingen, cet autre seigneur qui, pareil à Catilina, se mit à la tête d'une révolte de gueux.

« C'était, quant à lui (Catilina), dit Salluste, — l'avocat démocrate qui a laissé de si beaux jardins, qu'aujourd'hui même ils portent encore son nom, — c'était, quant à lui, un homme doué d'une de ces rares constitutions qui peuvent supporter la faim, la soif, le froid, les veilles ; d'un esprit audacieux, rusé, fécond en ressources ; capable de tout feindre, de tout dissimuler ; convoiteur du bien d'autrui, prodigue du sien ; ayant beaucoup d'éloquence, peu de jugement, et méditant sans cesse des projets, des mesures chimériques, impossibles ! »

Voilà pour le moral : comme on le voit, Salluste ne gâte pas son homme.

Au physique, il avait le visage pâle et inquiet, les yeux injectés de sang, la démarche tantôt lente, tantôt précipitée ; sur le front enfin, quelque chose de cette fatalité que, dans l'antiquité, Eschyle imprime à son Oreste, et, chez les modernes, Byron à son Manfred.

On ne savait pas au juste la date de sa naissance, mais il devait avoir cinq ou six ans de plus que César.

Sous Sylla, il s'était baigné dans le sang ; on racontait de lui des choses inouïes, que l'appréciation moderne ne nous permet de croire qu'avec réserve : on l'accusait d'avoir été l'amant de sa fille et le meurtrier de son frère ; on assurait que, pour être déchargé de ce dernier meurtre, il avait fait, comme si son frère eût été vivant encore, mettre le mort sur la liste des proscrits.

Il avait des motifs de haine contre Marcus Gratidianus. Il le traîna, — c'est toujours la tradition qui parle, et non pas nous, — il le traîna vers le tombeau de Lutatius, lui creva les yeux d'abord, puis lui coupa la langue, les mains et les pieds, puis enfin lui trancha la tête, et ensuite, les bras tout sanglants, porta aux yeux du peuple cette tête depuis le mont Janicule jusqu'à la porte Carmentale, où était Sylla.

Puis, comme si toutes les accusations dussent s'accumuler sur lui, on disait encore qu'il avait tué son fils pour que rien ne fît obstacle à son mariage avec une courtisane qui ne voulait pas de beau-fils ; qu'il avait retrouvé l'aigle d'argent de Marius et lui faisait des sacrifices humains ; que, comme le chef de cette société de sang découverte il y a une quinzaine d'années à Livourne, il ordonnait des assassinats inutiles, pour ne point perdre l'habitude du meurtre ; que les conjurés avaient bu à la ronde le sang d'un homme égorgé ; qu'ils voulaient massacrer les sénateurs ; enfin, — ce qui touchait bien autrement le petit peuple, — que son intention était de mettre le feu aux quatre coins de la ville.

Tout cela est bien invraisemblable ! Le pauvre Catilina m'a tout à fait l'air d'avoir été choisi pour être le bouc émissaire de son époque.

C'est, au reste, l'avis de Napoléon. Ouvrons le *Mémorial de Sainte-Hélène* au 22 mars 1816 :

« Aujourd'hui, l'empereur lisait dans l'histoire romaine la conjuration de Catilina ; il ne pouvait la comprendre telle qu'elle est tracée. « Quelque scélérat que fût Catilina, » disait-il, « il devait avoir un but ; ce ne pouvait être celui » de régner sur Rome, puisqu'on lui reprochait d'y vou- » loir mettre le feu aux quatre coins. » L'empereur pensait que c'était plutôt quelque nouvelle faction à la façon de Marius ou de Sylla, qui, ayant échoué, avait accumulé sur son chef toutes les accusations banales dont on les accable en pareil cas. »

Et, avec son œil d'aigle, l'empereur pouvait bien avoir vu clair dans la nuit des temps, comme il voyait à travers la fumée des champs de bataille.

Au reste, le moment était propice à une révolution.

Rome se divisait en riches et en pauvres, en millionnaires et en endettés, en créanciers et en débiteurs ; l'usure était à l'ordre du jour, le taux légal était de 4 pour 100 par mois. Tout s'achetait, depuis le vote de Curion jusqu'à l'amour de Servilie. La vieille plèbe romaine, la race des soldats et des laboureurs, la moelle de Rome est détruite. Dans la ville, trois ou quatre mille sénateurs, chevaliers, usuriers, agioteurs, meneurs d'émeutes, des affranchis à chaque pas; hors de Rome, plus de cultivateurs : des esclaves ; plus de champs ensemencés : des pacages ; — on s'était aperçu que l'on gagnait plus à nourrir les pourceaux que les hommes : Porcius Caton avait fait une fortune énorme à ce métier-là. — Partout des Thraces, des Africains, des Espagnols, les fers aux pieds, marqués du fouet sur le dos, du signe de la servitude au front. Rome a usé sa population à prendre le monde; elle a troqué l'or de la nationalité contre la monnaie de cuivre de l'esclavage.

On a des villas à Naples pour les brises de la mer; à Tivoli, pour la poussière des cascatelles; à Albano, pour l'ombrage des arbres. Les fermes, ou plutôt la ferme générale est en Sicile.

Caton a trois mille esclaves ; jugez des autres!

Les fortunes sont absurdes à force d'être gigantesques.

Crassus possède, rien qu'en terres, deux cents millions de sesterces, plus de quarante millions de francs. Verrès, en trois ans de préture, a raflé douze millions à la Sicile ; Cœcilius Isidorus s'est ruiné dans les guerres civiles; il n'a plus que quelques pauvres millions qui courent les uns après les autres, et cependant, en mourant, il lègue encore à ses héritiers quatre mille cent seize esclaves, trois mille six cents paires de bœufs, vingt-sept mille cinq cents têtes de bétail et soixante millions de sesterces en argent (près de quinze millions de francs). Un centurion possède dix millions de sesterces. Pompée se fait payer, par le seul Ariobarzane, trente-trois talents par mois, quelque chose comme cent quatre-vingt mille francs. Les rois sont ruinés au profit des généraux, des lieutenants et des proconsuls de la République ; Déjotarus est réduit à la mendicité ; Salamine ne peut payer Brutus, son créancier ; Brutus enferme le sénat et l'assiége : cinq sénateurs meurent de faim, les autres payent.

Les dettes égalent les fortunes ; c'est tout simple : il faut qu'il y ait balance.

César, partant comme préteur pour l'Espagne, emprunte cinq millions à Crassus, et en doit encore cinquante ; Milon, lors de sa condamnation, devait quatorze millions ; Curion, se vendant à César, devait douze millions ; Antoine, huit millions.

La conspiration de Catilina est donc à tort, selon nous, nommée une conspiration ; ce n'est pas un complot, c'est un fait. C'est la grande et éternelle guerre du riche contre le pauvre, la lutte de celui qui n'a rien contre celui qui a tout ; c'est la question qui est au fond de toutes les questions politiques, que nous avons heurtée en 1792 et en 1848.

Babœuf et Proudhon sont des Catilinas en théorie.

Aussi voyez qui est pour Catilina, voyez qui forme son cortége, voyez quelles gens lui servent de garde : tous les élégants, tous les débauchés, tous les nobles ruinés, tous les beaux à tunique de pourpre, tous les gens qui jouent, qui s'enivrent, qui dansent, qui entretiennent des femmes ; — nous avons dit que César en était ; — puis, à côté de cela, des bravi, des gladiateurs, des anciens septembriseurs de Sylla ou de Marius, et, qui sait? peut-être le peuple.

Les chevaliers, les usuriers, les agioteurs, les banquiers sentent si bien cela, qu'ils portent au consulat Cicéron, *un homme nouveau*.

Cicéron a pris des engagements : il écrasera Catilina ; car, pour que tout ce qui possède des villas, des palais, des troupeaux, des pâturages, une caisse, dorme tranquille, il faut que Catilina soit écrasé.

Il commence l'attaque en présentant au sénat — Catilina est sénateur, retenez bien cela — en présentant au sénat une loi qui ajoute un exil de dix ans aux peines portées contre la brigue.

Catilina sent le coup. Il veut discuter la loi; il glisse un mot en faveur des débiteurs; c'est là que Cicéron l'attendait.

— Qu'espères-tu? lui dit-il; de nouvelles tables? l'abolition des dettes? J'en afficherai, des tables, moi! mais des tables de vente.

Catilina s'emporte.

— Qui es-tu donc, dit-il, pour parler ainsi, mauvais bourgeois d'Arpinum, qui as pris Rome pour ton hôtellerie?

Alors, le sénat tout entier murmure et prend parti pour Cicéron.

— Ah! s'écrie Catilina, vous allumez un incendie contre moi! Soit, je l'étoufferai sous des ruines.

Ce mot perd Catilina.

Cicéron en appelle aux boutiquiers.

Les députés des Allobroges, que Catilina a pris pour confidents, ont remis à l'avocat de l'aristocratie le plan de la conjuration.

Cassius doit incendier Rome; Céthégus, égorger le sénat. Catilina et ses lieutenants se tiendront aux portes, et tueront tout ce qui tentera de fuir.

Les bûchers se préparent. Demain peut-être, les aqueducs vont être bouchés!

Tout cela ne détermine pas le peuple à prendre parti pour le sénat.

Caton fait un long discours : il comprend que le temps est passé d'invoquer le patriotisme. Bon ! le patriotisme ! on rirait au nez de Caton, on l'appellerait du nom antique qui correspond à notre nom moderne *chauvin*.

Non, Caton est de son époque.

— Au nom des dieux immortels, dit-il, je vous adjure, vous pour qui vos maisons, vos statues, vos terres, vos tableaux ont toujours été d'un plus grand prix que la République ; ces biens, de quelque nature qu'ils soient, objets de vos tendres attachements, si vous voulez les conserver, si à vos jouissances vous voulez ménager un loisir nécessaire, sortez de votre engourdissement et prenez en main la chose publique !

Le discours de Caton touche les riches ; mais ce n'est point assez. Les riches, on sait bien qu'ils seront du parti des riches ; ce sont les pauvres, ce sont les prolétaires, c'est le peuple qu'il faut entraîner.

Caton fait distribuer par le sénat pour sept millions de blé au peuple, et le peuple est pour le sénat. Et cependant, si Catilina fût resté à Rome, peut-être sa présence eût-elle balancé cette splendide distribution.

Mais il est rare que le peuple donne raison à celui qui quitte la partie : il y a un proverbe là-dessus.

Catilina quitta Rome.

Le peuple donna tort à Catilina.

X

Catilina était allé rejoindre, dans les Apennins, son lieutenant Mallius ; il avait là deux légions, dix à douze mille hommes.

Il attendit un mois.

Chaque matin, il espérait apprendre la nouvelle que le complot avait éclaté à Rome. La nouvelle qui lui arriva fut que Cicéron avait fait étrangler Lentulus et Céthégus, ses amis, ainsi que les principaux chefs du complot.

— Étrangler! s'écria-t-il; n'étaient-ils donc pas citoyens romains, et la loi Sempronia ne leur garantissait-elle pas la vie sauve?

Sans doute; mais voici l'argument dont Cicéron s'était servi : « La loi Sempronia protége, il est vrai, la vie des citoyens; seulement, l'ennemi de la patrie n'est pas citoyen. »

L'argument était bien un peu subtil; mais on n'est pas avocat pour rien.

Les armées du sénat approchaient. Catilina vit qu'il ne lui restait plus qu'à mourir : il résolut de mourir bravement.

Il descendit de ses montagnes et rencontra les conservateurs, comme on dirait de nos jours, aux environs de Pistoie.

Le combat fut terrible, la lutte acharnée.

Catilina combattait, non pas pour vaincre, mais pour bien mourir.

Ayant mal vécu, il mourut bien. On le retrouva en avant de tous les siens, au milieu des cadavres des soldats romains tués par lui.

Chacun de ses hommes était tombé à la place où il avait combattu.

Des voleurs, des meurtriers et des incendiaires meurent-ils ainsi?

Je crois que Napoléon à Sainte-Hélène avait raison, et

qu'il y a sous tout cela quelque chose que nous ignorons ou plutôt qui nous a été mal dit et, par conséquent, laissé à deviner.

Voyez le manifeste des révoltés, que nous transmet Salluste; peut-être jette-t-il quelque jour sur la question.

Il est adressé par le chef des révoltés au général du sénat. Le général du sénat, c'est le Cavaignac de l'époque.

« Imperator,

» Nous attestons les dieux et les hommes que, si nous avons pris les armes, ce n'est point pour mettre en danger la patrie ou menacer nos concitoyens; nous ne voulons que sauvegarder nos personnes. Misérables et ruinés que nous sommes, la rapacité et les violences de nos créanciers nous ont enlevé à presque tous la patrie, à tous la réputation et la fortune. On nous dénie jusqu'au bénéfice des anciennes lois; on ne nous permet point d'abandonner nos biens pour garder notre liberté : tant est grande la dureté de l'usurier et du préteur! Souvent l'ancien sénat eut pitié du peuple, et par ses décrets soulagea la misère publique; de notre temps même, on a libéré aussi les patrimoines grevés à l'excès, et, de l'avis de tous les gens de bien, il a été permis de payer en cuivre ce que l'on devait en argent*; souvent aussi le peuple (*plebs*), poussé par des désirs ambitieux, ou provoqué par les injures des magistrats, s'est séparé du sénat; mais, quant à nous, nous ne demandons ni la puissance ni la fortune, ces grandes causes des luttes entre les hommes. Non, nous demandons seulement la liberté qu'un citoyen

* La loi Valéria, dans les circonstances extrêmes, donnait cette faculté; la dette était ainsi réduite des trois quarts à peu près, et cependant ce n'était point une banqueroute.

ne consent à perdre qu'avec la vie. Nous te supplions donc, toi et le sénat, d'avoir égard à la misère de nos concitoyens. Rendez-nous la garantie de la loi que le préteur nous refuse ; ne nous mettez pas dans la nécessité de préférer la mort à la vie que nous menons, car notre mort ne serait point sans vengeance. »

Pesez ce manifeste, philosophes de tous les temps ; il a son poids dans la balance de l'histoire ; ne ressemble-t-il pas beaucoup à cette devise des malheureux canuts de Lyon : *Vivre en travaillant, ou mourir en combattant ?*

Nous vous le disions bien tout à l'heure que la conspiration de Catilina n'était point une conspiration ; et voilà pourquoi le danger, quoi qu'en dise Dion, fut réel, sérieux, immense ; si réel, si sérieux, si immense, qu'il fit de Cicéron un héros d'audace et d'illégalité.

Il faut que Cicéron ait eu bien peur pour avoir été si brave, *ce jour-là !*

Quand Cicéron peut fuir, est-ce qu'il ne fuit pas ? Dans l'émeute soulevée contre lui, sept ou huit ans plus tard, par Clodius, est-ce qu'il ne fuit pas ?

Et Clodius, cependant, n'est pas un homme de la taille de Catilina.

De retour de Thessalonique, Cicéron raconte qu'il y a collision sur le Forum. On s'injurie, on se crache à la figure. « Les clodiens commencent à cracher sur nous *(clodiani nostros conspuare cœperunt)* ; nous perdons patience, » ajoute Cicéron. Il y avait de quoi ! « Les nôtres les chargent et les mettent en fuite. Clodius est précipité de la tribune ; moi, je m'esquive de crainte d'accident (AC NOS QUOQUE TUM FUGIMUS, NE QUID IN TURBA). » Je ne le lui fais pas dire, et c'est bien lui qui le dit, qui le raconte, qui l'écrit à son frère Quintus, dans sa lettre du 15 février (Q. II, 3).

D'ailleurs, si vous doutez, lisez le discours de Caton. Celui-là n'est pas un poltron, et cependant il a peur, grand'peur; il a peur surtout, et il le dit, il a peur, et les autres doivent avoir peur, parce que César est tranquille!

César est tranquille, parce que, Catilina vainqueur, il a donné assez de gages à la démocratie pour avoir sa part du gâteau; César est tranquille, parce que, Catilina vaincu, il n'y a pas assez de preuves contre lui pour qu'on le mette en accusation. D'ailleurs, qui oserait le mettre en accusation? Caton en a bonne envie, et cependant il recule.

Ce fut pendant cette séance si orageuse, dans laquelle Caton et César parlèrent, Caton pour la sévérité, César pour la clémence, que l'on apporta un billet à César.

Caton crut que c'était une missive politique, l'arracha des mains du messager et la lut.

C'était un poulet de sa sœur Servilie à César.

Il le lui jeta au visage.

— Tiens, ivrogne! dit-il.

César le ramassa, le lut et ne répondit rien. En effet, la situation était grave et n'avait pas besoin d'être compliquée d'une querelle particulière.

Mais, si l'on n'osait accuser publiquement César, on n'eût pas été fâché qu'un accident débarrassât de lui les honnêtes gens.

Sur les marches du sénat, et au moment où il en sortait, il fut assailli par une foule de chevaliers, de fils de banquiers, d'agioteurs, d'usuriers, de publicains, qui voulaient absolument le tuer.

L'un d'eux, Clodius Pulcher — celui qui s'était fait battre par les gladiateurs — lui mit son épée à la gorge, n'attendant qu'un signe de Cicéron pour le tuer. Cicéron lui fit signe d'épargner César, et Clodius remit son épée au fourreau.

Comment! ce même Clodius qui, plus tard, âme damnée de César, sera l'amant de Pompéia et voudra tuer Cicéron, ce même Clodius est l'ami de Cicéron et veut tuer César? — Eh! mon Dieu, oui, voilà comment les choses se passent dans la vie.

Cela vous paraît incompréhensible. Nous vous expliquerons cela, soyez tranquilles, chers lecteurs; ce ne sera peut-être pas très-moral, mais ce sera clair.

L'homme heureux, l'homme fier, l'homme grand de cent coudées dans toute cette affaire de Catilina, c'est Cicéron.

Il y avait beaucoup de M. Dupin dans Cicéron, quoiqu'il n'y ait pas beaucoup de Cicéron dans M. Dupin.

Avez-vous vu M. Dupin le lendemain du jour de l'avénement au trône du roi Louis-Philippe? S'il eût fait des vers latins, il eût fait ceux de Cicéron; s'il eût fait des vers français, il les eût traduits.

Vous connaissez les vers de Cicéron, n'est-ce pas?

O fortunatam natam, me consule, Romam!...
O heureuse Rome! qui es née sous mon consulat!...

Eh bien, huit jours après, Cicéron défendait Muréna, coupable de brigue, lui qui avait demandé pour les coupables de brigue un surcroît de punition de dix ans d'exil; puis il défendit Sylla, qui était le complice de Catilina; il le défendit, lui, Cicéron, qui avait fait étrangler les autres complices!

Un instant, comme nous l'avons dit, il fut roi à Rome. Pompée était absent, César effacé, Crassus muet.

— C'est le troisième roi étranger que nous avons, disaient les Romains.

Les deux autres étaient Tatius et Numa. Tatius et Numa étaient de Cures ; Cicéron était d'Arpinum.

Tous trois étaient donc, en effet, étrangers à Rome !

XI

La conspiration de Sylla découverte, Céthégus et Lentulus étranglés, le cadavre de Catilina retrouvé sur le champ de bataille de Pistoie, on crut Rome sauvée.

Il en était de même en 1793, après chaque conspiration découverte. La France aussi fut sauvée onze fois dans le même mois.

« Encore une victoire comme celle-ci, disait Pyrrhus après la bataille d'Héraclée, où il avait laissé la moitié de ses soldats, la moitié de ses chevaux, la moitié de ses éléphants, et je suis perdu ! »

C'était Cicéron surtout qui était dans cette croyance qu'il avait sauvé Rome. Sa victoire l'aveuglait ; il croyait à cette alliance du sénat et des chevaliers, des aristocrates de naissance et des aristocrates d'argent, qui avait été son rêve ; mais il ne tarda pas à douter lui-même de la durée de cette paix *gélatineuse*... — comment rendre son mot de *concordia conglutinata* ? — de ce *replâtrage*, c'est à peu près cela.

Quant à César, nous l'avons dit, il avait été trop heureux de s'effacer dans cette circonstance.

Lorsqu'il était sorti du sénat, au moment où Cicéron,

traversant le Forum, criait, en parlant des complices de Catilina : « Ils ont vécu » plusieurs des chevaliers qui formaient la garde de Cicéron s'étaient élancés contre César, l'épée nue ; mais Cicéron, nous l'avons dit, le couvrit de sa toge.

Cicéron, — comme faisait parfois le peuple en faveur du gladiateur qui avait bien combattu, — au regard d'interrogation que lui jetaient les jeunes gens, répondit par un signe sauveur ; et, en effet, quoique César ne fût encore qu'un mauvais sujet perdu de dettes, on ne tuait pas César comme on tuait un Lentulus ou un Céthégus ; et la preuve, c'est qu'on eût pu le tuer soit à la porte du sénat, soit dans le Forum, soit en traversant le champ de Mars ; et la preuve encore, c'est qu'on eût pu tuer Catilina, et qu'on n'osa point le faire.

Seulement, — quoique le fait soit rapporté par Plutarque, — souvent il nous a pris l'idée de mettre en doute le récit de l'historien de Chéronée.

Suétone se contente de dire que les chevaliers qui étaient de garde tirèrent leur épée et en tournèrent la pointe contre César.

Cicéron, ce grand hâbleur, n'en parlait pas dans l'histoire de son consulat, qui est perdue, mais que Plutarque connaissait, et Plutarque s'en étonne.

Comment se fait-il que Cicéron, qui se vante parfois de choses qu'il n'avait point faites, ayant fait une chose de cette importance, et si honorable pour lui, ne s'en soit pas vanté ?

Au reste, plus tard, la noblesse blâma Cicéron de ne point avoir saisi cette occasion de se défaire de César, et d'avoir par trop préjugé de l'affection du peuple pour celui-ci.

C'est qu'en effet cette affection était grande, très-grande; témoin ce qui se passa quelques jours après.

César, fatigué des accusations sourdes qui le poursuivaient, se rendit au sénat pour se justifier, et, en entrant, annonça à quelle occasion il y entrait.

Or, une violente querelle s'éleva parmi les sénateurs sur la culpabilité ou la non-culpabilité de César, et, comme la séance se prolongeait, le peuple, craignant qu'il ne lui fût arrivé quelque malheur, environna la salle en jetant de grands cris, et en demandant qu'on lui rendît César.

Ce fut même à ce propos que Caton, craignant un mouvement de la part des pauvres, disons plus, de ceux qui avaient faim et qui, dit Plutarque, avaient mis dans César toutes leurs espérances, — la chose est claire, — obtint du sénat cette fameuse distribution de blé mensuelle qui devait coûter, chaque fois, quelque chose comme dix à douze millions.

César vit bien qu'il lui fallait un nouvel appui; il se mit sur les rangs pour être préteur.

Nous avons déjà dit comment on faisait son chemin à Rome.

Tout jeune homme de bonne famille étudiait le droit chez un jurisconsulte et l'éloquence sous un rhéteur. La vie romaine était publique; elle appartenait à la patrie; on défendait ou l'on attaquait le gouvernement avec la parole et l'épée. On signait comme en Amérique : *Avocat et général*.

Pour se faire connaître, on dénonçait un proconsul; il y avait une certaine grandeur à cela; on prenait le parti d'un peuple contre un homme.

Ainsi fait César.

Il plaide d'abord contre Dolabella, puis contre Publius Antonius. Il échoue contre le premier, et est obligé de quitter Rome. Mais c'est en Grèce même qu'il plaide contre le second, devant Marcus Lucullus, préteur de Macédoine, et il a un tel succès, que Publius Antonius, qui craint d'être condamné, en appelle aux tribuns du peuple, sous prétexte qu'il ne pouvait obtenir justice contre les Grecs dans la Grèce même.

« A Rome, dit Plutarque, son éloquence, en brillant au barreau, lui acquit une grande faveur. »

Puis, une fois connu, on se mettait sur les rangs pour l'édilité.

L'édilité était, à peu de chose près, notre mairie moderne.

Voyez les élections anglaises avec leurs *hustings*, leurs *meetings*, leurs *boxings*, leurs accusations de *bribery* ; c'est en petit ce que les élections de Rome étaient en grand.

Il y avait, au reste, à Rome, ce qu'on n'a osé faire encore ni en France, ni en Angleterre : un MANUEL DU CANDIDAT. Il est de l'an 688 de Rome, et est signé : *Q. Cicero*.

— Ne pas confondre avec Marcus Tullius ; Quintus n'est que le frère d'un grand homme.

Donc, le moment venu, le candidat se revêtait d'une robe blanche, symbole de la pureté de son âme, — *candidatus*, ce qui veut aussi bien dire blanchi que blanc ; — puis il faisait ses visites aux sénateurs et aux magistrats d'abord, puis aux gens riches, puis aux chevaliers, puis aux nobles, puis enfin au peuple.

Le peuple se tenait au champ de Mars ; les trois ou quatre cent mille votants étaient là, attendant les candidats.

Les candidats se présentaient, suivis du cortége de leurs amis.

Pendant que le candidat intriguait de son côté, les amis intriguaient du leur.

Le candidat avait son nomenclateur qui lui disait tout bas les noms et la profession de ceux auxquels il adressait la parole.

Vous vous rappelez toutes les tendresses de don Juan à M. Dimanche, quand il veut en tirer de l'argent ? Figurez-vous cette scène répétée cent fois dans la même journée : formes différentes, même fond.

Deux ans d'avance, le candidat pratique le peuple : il a célébré des jeux; il a loué et fait louer, dans les cirques et dans les amphithéâtres, des places par ses amis, et, ces places, il les a gratuitement distribuées au peuple ; il y a envoyé des tribus entières et particulièrement sa tribu à lui; enfin, il a donné des festins publics, non-seulement devant sa porte, non-seulement dans sa tribu, non-seulement dans différents quartiers, mais souvent encore dans toutes les tribus.

Cicéron citait comme une chose extraordinaire que Lucius Philippus fût arrivé aux dignités sans avoir employé ce moyen.

Mais, en échange, Tubéron, petit-fils de Paul Émile, et neveu de Scipion l'Africain, avait échoué dans sa demande de préteur, parce qu'en offrant un repas public au peuple, il avait fait dresser des lits d'une forme commune et couverts de peaux de bouc, au lieu de housses de prix.

Vous voyez quel sybarite était le peuple romain, qui non-seulement voulait bien manger, mais qui encore voulait être bien et richement couché en mangeant.

Beaucoup entreprenaient des voyages dans les provinces pour récolter des suffrages dans les municipes qui avaient droit de voter.

Paterculus cite un citoyen qui, voulant être édile, envoyait, chaque fois qu'il y avait un incendie à Rome ou dans les environs, ses esclaves pour l'éteindre ; le moyen était si nouveau, que celui qui l'avait inventé fut nommé non-seulement édile, mais même préteur. Par malheur, Paterculus oublie de citer le nom de ce philanthrope.

En général, l'élection était plus chère : on n'était guère nommé édile à moins d'un million, questeur à moins d'un million et demi ou deux millions ; mais, pour être préteur, on sacrifiait tout.

En effet, la préture, c'était la vice-royauté d'une province.

Notez qu'une province de ce temps-là, c'est un royaume d'aujourd'hui.

Or, dans ce royaume que l'on dirigeait pour quatre ou cinq ans, que l'on occupait avec une armée, de l'argent duquel on disposait, sur les habitants duquel on avait droit de vie et de mort, on donnait rendez-vous à ses créanciers ; c'était là qu'on liquidait les fortunes les plus embarrassées, que l'on se faisait des bibliothèques, des collections de tableaux, des galeries de statues ; c'était là, enfin, que l'on convoquait ses huissiers et ses gardes du commerce, et que, presque toujours, on s'arrangeait à la satisfaction des deux parties.

Parfois aussi, quand la province était ruinée, que l'on succédait à un Dolabella ou à un Verrès, ou bien quand on n'était pas bien sûr de la moralité de son débiteur, les créanciers s'opposaient au départ.

César, nommé préteur en Espagne, trouva, au moment de sortir, une telle masse de créanciers assemblés devant sa porte, qu'il fut obligé d'envoyer chez Crassus.

Crassus, qui voyait Catilina mort, qui comprenait que

Cicéron ne tiendrait pas, qui ne pouvait pardonner à Pompée son affaire des gladiateurs, comprit que l'avenir était entre César et Pompée, et il pensa qu'un placement chez César lui rapporterait de gros intérêts. Il répondit pour César de près de cinq millions ; et César put partir pour l'Espagne.

Disons, en outre, — et la chose pourrait bien être pour les trois quarts dans ce prêt si étonnant de la part d'un pareil avare, — disons que César était l'amant de sa femme, Tertulia. Au point de vue moderne, cela rabaisse peut-être bien un peu César, mais César n'y regarde pas de si près.

C'est en se rendant en Espagne, en traversant un petit village des Gaules cisalpines que César dit ce joli mot :

— J'aimerais mieux être le premier ici que le second à Rome.

En effet, à Rome, à côté de ces pouvoirs réels, conquis par le glaive ou l'éloquence ; à côté de Pompée et de César, il y avait ce que l'on appelait les sept tyrans : c'étaient les publicains, les usuriers, les prêteurs à la petite semaine ; c'étaient les deux Lucullus, Métellus, Hortensius, Philippus, Catullus et enfin Crassus.

Ce dernier avait hâte d'être autre chose qu'un des sept tyrans ; il avait hâte d'être un des trois.

Or, il voyait dans l'avenir un triumvirat : Pompée, la victoire ; César, la fortune ; lui, l'argent.

On verra que Crassus n'avait pas trop mal lu dans l'avenir.

Au bout d'un an, César revint d'Espagne.

Qu'y avait-il fait ? On n'en sait rien.

Personne n'osa l'accuser ; mais, à son retour, il paya ses dettes, et, cette fois, personne n'eut besoin de lui prêter de l'argent.

Seulement, Suétone dit :

« Il est prouvé, par les propres monuments qu'il a laissés, qu'en Espagne il reçut du proconsul et des alliés l'argent qu'il demanda avec instance comme un secours pour acquitter ses dettes. »

Mais cela, ce n'était pas emprunter; c'était prendre, puisqu'on ne rendait jamais.

Suétone ajoute encore :

« Il pilla plusieurs villes de la Lusitanie, quoiqu'elles n'eussent fait aucune résistance, et qu'elles eussent ouvert leurs portes à son arrivée. »

A son retour à Rome, César trouva Pompée.

Ces deux grands rivaux étaient donc face à face.

Voyons ce qu'était devenu Pompée depuis que nous l'avons quitté après son triomphe sur les gladiateurs.

XII

Le vainqueur de Mithridate a trente-neuf ans, quoique ses amis, lisez ses flatteurs, ne lui en donnent que trente-quatre, — l'âge d'Alexandre; — il est arrivé au point culminant de la fortune. Il ne fera plus que descendre, tandis que César ne fera plus que monter.

Si Pompée a trente-neuf ans, — et Plutarque dit positivement son âge, — César en a trente-trois.

« Le peuple romain, dit Plutarque, semble avoir été, dès le commencement, envers Pompée, dans la même disposition où est le Prométhée d'Eschyle envers Hercule, quand il dit à celui-ci, qui vient de le délier : « Autant » j'aime le fils, autant je hais le père. »

Pourquoi le peuple romain haïssait-il le père de Pompée, Strabo ?

Plutarque nous le dit en une ligne :

« Parce qu'il ne pouvait lui pardonner son avarice. »

Ce qui voulait dire que le père de Pompée ne donnait pas de jeux aux Romains, ne leur offrait point de dîners publics, ne leur donnait pas de billets de spectacle, crime impardonnable aux yeux de tous ces rois du monde qui passaient leur temps couchés sous les portiques, causant politique dans les bains, on buvant du vin cuit dans les cabarets.

La haine était grande, en effet, puisque, Strabo ayant été frappé de la foudre, le peuple arracha son corps du bûcher où il était déjà déposé, et lui fit mille outrages.

Mais, nous le répétons, le fils, en échange, était adoré.

Voyez ce qu'en dit encore Plutarque dans sa belle langue grecque :

« Aucun autre n'obtint une bienveillance plus forte, qui commençât plus vite, qui fleurît mieux pendant le bonheur, qui restât plus fidèle dans l'adversité. »

Peut-être aussi ce qui avait, dans Pompée, séduit les Romains, peuple éminemment sensuel, c'était sa beauté.

Pompée avait des traits doux, parfaitement en harmonie avec une parole mélodieuse, un air grave, tempéré par une grande expression de bonté, des manières nobles, une grande tempérance dans sa vie habituelle, une suprême adresse à tous les exercices du corps, une éloquence presque irrésistible, une immense facilité à donner, et, en donnant, une grâce presque divine qui avait l'art de ménager l'amour-propre de celui qui recevait. Ses cheveux, qu'il portait un peu relevés, et son regard plein de charme lui donnaient avec Alexandre, ou plutôt avec les statues qui restaient du conquérant de l'Inde, une ressemblance qui flattait beaucoup le jeune homme, et qui

5.

était si publique et si reconnue, qu'un jour le consul Philippe, plaidant pour lui, dit en souriant :

— Que l'on ne s'étonne point de ma partialité envers mon client : il est tout simple qu'étant Philippe, j'aime Aléxandre.

Nous avons parlé de sa tempérance; citons-en un exemple :

Au sortir d'une maladie assez grave, on lui avait commandé la diète, et, comme il recommençait à manger, le médecin lui permit seulement une grive.

Malheureusement, les grives sont des oiseaux de passage, et l'on n'était plus dans la saison du passage des grives; de sorte que les serviteurs de Pompée coururent tous les marchés de Rome sans pouvoir en trouver une seule.

— Te voilà bien embarrassé, lui dit un de ses amis; tu en trouveras chez Lucullus, qui en fait nourrir toute l'année.

— Non, ma foi, répondit Pompée; je ne veux demander aucun service à cet homme.

— Cependant, insista l'ami, si le médecin a recommandé absolument que tu manges une grive, et pas autre chose?

— Allons donc, répondit Pompée, veux-tu donc que je croie qu'il était écrit dans les arrêts du Destin que Pompée n'aurait pas vécu si Lucullus n'eût été assez gourmand pour conserver des grives en volière!

Et Pompée *envoya promener* le médecin! — C'est à peu près, je crois, ce que signifient ces trois mots grecs : Καὶ ἐάσας χαίρειν.

Nous avons parlé de son éloquence.

Prouvons.

Après la mort de Strabo, il eut à repousser une accusation de péculat produite contre son père, et dans laquelle on essayait de l'entraîner; mais il mit dans sa défense une telle adresse et une telle fermeté, que le préteur Antistius, qui présidait au jugement, résolut, dès lors, de lui donner sa fille en mariage et la lui fit offrir par des amis communs.

Pompée accepta.

Ces futures fiançailles étaient déjà tellement connues du peuple, et se trouvaient tellement de son goût, qu'au moment où Pompée fut absous, la multitude, comme si elle eût obéi à un mot d'ordre, cria :

— A Talasius! à Talasius!

Que signifiaient ces deux mots, que les Romains avaient l'habitude de proférer quand ils souhaitaient des noces heureuses?

Nous allons le dire.

C'était une vieille tradition romaine, et qui remontait à l'enlèvement des Sabines.

Lorsque eut lieu ce grand événement, qui mit l'empire naissant de Romulus à deux doigts de sa perte, des pâtres et des bouviers enlevaient une jeune Sabine d'une beauté si parfaite, qu'ils craignaient qu'il ne leur fallût combattre à chaque pas pour la conserver; alors, il leur vint cette idée de la mettre sous la protection d'un des noms les plus estimés de la jeune Rome; de sorte que, tout en courant, ils criaient :

— A Talasius! à Talasius!

Comme si c'était pour le compte de Talasius qu'ils enlevassent la jeune Sabine.

Grâce à ce nom, ils purent la conduire en sûreté où ils voulaient; et, en effet, la jeune Sabine épousa Talasius, et, le mariage ayant été très-heureux, cette coutume se conservait à Rome de crier, lors des mariages de quelque importance et en manière de souhait de bonheur :

— A Talasius! à Talasius!

Pompée épousa, en effet, Antistia.

Mais il n'eut pas en mariage autant de bonheur que Talasius ; car il fut, par Sylla, ainsi que nous l'avons dit, forcé de répudier Antistia pour épouser Émilie, fille de Métella et de Scaurus et belle-fille de Sylla.

L'ordre était d'autant plus tyrannique qu'Émilie était mariée et enceinte ; et il y avait d'autant plus de honte à Pompée de céder à cet ordre, que son beau-père Antistius venait d'être assassiné dans le sénat, sous prétexte que, Pompée étant du parti de Sylla, il devait en être, lui aussi, qui était le beau-père de Pompée.

Au reste, la mère d'Antistia ne put, voyant sa fille répudiée, supporter l'affront que Pompée venait de lui faire : elle se tua.

Enfin, cette mort fut suivie de celle d'Émilie, qui mourut en couches.

Il est vrai que cette terrible tragédie de famille, qui eût fait grand bruit à une autre époque, se perdit au milieu de la tragédie publique qui s'accomplissait à cette heure, et dans laquelle Marius et Sylla jouaient les principaux rôles.

Nous avons dit qu'en circonstance pareille, César aima mieux affronter la colère de Sylla que de lui obéir. Le génie des deux hommes est tout entier dans cette différence : c'est que, dans des circonstances analogues, l'un cède, l'autre résiste.

Qu'on nous pardonne de revenir ainsi sur Pompée, dont nous avons déjà parlé avec quelques détails ; mais l'homme qui disputa le monde à César vaut bien la peine que l'on s'occupe un peu longuement de lui.

Ensuite, nous avouons que nous serions fier de faire pour l'antiquité ce que nous avons fait pour les temps modernes; pour l'histoire grecque et les Romains, ce que nous avons fait pour l'histoire d'Angleterre, d'Italie et de France, c'est-à-dire de la mettre à la portée de tout le monde. Que faudrait-il pour cela? La rendre amusante.

Quand on nous montre les Grecs et les Romains, on nous montre trop des statues et pas assez des hommes.

Hommes nous-mêmes, nous nous intéressons surtout à des êtres appartenant bien visiblement à l'humanité.

Or, en écartant la tunique d'Alcibiade et la toge de César, que verrons-nous? Des hommes.

Mais il faut écarter la tunique et la toge; il faut, enfin, faire ce que nous tentons : montrer en robe de chambre ces héros et ces demi-dieux de collége.

Vous rappelez-vous le temps où l'on nous disait que l'histoire n'était si lourde à apprendre que parce qu'elle était ennuyeuse? Ennuyeuse sans doute, dans le père Daniel, dans Mézerai, dans Anquetil, mais amusante dans les chroniques, dans les mémoires, dans les légendes.

D'où est venu le grand succès de M. de Barante dans ses *Ducs de Bourgogne*? C'est qu'un des premiers, il a substitué la forme de la chronique à la forme de l'histoire ou de ce que l'on appelait l'histoire.

Est-ce que nous n'en avons pas plus appris à nos lecteurs avec *les Trois Mousquetaires*, *Vingt ans après* et le *Vicomte de Bragelonne* sur l'époque de Louis XIII et de Louis XIV, que Levassor avec ses vingt ou vingt-cinq volumes?

Qui connaît Levassor? Guillemot et Techener, parce

qu'ils vendent ses vingt-cinq volumes vingt-cinq francs, non pas au public, mais à ceux qui, comme moi, sont forcés de les acheter.

XIII

Retournons à Pompée, déjà veuf de deux femmes à vingt-quatre ans, et que Sylla venait, en vertu des services qu'il lui avait rendus en lui amenant une armée, de saluer du nom d'*imperator*.

En outre, Sylla s'était levé et découvert devant Pompée, ce qu'il faisait rarement devant ses autres généraux.

S'était levé, cela se comprend facilement, mais *s'était découvert !* avouez, lecteurs, qu'ayant toujours vu les Romains nu-tête, cela vous semble difficile à expliquer.

Les Romains, à défaut de chapeau, — cependant ils en usaient quelquefois, témoin ce fameux chapeau que Crassus prêtait au Grec Alexandre, les Romains, à défaut de chapeau, se couvraient la tête avec le pan de leur toge, et ce vêtement, blanc d'habitude, repoussait admirablement les rayons du soleil italien. De même que nous levons notre chapeau comme une marque de déférence aux gens que nous rencontrons, de même les Romains levaient le pan de leur toge, et ainsi se découvraient.

Malgré cette grande humilité de Pompée, on lui reprochait deux ou trois meurtres dont César, son rival en toute chose et surtout en humanité, eût été incapable.

Carbon, comme on sait, était un des antagonistes de Sylla.

Pompée le battit et le fit prisonnier.

S'il l'eût fait tuer au moment où il fut pris, personne

n'eût rien dit et l'on eût probablement trouvé la chose toute naturelle; mais il se fit amener, chargé de chaînes, un homme trois fois honoré du consulat! Il le jugea du haut d'un trône, au milieu des murmures et des acclamations de la multitude, le condamna et le fit exécuter sans lui donner d'autre sursis que celui de satisfaire un besoin qui le pressait.

Il fit de même de Quintus Valérius, savant distingué qu'il prit, qu'il fit causer avec lui, et qu'il envoya froidement à la mort, quand il en eut tiré tout ce qu'il en voulait savoir.

Quant au titre de *Grand,* ce fut encore Sylla qui, à son retour d'Afrique, le lui donna en le saluant, comme, quatre ou cinq ans auparavant, lorsqu'il lui avait donné celui d'*imperator.*

Pompée craignit d'abord, il faut lui rendre cette justice, d'adjoindre cette épithète à son nom.

Hâtons-nous de dire que ce n'était point par modestie qu'il agissait ainsi, mais de peur de blesser les susceptibilités du peuple.

En effet, quand, plus tard, après la mort de Sertorius et la campagne d'Espagne, il crut que ce nom lui avait été donné assez longtemps par les autres pour qu'il eût le droit de se le donner lui-même, il le prit et s'intitula POMPÉE LE GRAND dans ses lettres et dans ses décrets.

Il est vrai qu'au-dessus de celui que Sylla avait nommé *Magnus,* c'est-à-dire *le Grand,* il y avait deux hommes à chacun desquels le peuple avait donné le surnom de TRÈS-GRAND, *Maximus :* l'un était Valérius, qui avait réconcilié le peuple et le sénat; l'autre Fabius Rullus, qui avait chassé de ce même sénat quelques fils d'affranchis qui, à la faveur de leurs richesses, s'étaient fait élire sénateurs.

Au reste, Sylla s'effraya bientôt de cette grandeur qu'il avait faite, de cette fortune qu'il avait élevée.

De retour à Rome depuis cette grande guerre d'Afrique, Pompée demanda le triomphe ; mais Sylla s'y opposa. Le triomphe ne s'accordait qu'à des consuls ou à des préteurs.

Le premier Scipion lui-même, après ses victoires d'Espagne sur les Carthaginois, n'avait point osé le demander, parce qu'il n'était ni préteur ni consul.

Sylla prétendit qu'il craignait d'être désapprouvé par Rome tout entière s'il faisait triompher un jeune homme encore imberbe, et que l'on ne dît qu'il ne respectait aucune loi quand il s'agissait de satisfaire les caprices de ses favoris.

Mais Pompée vit la véritable cause du refus sous l'enveloppe dorée qui le renfermait.

Cette idée que Sylla ne s'opposait à son triomphe que parce qu'il commençait de le craindre redoubla son entêtement à l'obtenir, et, devant Sylla, à Sylla lui-même, qui lui annonçait que, s'il s'obstinait à vouloir triompher, lui, Sylla, s'opposerait à ce triomphe, il répondit :

— Prends garde, Sylla, il y a plus d'hommes qui adorent le soleil levant que le soleil couchant.

Sylla, comme César, avait l'oreille un peu dure : il ne comprit point la réponse de Pompée.

— Que dit-il ? demanda le dictateur à ses voisins.

Les voisins de Sylla lui redirent la réponse de Pompée.

— Oh ! s'il y tient tant, répondit Sylla, qu'il triomphe donc !

Mais Sylla n'était point le seul qui s'opposât à cette satisfaction d'orgueil du vainqueur de Carbon, de Domitien, de Sertorius.

Il y eut dans le sénat et dans la noblesse de grands murmures.

Pompée les entendit.

— Ah ! c'est comme cela, dit-il ; eh bien, je triompherai, non pas comme mes prédécesseurs sur un char traîné par des chevaux, mais sur un char traîné par des éléphants.

Et, en effet, dans sa campagne d'Afrique, Pompée avait dit :

— Puisque nous sommes ici, il s'agit de combattre non-seulement les hommes, mais encore les animaux féroces.

En conséquence, il avait chassé et pris bon nombre de lions et d'éléphants ; en outre, il avait reçu des rois soumis plus de quarante éléphants ; rien ne lui était plus facile que d'atteler quatre de ces derniers animaux à son char.

On les attela donc ; mais il se trouva qu'au moment d'entrer dans Rome, la porte fut trop étroite.

Pompée, forcé d'abandonner les éléphants, en revint aux chevaux.

Certes, malgré son âge, — il allait avoir quarante ans, — Pompée, s'il l'eût bien ambitionné, eût été reçu dans le sénat.

Les Romains avaient, quand la loi s'opposait à un de leurs désirs, et qu'ils étaient assez puissants pour satisfaire ce désir malgré la loi ; les Romains avaient un moyen des plus ingénieux de procéder malgré cette loi : ils la suspendaient pour un an.

On appelait cela *le sommeil de la loi.*

Pendant que la loi dormait, les ambitions se tenaient éveillées et faisaient ce qu'elles voulaient.

Pompée trouva donc une plus grande satisfaction à son

orgueil de triompher, étant simple général, que s'il eût été sénateur.

Pompée triompha, tout en restant dans l'ordre des chevaliers.

Mais Sylla n'oublia point que c'était malgré lui que Pompée avait triomphé, et Pompée, ayant fait pour un autre ce qu'il n'avait pas voulu faire pour lui, c'est-à-dire ayant fait nommer Lépidus au consulat, et ayant rencontré Sylla au moment où celui-ci traversait la place, Sylla l'apostropha.

— Jeune homme, lui dit-il, je te vois tout glorieux de ta victoire ; n'est-ce pas, en effet, bien honorable et bien flatteur d'être parvenu, par tes intrigues auprès du peuple, à ce que Catulus, c'est-à-dire le citoyen le plus vertueux de Rome, ne soit nommé au consulat qu'après Lépidus, qui est, lui, le plus méchant des hommes ?... Au reste, ajouta-t-il avec un geste de menace, je te préviens de ne pas t'endormir, mais de veiller attentivement à tes affaires, car tu t'es fait un adversaire plus fort que toi !

Dès ce jour, en effet, Pompée fut complétement perdu dans l'esprit de Sylla, au point que, lorsque Sylla mourut et que l'on ouvrit son testament, non-seulement on n'y trouva pas un seul legs pour Pompée, mais encore nulle mention n'y était faite de celui à qui le testateur avait donné le titre d'*imperator* et le surnom de *Magnus*.

Mais Pompée, en véritable homme d'État qu'il était, ne fit paraître aucun chagrin de cet oubli, et, comme Lépidus et quelques autres voulaient empêcher non-seulement que Sylla fût enterré au champ de Mars, mais encore que l'on fît publiquement ses funérailles, ce fut lui, Pompée, qui prit la direction de la cérémonie mortuaire et qui rendit à Sylla les honneurs funèbres.

Il y a plus : la prédiction de Sylla s'étant réalisée aussitôt après sa mort, et Lépidus se servant de la position que lui avait faite Pompée pour exciter des troubles dans Rome, Pompée se rangea du côté de Catulus, qui représentait la partie honnête du sénat et du peuple mais qui était plus propre à l'administration civile qu'au gouvernement des armées; Pompée lui donna le secours de son épée.

Ce secours eut son importance.

Lépidus, aidé de Brutus, père de celui qui devait, avec Cassius, assassiner César, s'était emparé de la plus grande partie de l'Italie et d'une portion de la Gaule cisalpine.

Pompée marcha contre lui, lui reprit la plupart de ces villes, fit Brutus prisonnier, et, comme il avait fait pour Carbon et pour Quintus Valérius, le fit tuer par Géminius, sans même se donner la peine de porter un jugement contre lui.

C'est à la suite de cette victoire que vinrent celles contre Sertorius, contre Spartacus et contre les pirates.

Dans cette dernière guerre, Pompée avait réuni des pouvoirs dont nul n'avait disposé avant lui, et avait été fait véritablement roi de la mer.

C'est ici que nous l'avons abandonné, c'est donc ici que nous devons le reprendre, pour le suivre jusqu'au retour de César, arrivant d'Espagne.

XIV

Au milieu de tous ces événements, la *barbe de Pompée* avait poussé; et sans opposition, cette fois, il avait obtenu le triomphe et le consulat.

Sa puissance était si grande, en ce moment, à Rome, que Crassus, qui le boudait depuis l'affaire des gladiateurs, fut obligé de demander en quelque sorte la permission de Pompée pour être consul.

Pompée comprit combien le grandissait cette humilité d'un homme qui, à cause de sa richesse et de son éloquence, méprisait tous les autres hommes. Il oublia qu'il avait des torts envers Crassus, — ce qui était bien plus beau que d'oublier les torts de Crassus si Crassus en eût eu envers lui ; — il oublia, disons-nous, les torts qu'il avait eus envers Crassus, et le fit nommer consul en même temps que lui.

César absent, Crassus et Pompée se partageaient ainsi l'autorité, Crassus étant plus influent près du sénat, Pompée ayant plus de crédit près du peuple.

Puis Pompée était ce que, de nos jours, on appellerait un *banquiste ;* il connaissait son peuple romain et savait comment il fallait le prendre.

Ainsi, il était d'habitude que les chevaliers, après avoir servi le temps prescrit par la loi, amenassent leur cheval sur la place publique, et, là, devant les deux censeurs, rendissent compte de leurs campagnes, nommassent les généraux et les capitaines sous lesquels ils avaient servi, et, en face du peuple, reçussent les éloges ou le blâme que leur conduite avait mérités.

Or, les censeurs Gellius et Lentulus étant sur leurs siéges, on vit de loin Pompée, revêtu du consulat, accompagné ou plutôt précédé des licteurs, descendre vers le Forum, menant, comme un simple chevalier, son cheval par la bride, puis ordonnant à ses licteurs de s'ouvrir, comparaissant, lui et son cheval, devant le tribunal.

Le peuple, à cette vue, fut pris d'un si grand respect,

que pas un bravo n'éclata, quoiqu'il fût parfaitement visible que tout le monde était en admiration devant ce que faisait Pompée.

Les questeurs, au contraire, tout orgueilleux de cette marque de déférence, répondirent par un signe au salut de Pompée, et le plus âgé des deux, se levant :

— Pompée le Grand, lui dit-il, je vous demande si vous avez fait toutes les campagnes ordonnées par la loi ?

— Oui, répondit Pompée à haute voix, je les ai faites, et n'ai jamais eu d'autre capitaine ni d'autre général que moi.

A ces mots, le peuple poussa de grands cris, et les censeurs se levèrent et reconduisirent Pompée chez lui avec toute la foule, pour lui rendre, autant qu'il était en eux, l'honneur qu'il leur avait fait.

Mais le plus grand triomphe de Pompée fut celui qu'il obtint le jour où il fut investi du pouvoir que nous avons dit pour combattre les pirates.

La loi qui l'investissait de ce pouvoir ne passa point sans opposition ; car, une fois à la tête de ce pouvoir, ayant deux cents vaisseaux sous ses ordres, quinze lieutenants pris dans le sénat forcés de lui obéir, haute main sur tous les questeurs et receveurs des deniers publics, autorité monarchique et puissance absolue sur toutes les côtes, à la distance de quatre cents stades de la mer, c'est-à-dire sur tout l'empire romain, nulle puissance humaine ne pouvait empêcher Pompée d'être roi, si la royauté l'eût tenté.

Aussi, à la lecture, le projet de loi, accueilli par le peuple avec des cris d'enthousiasme, appuyé par César, qui voulait se faire bien venir de ce peuple, fut-il repoussé par un certain nombre de sénateurs.

Un des consuls s'était même écrié :

— Prends garde, Pompée! en voulant suivre les traces de Romulus, tu pourrais bien, comme lui, disparaître dans quelque tempête.

Catulus, pour lequel Pompée avait combattu, n'était pas non plus favorable à cette loi, et cependant, tout en parlant contre elle, il faisait le plus grand éloge de Pompée.

— Mais, dit-il, n'exposez pas sans cesse ainsi le premier citoyen et le plus grand homme de Rome aux hasards de la guerre ; car enfin, si vous le perdiez, quel autre le remplacerait?

— Toi, toi, toi-même! cria-t-on de toutes parts.

Alors, Roscius s'avança, fit signe qu'il voulait parler, et, comme, au milieu des clameurs du peuple, il ne pouvait obtenir la parole, il fit signe, en levant deux doigts, qu'il fallait donner un collègue à Pompée.

Mais, à cette malencontreuse proposition, le peuple impatient poussa de tels cris, qu'un corbeau qui passait en ce moment au-dessus du Forum en tomba étourdi au milieu de la foule.

« Ce qui prouve, dit gravement Plutarque, que ce n'est pas le déchirement et la séparation de l'air dans lequel se forme un vide qui fait tomber les oiseaux à terre, mais que cela vient de ce qu'ils sont frappés par des clameurs qui, poussées avec force, excitent dans l'air une secousse violente et un tourbillon rapide. »

Nous avons dit ailleurs comment cette guerre se termina à la plus grande gloire de Pompée ; mais ce que nous n'avons pas dit, c'est la partialité que Pompée, qui avait fait tuer Carbon, Quintus Valérius et Brutus d'une façon si cruelle, montra pour les pirates.

Non-seulement il les reçut à composition, leur fit grâce

de la vie, leur laissa une partie de leurs biens, mais encore, comme Métellus, — parent du Métellus dont il avait été collègue en Espagne, — comme Métellus, avant que Pompée eût le commandement en chef de cette guerre, avait été envoyé en Crète pour poursuivre les pirates dans cette île, qui, après la Cilicie, était leur repaire le mieux fortifié; et, comme Métellus les poursuivait à outrance et les faisait mettre en croix au fur et à mesure qu'il les prenait, ceux-ci, sachant avec quelle douceur Pompée avait traité leurs compagnons, lui demandèrent du secours contre Métellus.

La demande était étrange; mais ce qu'il y eut de plus étrange encore, c'est qu'elle leur fut accordée.

Pompée écrivit à Métellus pour lui faire défendre de continuer la guerre. Il ordonna aux villes de ne plus obéir à Métellus et fit entrer son lieutenant Lucius Octavius dans une ville assiégée, où il combattit pour les pirates contre les soldats de Métellus.

Cela serait incompréhensible si l'on ne connaissait la manière de faire de Pompée, qui ne voulait pas plus en cette occasion laisser à Métellus sa part de gloire dans la destruction des pirates, qu'il n'avait voulu laisser à Crassus sa part de gloire dans la destruction des gladiateurs. Quand on apprit à Rome que ces pirates si terribles avaient été anéantis ou soumis en moins de trois mois, l'enthousiasme pour Pompée fut tel, que le tribun du peuple Manlius proposa une loi qui donnait à Pompée le commandement de toutes les provinces et de toutes les troupes que Lucullus avait sous ses ordres, en y joignant la Bithynie occupée par Glabrion.

Cette loi l'autorisait à conserver les mêmes forces maritimes, à commander avec la même puissance que dans la précédente guerre, enfin mettait à sa discrétion le reste de l'empire romain, puisqu'elle lui donnait, outre la Phrygie, la Lycaonie, la Galatie, la Cappadoce, la Cilicie, la haute Colchide et l'Arménie, les armées que Lucullus avait employées à vaincre Mithridate et Tigrane.

D'abord, les sénateurs et tous les hommes considérables de Rome s'étaient réunis pour rejeter cette loi, avaient échangé les promesses les plus plus sacrées, s'étaient juré les uns aux autres de ne pas trahir la cause de la liberté en remettant à un seul homme et de leur propre volonté un pouvoir égal à celui que Sylla avait conquis par la violence. Mais, le jour venu, de tous ces orateurs inscrits pour prendre la parole, il arriva ce qui arrive parfois sous le régime parlementaire : c'est qu'un seul osa parler.

Ce fut Catulus.

Mais aussi parla-t-il en homme de bien et avec sa franchise accoutumée, interpellant le sénat et criant :

— Sénateurs, n'est-il plus une montagne ou une roche sur laquelle nous puissions nous retirer et mourir libres ?

Mais Rome en était arrivée à ce moment où il lui fallait un maître, quel qu'il fût.

Aucune voix ne répondit à celle de Catulus.

La loi passa.

— Hélas ! dit Pompée en recevant le décret, mes travaux n'auront donc pas de fin ! Passerai-je donc sans cesse d'un commandement à un autre commandement, et ne pourrai-je jamais, avec ma femme et mes enfants, mener la douce vie de la campagne !

Et, levant les yeux au ciel, et frappant sa cuisse de sa main, il fit tous les gestes d'un homme au désespoir.

Pauvre Pompée ! il eût fait bien d'autres gestes si la loi

n'eût point passé! seulement, il les eût fait seul, et ceux-là eussent été de véritables gestes de désespoir.

Il n'en fut pas de même de César; car, lorsqu'il eut obtenu le gouvernement des Gaules, il s'écria, dans sa joie, qu'il ne s'inquiétait pas de laisser paraître :

— Je suis enfin parvenu au comble de mes vœux, et, à partir d'aujourd'hui, je marcherai sur la tête de mes concitoyens.

XV

Nous espérons que le lecteur qui nous suit dans cette étude apprécie de plus en plus le caractère de ces deux hommes; de sorte que, lorsque, rivaux, ils se trouveront en face l'un de l'autre, leurs actes suffiront et n'auront plus besoin de commentaires.

Au reste, si Pompée hésita d'accepter le commandement, l'hésitation ne fut pas longue. Il rassembla ses vaisseaux, rappela ses gens de guerre, manda près de lui les rois et les princes compris dans l'étendue de son gouvernement, entra en Asie et débuta, comme d'habitude, par bouleverser tout ce qu'avait fait son prédécesseur; — et, qu'on ne l'oublie pas, ce prédécesseur était Lucullus, c'est-à-dire un des hommes les plus considérables de la République.

Lucullus entendit bientôt dire que Pompée ne laissait rien subsister de ce qu'il avait fait; qu'il remettait les peines, enlevait les récompenses, disant et prouvant enfin que Lucullus n'était plus rien, et que lui seul était tout.

Lucullus n'était pas homme à boire ainsi cette liqueur amère que l'on appelle le mépris.

Il fit par des amis communs porter ses plaintes à Pompée, et il fut convenu que les deux généraux auraient une conférence, et que cette conférence aurait lieu en Galatie.

Ils s'avancèrent donc au-devant l'un de l'autre, les licteurs portant les faisceaux, et, comme c'étaient des vainqueurs de l'une et de l'autre part, les faisceaux étaient entourés de branches de laurier.

Or, il arriva ceci : c'est que, Lucullus arrivant d'un pays fertile, et Pompée, tout au contraire, d'un pays aride et sans arbres, les lauriers des licteurs de Lucullus étaient frais et verdoyants, tandis que ceux des licteurs de Pompée étaient jaunes et desséchés; ce que voyant les licteurs de Lucullus, ils donnèrent aux licteurs de Pompée la moitié de leurs lauriers fraîchement cueillis.

A la vue de cette courtoisie, quelques-uns sourirent.

— Bon! dirent-ils, voilà encore une fois Pompée qui se couronne de lauriers qu'il n'a pas cueillis.

L'entrevue, qui fut d'abord courtoise et pleine de convenance, dégénéra bientôt en discussion, et la discussion en dispute.

Pompée reprocha son avarice à Lucullus; Lucullus reprocha son ambition à Pompée.

Celui-ci, oubliant les compliments qu'il venait de faire à son rival, décria bientôt ses victoires.

— Belles victoires, disait Pompée, que celles remportées sur les armées de deux rois qui, voyant que l'or ne sert de rien, ont recours enfin à l'épée et au bouclier : Lucullus a vaincu l'or, il me laisse à combattre le fer.

— Cette fois encore, disait Lucullus de son côté, l'habile et prudent Pompée agit selon ses habitudes; il arrive lorsqu'il ne reste plus qu'un fantôme à vaincre; il fait dans la guerre de Mithridate ce qu'il a fait dans celle de Lépidus, de Sertorius, de Spartacus, dont il s'est attribué les défaites, quoique ces défaites fussent l'ouvrage de Métellus, de Catulus et de Crassus. Est-ce que Pompée ne serait, à tout prendre, qu'un oiseau lâche, une espèce de vautour qui serait accoutumé à se jeter sur les corps qu'il n'a pas tués, une manière d'hyène et de loup déchirant à belles dents les restes de la guerre ?

Privé de tout commandement, n'ayant plus que dix-huit cents hommes qui consentissent à lui obéir, Lucullus revint à Rome.

Quant à Pompée, il se mit à la poursuite de Mithridate.

Il faut suivre, dans Plutarque, cette longue et rude campagne où Mithridate, enfermé dans des murailles que Pompée bâtit autour de lui, tue les malades et tous les hommes inutiles, et disparaît sans qu'on sache quels oiseaux ont prêté leurs ailes à ses soldats pour qu'ils s'envolent par-dessus les murs.

Pompée le poursuit. Il l'atteint près de l'Euphrate, au moment où Mithridate rêve que, naviguant sur le Pont-Euxin par un vent favorable, et apercevant déjà le Bosphore, tout à coup son navire se brise sous ses pieds et ne lui laisse que des espars pour se soutenir sur les flots.

Il en est là de son rêve quand ses généraux entrent dans sa tente tout effarés, et lui crient :

— Les Romains!

Alors, il faut se résoudre à combattre.

On court aux armes, on se range en bataille; mais tout est contre le malheureux roi de Pont.

Les soldats de Pompée ont la lune derrière le dos, il en résulte que leurs ombres grandissent démesurément.

Les soldats de Mithridate prennent cette ombre qui s'avance vers eux pour les premiers rangs des Romains ; ils lancent leurs flèches et leurs javelots, qui frappent le vide.

Pompée s'aperçoit de l'erreur des barbares, et les fait charger en poussant de grands cris ; ceux-ci n'osent pas même l'attendre ; il leur tue ou leur noie dix mille hommes, et s'empare de leur camp.

Où est Mithridate?

Dès le commencement du combat, Mithridate, avec huit cents esclaves lancés au galop, s'est fait jour à travers l'armée romaine : il est vrai qu'arrivé de l'autre côté, ses huit cents cavaliers sont réduits à trois.

Deux de ces trois survivants sont : l'un Mithridate lui-même ; Hypsicratia, une de ses maîtresses, si brave, si vaillante, si courageuse, que le roi l'appelle, non plus Hypsicratia, mais Hypsicrate.

Ce jour-là, vêtue d'un costume persan, montant un cheval perse, combattant avec des armes persanes, elle ne quitta pas une seconde le roi, qu'elle défendait de son côté, tandis que celui-ci la défendait lui-même.

Au bout de trois jours de courses à travers le pays, trois jours pendant lesquels la vaillante amazone servit le roi, veilla sur son sommeil, pansa son cheval ; — au bout de trois jours, tandis que Mithridate dormait, on arriva à la forteresse d'Inova, où étaient ses trésors et ses effets les plus précieux.

On était sauvé, momentanément du moins.

Mais Mithridate comprenait que c'était la dernière halte avant d'arriver à la tombe. Il fit ses suprêmes largesses, partageant, entre ceux qui lui étaient restés fidèles, l'argent d'abord, les vêtements ensuite, et enfin le poison.

Chacun le quitta, riche comme un satrape, sûr de

sa vie si l'on vivait, sûr de sa mort si l'on voulait mourir.

Puis l'illustre vaincu partit pour l'Arménie. Il comptait sur son allié Tigrane.

Tigrane non-seulement lui refusa l'entrée de ses États, mais encore mit sa tête à prix à cent talents.

Mithridate remonta l'Euphrate, le passa à sa source et s'enfonça dans la Colchide.

Pendant ce temps, c'est-à-dire pendant que Tigrane fermait ses États à Mithridate, son fils les ouvrait aux Romains. Pompée et lui recevaient les villes qui se soumettaient, lorsque le vieux Tigrane, que Lucullus venait de battre, apprenant la mésintelligence qui régnait entre les deux généraux, eut espoir dans ce qu'on lui avait dit du caractère facile de Pompée et apparut un matin, avec ses parents et ses amis, en vue du camp romain.

Mais, à l'entrée de ce camp, il rencontra deux licteurs de Pompée qui lui ordonnèrent de descendre de cheval et de continuer sa route à pied, nul roi ennemi n'étant jamais entré à cheval dans le camp des Romains.

Tigrane fit plus : en signe de soumission, il ôta son épée et la donna aux licteurs ; puis, quand il fut devant Pompée, il détacha son diadème, qu'il mit à ses pieds.

Mais Pompée le prévint : il prit Tigrane par la main, le conduisit dans sa tente et le fit asseoir à sa droite, tandis que son fils s'asseyait à sa gauche.

— Tigrane, lui dit-il alors, c'est à Lucullus que vous devez les pertes que vous avez faites jusqu'à présent ; c'est lui qui vous a enlevé la Syrie, la Phénicie, la Galatie et la Sophène. Je vous laisse, moi, tout ce que vous aviez lorsque je suis entré dans vos États, à la condition que vous payerez aux Romains six mille talents, pour réparer le tort que vous leur avez fait. Votre fils gouvernera le royaume de Sophène.

Tigrane, enchanté, promit à chaque soldat une demi-mine, dix mines à chaque centurion, et un talent à chaque tribun.

Mais son fils, qui avait cru recevoir l'héritage de son père, qu'il avait trahi, fut moins enchanté du partage, et aux envoyés qui venaient de la part de Pompée l'inviter à souper, il répondit :

— Grand merci à votre général, des honneurs qu'il me fait ; mais je connais quelqu'un qui me traitera mieux que lui.

Dix minutes après, le jeune Tigrane était arrêté, chargé de chaînes et réservé pour le triomphe.

XVI

Voilà donc César et Pompée revenus à Rome, l'un de l'orient, l'autre du couchant.

Crassus, qui a fait semblant d'avoir si grand'peur de l'armée de Pompée, les y attend.

César l'a prévenu par lettre qu'il arrive, et que, si Crassus veut y mettre un peu du sien, il se charge de le raccommoder avec Pompée.

Quant à Cicéron, on ne s'en inquiète pas. Pompée est jaloux de ses succès au sénat : Pompée est jaloux de tout. On n'aura pas de peine à brouiller les deux amis.

Cicéron s'en plaint à Atticus.

« Votre ami, dit-il dans sa lettre à Atticus du 25 janvier de l'an 693 de Rome (soixante et un ans avant Jésus-Christ), votre ami — vous savez de qui je veux parler — cet ami dont vous m'écriviez qu'il me louait n'osant me blâmer, cet ami-là, à voir ses démonstrations, est plein d'attachement, de déférence, de tendresse pour moi ; en public, il m'exalte ; mais, secrètement, il me dessert, de façon toutefois que ce n'est un secret pour personne. Jamais de droiture ni de candeur, pas un mobile honorable dans sa politique. Rien d'élevé, de fort, de généreux. Je vous écrirai plus à fond sur tout cela un autre jour. »

Plus à fond !... Vous voyez qu'il ne lui restait cependant pas grand'chose à dire, et qu'en peu de lignes l'illustre orateur, le vainqueur de Catilina, avait fait un portrait assez ressemblant, à son point de vue du moins, du vainqueur de Mithridate.

Mais, pendant ce temps, un homme était poussé, auquel ni l'un ni l'autre des trois n'avaient fait attention, et qui méritait cependant que l'on s'occupât de lui : cet homme, c'était Caton le Jeune.

Disons un mot de celui qui avait à Rome une telle réputation de rigidité, que les Romains, au théâtre, attendaient qu'il fût sorti pour crier aux danseurs de danser le cancan de l'époque.

Il était né quatre-vingt-quinze ans avant Jésus-Christ, avait cinq ans de moins que César, et onze de moins que Pompée ; il atteignait sa trente-troisième année. C'était l'arrière-petit-fils de ce Caton le Censeur que, disait une épigramme, Proserpine ne voulait pas recevoir aux enfers, tout mort qu'il était.

« Ce roux qui mordait tout le monde, cet homme aux yeux perçants, ce Porcius que Proserpine refuse de recevoir aux enfers, tout mort qu'il est ! »

Voilà l'épigramme. Elle indique comme on voit, que

Caton l'Ancien était roux, qu'il avait les yeux de Minerve, et qu'il était de son vivant si mauvais coucheur, que, mort même, on ne souciait point encore de l'avoir pour voisin.

C'était, à côté de cela, un homme rusé ; son nom de *Caton* en fait foi. Il s'appelait Priscus ; on le surnomma Caton, de *catus*, sage, adroit, délié.

Il avait servi, à dix-sept ans, contre Annibal ; avait, au combat, la main prompte et le pied ferme, et menaçait l'ennemi d'une voix rude, en même temps qu'il lui présentait l'épée à la poitrine et au visage. — Il y a encore, de nos jours, des maîtres d'armes de régiment qui procèdent ainsi. — Il ne buvait que de l'eau ; seulement, dans les grandes marches ou les grandes chaleurs, il y ajoutait un peu de vinaigre ; dans ses jours de débauche, il allait jusqu'à la piquette.

Il était né dans ces temps héroïques — deux cent trente ans avant Jésus-Christ — où il y avait encore des terres en Italie et des hommes pour labourer ces terres. Comme les Fabius, les Fabricius et les Cincinnatus, il quittait le soc pour l'épée, et l'épée pour le soc, se battant de sa personne comme un simple soldat, labourant lui-même comme un simple garçon de ferme ; seulement, en hiver, il labourait en tunique ; en été, tout nu.

Il était voisin de campagne de ce Manius Curius qui avait obtenu trois fois le triomphe, vaincu les Samnites unis aux Sabins, chassé Pyrrhus de l'Italie, et, après ses trois triomphes, habitait toujours cette pauvre maison où les ambassadeurs samnites le trouvèrent faisant cuire des raves.

Les députés venaient lui offrir je ne sais quelle somme en or.

— Voyez ce que je mange, leur dit-il.

— Nous le voyons.

— Eh bien, on n'a pas besoin d'or quand on sait se contenter d'un pareil repas.

Un tel homme devait plaire à Caton, comme Caton devait lui plaire. Le jeune homme devint donc l'ami du vieillard.

Caton le Jeune descendait de ce rude censeur qui se brouilla avec Scipion parce qu'il le trouvait trop prodigue et trop magnifique. Il avait beaucoup de son aïeul, quoique cinq générations eussent passé entre eux, et que le représentant d'une de ces générations, Caïus Porcius Caton, petit-fils de Caton l'Ancien, accusé et convaincu de concussion, s'en fût allé mourir à Tarragone.

Notre Caton, Caton le Jeune, ou Caton d'Utique, comme on voudra, était resté orphelin de père et de mère, avec un frère et trois sœurs.

Ce frère s'appelait Cépion.

Une de ses sœurs, sœur de mère seulement — s'appelait Servilie. Nous avons déjà prononcé son nom à propos du billet écrit à César le jour de la conjuration de Catilina.

Elle avait résisté longtemps ; mais César, ayant appris qu'elle désirait une fort belle perle, l'acheta et la donna à Servilie.

Servilie, en échange, donna à César ce qu'il désirait.

La perle avait coûté un peu plus de onze cent mille francs.

Caton était un homme au visage sévère et refrogné, rebelle au rire ; il avait un cœur difficile à la colère, mais ne s'apaisant qu'à grand'peine une fois irrité. Lent à apprendre, il se souvenait toujours de ce qu'il avait appris. Il avait eu heureusement pour gouverneur un homme intelligent, raisonnant toujours, ne menaçant jamais. Cet homme se nommait — comme le fils de Jupiter et d'Europe — Sarpedon.

Dès son enfance, Caton donna des signes de cet entêtement qui fit plus tard sa réputation. Quatre-vingt-dix ans avant Jésus-Christ, — il avait alors quatre ou cinq ans, — les alliés de Rome sollicitèrent le droit de cité.

Nous avons dit les avantages qui résultaient de ce droit de cité.

Un de leurs députés logeait chez Drusus, son ami.

Drusus, oncle maternel de Caton, élevait les enfants de sa sœur, et avait un grand faible pour eux.

Ce député — on le nommait Popidius Lilo — faisait toute sorte de tendresses aux enfants pour qu'ils intercédassent auprès de leur oncle.

Cépion, qui avait deux ou trois ans de plus que Caton, s'était laissé séduire et avait promis.

Mais il n'en était pas de même de Caton.

Quoique, à l'âge de quatre ou cinq ans, il dut comprendre assez mal une question aussi compliquée que celle du droit de cité, il se contentait, à toutes les instances des députés, de fixer sur eux des yeux durs sans rien répondre.

— Eh bien, enfant, lui demanda Popidius, ne fais-tu pas comme ton frère?

L'enfant ne répondit rien.

— Ne parleras-tu pas à ton oncle en notre faveur? Voyons.

Caton continua de garder le silence.

— Voilà un mauvais garçon, dit Popidius.

Puis, tout bas :

— Voyons jusqu'où il ira, dit-il aux assistants.

Et il le prit par la ceinture et le suspendit hors de la fenêtre, à trente pieds de terre, à peu près comme s'il allait le précipiter.

Mais l'enfant ne desserra pas les dents.

— Me le promets-tu, dit Popidius, ou je te laisse tomber !

L'enfant continua de se taire sans donner un seul signe d'étonnement ou de crainte.

Popidius, dont le bras se lassait, le reposa à terre.

— Par Jupiter ! dit-il, c'est bien heureux que ce petit drôle ne soit qu'un enfant au lieu d'être un homme ; car, s'il était un homme, nous pourrions bien ne pas avoir un seul suffrage dans tout le peuple.

Sylla avait été l'ami particulier du père de Caton, Lucius Porcius, qui avait été tué près du lac Fucin en attaquant les Toscans révoltés. Peut-être le jeune Marius n'avait-il pas été tout à fait étranger à cette mort. Orose la lui prête, et vous connaissez le proverbe : « On ne prête qu'aux riches. »

Sylla, qui avait été ami du père, faisait donc venir de temps en temps les deux enfants chez lui, et s'amusait à causer avec eux.

« La maison de Sylla, dit Plutarque, était une véritable image de l'enfer, vu le grand nombre de proscrits qu'on y amenait tous les jours pour les mettre à la torture. »

C'était l'an 80 avant Jésus-Christ, Caton avait donc de treize à quatorze ans.

De temps en temps, il voyait sortir des corps brisés par la torture ; plus souvent encore, il voyait emporter les têtes coupées. Il entendait tout bas les honnêtes gens gémir. Cela lui donnait fort à penser sur ce Sylla qui lui faisait amitié.

Un jour, il n'y put pas tenir, et demanda à son gouverneur :

— Comment donc se fait-il qu'il ne se trouve personne pour tuer cet homme?

— C'est qu'on le craint encore plus qu'on le hait, répondit le gouverneur.

— Donnez-moi donc une épée, à moi, dit Caton; et je délivrerai, en le tuant, ma patrie de l'esclavage.

Le gouverneur consigna les paroles pour l'histoire, mais se garda bien de donner à son élève l'épée qu'il demandait.

A vingt ans, Caton n'avait jamais soupé sans son frère aîné, qu'il adorait.

— Quelle est la personne que tu aimes le plus? lui avait-on demandé quand il était tout enfant.

— Mon frère, avait-il répondu.

— Après?

— Mon frère.

— Et après encore?

— Mon frère.

Et autant de fois on lui avait fait la même question, autant de fois il avait redit la même réponse.

XVII

Caton était riche. Nommé prêtre d'Apollon, il prit une maison à part, et emporta avec lui sa portion de la fortune paternelle, montant à cent vingt talents (environ six cent soixante mille francs de notre monnaie). Plus tard, il hérita de son cousin germain cent talents; ce qui fit monter sa fortune à plus de douze cent mille francs.

Caton était fort avare. « A peine, dit Plutarque, eut-il hérité de toute cette fortune qu'il *resserra sa manière de vivre.* »

Et cependant il dut hériter de son frère encore un demi-million, lorsque son frère mourut à Enus. — Nous allons arriver tout à l'heure à cette mort, et nous verrons ce que dira César de l'avarice de Caton.

On connaissait à peine Caton, lorsqu'une occasion se présenta pour lui de parler en public. Ce ne fut pas pour accuser ou défendre un riche déprédateur, un Dolabella ou un Verrès qu'il prit la parole. Non. Caton l'Ancien, ce bisaïeul pour lequel son arrière-petit-fils avait une si grande vénération, Caton l'Ancien — le Caton du *delenda Carthago* — avait dédié la basilique Porcia pendant sa censure. — Avons-nous dit que ce surnom de Porcius lui venait de la grande quantité de porcs qu'il faisait pâturer, comme le nom de Caton lui venait de son adresse dans les affaires ? Si nous ne l'avons pas dit, disons-le.

La basilique Porcia avait donc été dédiée par Caton ; mais il se trouva que l'une des colonnes de la basilique gênait les siéges des tribuns qui tenaient là leurs séances. Ils voulurent l'ôter, ou tout au moins la changer de place ; mais Caton vint et plaida pour l'inamovibilité de la colonne.

La colonne resta.

On avait remarqué dans Caton une parole serrée, pleine de sens, grave, et cependant ne manquant pas d'une certaine grâce, et dont le principal mérite était la concision.

Dès ce moment, il fut posé comme orateur.

Mais, à Rome, nous l'avons dit, de même que ce n'était pas assez d'être soldat, et qu'il fallait encore être orateur, de même ce n'était point assez d'être orateur, il fallait encore être soldat.

Caton s'était préparé à ce rude métier.

A Rome, Caton ne pouvait suivre l'exemple de son aïeul, qui labourait tout nu; mais au moins s'accoutuma-t-il à supporter les plus grands froids, la tête découverte, et à marcher toujours à pied dans les voyages, quelquefois fort longs, qu'il entreprenait. Cela, au reste, n'engageait point ses amis : ceux-ci voyageaient à cheval et en litière; mais, de quelque pas qu'ils marchassent, Caton marchait aussi vite qu'eux, s'approchant de celui avec lequel il voulait causer, et appuyant, pour tout repos, sa main au garrot du cheval.

Il avait été d'abord très-sobre, ne restant à table que quelques minutes, ne buvant qu'une seule fois après avoir mangé, et se levant aussitôt qu'il avait bu.

Plus tard, la chose changea : le rigide stoïcien se mit à boire, et passa quelquefois la nuit entière à table.

— Caton ne fait qu'ivrogner, disait Memmius.

— Oui, répondait Cicéron; mais tu ne dis pas, qu'en revanche, il joue aux dés depuis le matin jusqu'au soir.

Peut-être Caton était-il ivre lorsque, en plein sénat, il appela *ivrogne* César, qui ne buvait presque jamais que de l'eau.

« A l'égard du vin, dit Suétone en parlant de César, ses ennemis eux-mêmes conviennent qu'il en faisait un usage très-modéré : *Vini parcissimum ne inimici quidem negaverunt.* »

Et Caton lui-même revient sur le mot ivrogne, quand il dit :

« De tous ceux qui ont bouleversé la République, César

seul n'était pas ivre : *Unum ex omnibus ad evertendam Rempublicam sobrium accessisse.* »

Jusqu'à son mariage, Caton resta vierge ; il voulut d'abord épouser Lépida, qui était fiancée à Scipion Métellus. On croyait l'affaire rompue entre les deux jeunes gens ; mais les prétentions de Caton ravivèrent l'amour de Métellus, et il reprit Lépida au moment où Caton tendait la main vers elle.

Cette fois, le stoïque ne fut point maître de lui. Il voulut poursuivre Scipion Métellus en justice. Ses amis lui firent comprendre que tout le monde rirait de lui, et qu'il en serait pour ses frais de procès. Il retira sa plainte, comme on dirait de nos jours ; mais il prit la plume et fit des ïambes contre Scipion. — Malheureusement, ces ïambes sont perdus.

Depuis, il épousa Attilia, qu'il chassa de chez lui à cause de ses déportements.

Enfin, il se maria en secondes noces avec Marcia, fille de Philippe.

Disons tout de suite comment notre stoïcien, qui, amoureux de Lépida, faisait des ïambes contre Scipion ; qui, marié à Attilia la chassait à cause de ses déportements, disons tout de suite comment il entendait la jalousie.

Cette seconde femme de Caton était fort belle et passait pour être sage ; ce qui ne l'empêchait point d'avoir un grand nombre d'admirateurs. Au nombre de ces admirateurs était Quintus Hortensius, un des hommes les plus honorés et les plus honorables de Rome ; seulement, Quintus Hortensius avait une singulière manie : il n'appréciait que la femme qu'il n'avait pas. Or, le divorce étant permis à Rome, il eût bien voulu épouser, après divorce, la fille de Caton mariée à Bibulus, ou la femme de Caton elle-même.

Hortensius s'ouvrit d'abord à la femme de Bibulus, laquelle, aimant son mari et ayant deux enfants de lui, trouva les propositions d'Hortensius fort honorables sans doute, mais tout à fait hors de saison.

Hortensius, pour que la chose lui parût plus sérieuse, reçut le refus de Porcia de la bouche même de Bibulus.

Mais Hortensius ne se tint point pour battu, et insista près de Bibulus.

Bibulus en appela à son beau-père.

Caton intervint.

Hortensius alors s'expliqua vis-à-vis de Caton, avec qui il était lié depuis longues années, plus catégoriquement encore qu'il ne l'avait fait vis-à-vis de Bibulus.

Hortensius ne cherchait point le scandale et ne tenait pas absolument au bien d'autrui; ce qu'il voulait, c'était une honnête femme.

Par malheur, malgré toutes ses recherches, il n'en avait trouvé que deux à Rome, et elles étaient prises.

L'une était, comme nous l'avons dit, Porcia, femme de Bibulus; l'autre, Marcia, femme de Caton.

Or, il demandait que Bibulus ou Caton — peu lui importait lequel — poussât le dévouement jusqu'à se séparer de sa femme et la lui donner. A son avis, c'était une chose que Pythias et Damon ne se seraient pas refusée l'un à l'autre, et il prétendait aimer Caton au moins autant que Pythias.

Au reste, Hortensius faisait une proposition qui prouvait sa bonne foi : il s'engageait à rendre Porcie à Bibulus ou Marcia à Caton aussitôt qu'il en aurait eu deux enfants.

Il s'appuyait sur une loi de Numa tombée en désuétude quoique non abrogée. Cette loi, que le lecteur pourra retrouver dans Plutarque — *Parallèle entre Lycurgue et Numa* — portait que le mari qui *croirait avoir assez d'enfants* pourrait céder sa femme à un autre, soit pour un temps, soit à perpétuité.

Caton fit observer à Hortensius que cette cession était pour son compte à lui, Caton, d'autant plus impossible que Marcia était enceinte.

Hortensius répondit que, son désir étant un désir honnête et raisonnable, il attendrait que Marcia fût accouchée.

Cette persistance toucha Caton, qui demanda à Hortensius la permission toutefois de consulter Philippe, père de Marcia.

Philippe était bonhomme.

— Du moment, dit-il à son gendre, que vous ne voyez pas d'inconvénient à cette cession, je n'en vois pas non plus; cependant j'exige que vous signiez au contrat de mariage d'Hortensius et de Marcia.

Caton y consentit.

On attendit que Marcia fût accouchée et eût fait ses relevailles, et, en présence de son père et de son mari, qui appliqua sa signature et son cachet au contrat, elle fut mariée à Hortensius.

Nous dirons tout à l'heure comment cet arrangement était moins extraordinaire l'an 695 de Rome que 1850 ans après Jésus-Christ.

Achevons l'histoire de Marcia et d'Hortensius.

Les deux époux vécurent parfaitement heureux; Marcia combla les vœux d'Hortensius en lui donnant deux enfants, et, comme Caton ne la redemanda point, Hortensius la garda jusqu'au moment où lui, Hortensius, mourut, et, en mourant, lui laissa tout son bien : vingt ou vingt-cinq millions, peut-être.

Alors, Caton épousa de nouveau Marcia, comme on peut le voir dans Appius, *De la guerre civile*, et dans Lucain, *Pharsale*, livre II, vers 328 ; seulement, comme la chose arrivait au moment où il partait avec Pompée, ce fut non plus une femme que reprit Caton, mais une mère qu'il rendit à ses filles.

L'aventure fit quelque bruit à Rome. On en causa, mais on ne s'en étonna point autrement. Cela tenait aux lois sur le divorce.

Disons quelques mots de ces lois, afin qu'une seule chose reste un problème aux yeux de nos lectrices : *la passivité de Marcia qui circule d'un mari à l'autre ;* et encore, cette passivité, peut-être l'expliquerons-nous.

On le voit, notre prétention est de tout expliquer.

XVIII

Commençons par dire comment on se mariait : les conditions du divorce viendront ensuite.

Il y avait à Rome deux sortes de mariages : le mariage patricien et le mariage plébéien ; le mariage par *confarréation*, le mariage par *coemption*.

Soyez tranquille, cher lecteur, tout cela va devenir clair comme le jour.

Il se faisait d'abord, comme chez nous, un contrat de mariage.

Le jurisconsulte qui tenait la place du notaire, après avoir lu l'acte, et avant de le présenter *aux cachets*, c'est-à-dire à la signature de son propriétaire, le jurisconsulte prononçait ces paroles sacramentelles :

« Les fiançailles, ainsi que les noces, ne se contractent

que du libre consentement des parties, et une fille peut résister à la volonté paternelle dans le cas où le citoyen qu'on lui présente pour fiancé a été noté d'infamie, ou a mené une conduite répréhensible. »

S'il n'y avait rien de tout cela, et si les deux parties consentaient, le mari, en garantie de l'engagement qu'il venait de contracter, offrait à sa femme un anneau de fer, tout uni, sans aucune pierrerie. La femme le mettait à l'avant-dernier doigt de la main gauche, parce qu'une superstition romaine voulait qu'il y eût un nerf qui correspondît de ce doigt au cœur. — N'est-ce point encore à ce doigt, mes belles lectrices, que vous le mettez de nos jours, sans vous douter souvent de cette correspondance?

Ensuite, on fixait le jour du mariage. — D'habitude, comme on fiançait les jeunes filles à treize ou quatorze ans, même à douze, ce délai était d'une année.

La fixation de ce jour était une grande affaire.

On ne devait pas se marier dans le mois de mai, mois funeste à cause des *lemurales*. (Ovide, *Fastes*, V, v. 487.)

On ne devait pas se marier pendant les jours qui précédaient les ides de juin, c'est-à-dire du 1er au 16 de ce mois, parce que ces quinze jours, comme les trente et un jours précédents, étaient funestes au mariage. (Voyez encore Ovide, *Fastes*, VI, v. 219.)

On ne devait point se marier aux calendes de quintilis, c'est-à-dire le 1er juillet, parce que, le 1er juillet étant un jour férié, nul n'avait droit de faire violence ce jour-là; or, un mari est toujours censé faire violence à sa femme, à moins que sa femme ne soit veuve. (Voyez Macrobe, *Saturn.*, I, 15.)

On ne devait pas non plus se marier le lendemain des calendes, des ides et des nones, qui sont également des jours funestes, des *jours religieux*, pendant lesquels il n'était permis que de faire les choses *absolument indispensables*. (Voir... voir beaucoup d'auteurs sur ce point, attendu qu'à Rome il n'était jamais indispensable de se marier. Voir donc Macrobe, *Saturn.* 15 et 16; Plutarque, *Quæs. rom.*, page 92; Tite-Live, VI, 1; Aulugelle, V. 17, *Fest. relig.*)

Dans les premiers temps de la République, la jeune fille allait, avec sa mère et quelque proche parente, passer la nuit dans un temple, afin d'écouter si quelque oracle ne se ferait pas entendre; mais, depuis, il suffisait qu'un prêtre vînt dire qu'il n'y avait point d'augure défavorable, et tout allait pour le mieux.

Le mariage religieux se célébrait au sacrarium de la maison.

La jeune fille attendait, avec une tunique blanche unie; sa taille était serrée par une ceinture de laine de brebis; ses cheveux étaient divisés en six tresses et relevés au sommet de la tête en forme de tour, surmontée d'une couronne de marjolaine en fleur; elle avait un voile transparent, couleur de flamme, et c'était de ce voile — *nubere*, voiler — qu'était venu le nom de *nuptiæ*, noces.

Le brodequin, comme le voile, était couleur de feu.

Le voile était emprunté au costume de la flaminique diale, à qui le divorce était interdit, et la coiffure à celle des vestales. Cette coiffure, par conséquent, était un symbole de la pureté de la jeune épouse.

Chez nous, la branche d'oranger remplace la marjolaine; mais la branche d'oranger, comme l'anneau au doigt du cœur, n'en est pas moins une tradition antique.

On ne se voilait que dans les mariages patriciens.

Il fallait dix témoins pour valider ce mariage.

Les deux époux se plaçaient chacun sur une chaise jumelle, couverte de la peau d'une brebis ayant servi de victime et à laquelle on avait eu soin de conserver sa laine.

Le flamine diale mettait la main droite de la jeune fille dans la main droite du jeune homme, prononçait certaines paroles sacramentelles, disant que la femme devait participer aux biens du mari, ainsi qu'à toutes choses saintes; il offrait ensuite à Junon, qui préside aux mariages, des libations faites de vin miellé et de lait, et dans ces libations figurait un gâteau de froment, nommé *far*, qui était apporté et présenté par la mariée : c'était de ce gâteau que venait le mot de *confarréation*.

Dans ces sacrifices conjugaux, on jetait le fiel de la victime derrière l'autel, en signe que toute aigreur devait être bannie du mariage.

Le second mariage était le mariage *plébéien* ou par *coemption*, du verbe *emere*, acheter; dans ce second mariage, le mari achetait sa femme, et la femme devenait l'esclave du mari; elle lui était vendue par son père ou son tuteur, en présence du magistrat et de cinq citoyens romains ayant atteint l'âge de puberté.

Le peseur de monnaie, qui figurait dans les ventes à l'encan, était aussi nécessairement présent au mariage.

Au reste, la vente était symbolique; le prix de cette vente était figuré par un *as* de cuivre, c'est-à-dire par la plus lourde, mais la plus infime pièce de monnaie romaine. Un *as* pouvait valoir six centimes trois quarts. L'as était divisé en *semisse*, moitié d'as; en *triens*, tiers d'as; en *quadrans*, quart d'as; en *sextans*, sixième d'as, en *stips*, douzième d'as.

Une singularité de cette sorte de mariage, c'est que la

femme apportait l'as avec lequel on l'achetait; si bien que ce n'était pas en réalité le mari qui achetait la femme, mais la femme qui achetait le mari.

Dans ce cas, les questions étaient faites au tribunal du préteur par le mari et la femme, au lieu d'être faites par le jurisconsulte.

— Femme, disait le mari, veux-tu être ma mère de famille?

— Je le veux, répondait la femme.

— Homme, disait-elle, veux-tu être mon père de famille?

Puis, à son tour :

— Je le veux, répondait l'homme.

On n'eût point fait cette question à une fille noble. La fille noble était *matrone*; la fille du peuple était *mère de famille*. — Le mot *famille* rappelait l'esclavage; l'esclave faisait partie de la famille.

Comme symbole de la dépendance à laquelle se soumettait la jeune fille, un des assistants lui séparait les cheveux avec un javelot, dont il lui promenait six fois la pointe sur la tête.

Puis, les jeunes gens, s'emparant de la mariée, l'enlevaient entre leurs bras, et la transportaient du tribunal du préteur à la maison conjugale, en criant :

— A Talasius! à Talasius!

Nous avons plus haut donné l'explication de ce cri.

Mais, avant d'arriver à la maison, on arrêtait la mariée devant un de ces petits autels aux dieux lares, appelés *laraires*, et qu'on rencontrait à chaque carrefour.

La jeune femme tirait de sa poche un second as, et le donnait aux dieux.

Entrée dans la maison, elle allait droit aux pénates, tirait un troisième as de son soulier, de son brodequin ou de sa sandale, et le leur donnait.

Ainsi, le mariage chez les Romains avait deux caractères presque aussi respectables l'un que l'autre : le mariage religieux, ou par *confarréation;* le mariage par achat, ou par *coemption.*

Et, cependant, le mariage n'était considéré chez les Romains que comme une association qui ne devait durer que tant que les associés seraient en bon accord. Du moment que cet accord était troublé, le mariage pouvait être dissous.

Romulus avait fait une loi qui permettait au mari de répudier sa femme si elle avait empoisonné ses enfants, falsifié ses clefs, commis un adultère ou bu du vin fermenté.

De là venait à Rome la coutume d'embrasser les femmes sur la bouche.

Ce droit, — car c'était plus qu'une coutume, c'était un droit, — ce droit s'étendait depuis le mari jusqu'aux cousins. C'était pour s'assurer que les femmes n'avaient pas bu de vin.

L'an 520 de Rome, Spurius Carvilius Ruga usa du bénéfice des lois de Romulus et de Numa, et répudia sa femme parce qu'elle était stérile. C'est le seul exemple de répudiation qu'il y ait eu pendant cinq siècles.

Il est vrai que, s'il était prouvé que le mari répudiait sa femme sans motif légitime, la moitié de ses biens passait à la femme, l'autre était consacrée au temple de Cérès et le mari voué aux dieux infernaux. C'est dur; mais voyez Plutarque : *Vie de Romulus.*

Cela était la répudiation.

Puis il y avait le divorce.

Spurius Carvilius Ruga avait répudié sa femme. Caton divorça avec la sienne.

On appelait le divorce la *diffarréation*, c'est-à-dire le contraire de la confarréation.

De même qu'il y avait eu deux cérémonies pour lier, il en fallait deux pour délier.

La première avait lieu devant le préteur, en présence de sept citoyens romains ayant atteint l'âge de puberté ; un affranchi apportait les tablettes contenant l'acte de mariage et les brisait publiquement.

Puis on rentrait au domicile conjugal, le mari redemandait à la femme les clefs de la maison, et lui disait :

— Femme, reprends tes biens ; adieu ! sors d'ici.

La femme, alors, si le mariage avait eu lieu par *confarréation*, reprenait sa dot et s'en allait, quand c'étaient les torts du mari qui avaient amené la séparation ; mais, quand c'étaient les torts de la femme, le mari avait le droit de retenir une partie de la dot : un sixième, par exemple, pour chaque enfant, jusqu'à concurrence de la moitié de cette dot, les enfants restant toujours la propriété de leur père.

Cependant il y avait un cas où la femme perdait toute sa dot : c'était le cas où elle était convaincue d'adultère.

Dans ce cas, avant de la congédier, le mari la dépouillait de la *stole*, et la revêtait de la toge des courtisanes.

Quant au mariage par *coemption*, une vente l'avait fait, une vente le défaisait ; seulement, comme l'achat était simulé, le rachat lui-même était une simulation.

Il y avait donc trois manières de se séparer à Rome : la répudiation, qui était flétrissante pour la femme ; le divorce, qui, à moins de crime commis par l'un ou par l'autre, était une séparation à l'amiable, et n'avait rien de déshonorant ; enfin, la restitution de la femme à ses parents, qui n'était rien autre chose que le renvoi à ses premiers maîtres d'une esclave dont on ne veut plus.

Vers les derniers temps de la République, la restitution, le divorce et la répudiation étaient devenues choses fort communes. Vous avez vu César répudiant sa femme dans la seule crainte qu'elle ne fût soupçonnée.

Souvent même le mari ne donnait point de raisons.

— Pourquoi as-tu répudié ta femme? demandait un citoyen romain à un de ses amis.

— J'avais mes motifs, répondit celui-ci.

— Lesquels? N'était-elle pas probe, n'était-elle pas honnête, n'était-elle pas jeune, n'était-elle pas belle, ne te donnait-elle pas des enfants bien constitués?

Pour toute réponse, le divorcé allongea la jambe et montra son soulier au questionneur.

— Ce soulier n'est-il pas beau, lui demanda-t-il, n'est-il pas neuf?

— Si fait, répondit l'ami.

— Eh bien, continua le divorcé en se déchaussant, qu'on le rende au cordonnier, car il me blesse, et il n'y a que moi qui sache précisément où.

L'histoire ne dit pas si les souliers que lui renvoya le cordonnier à la place de ceux qu'il lui avaient rendus allèrent mieux aux pieds de cet homme si difficile à chausser.

Revenons à Caton, dont cette dissertation matrimoniale nous a écarté, et reprenons-le où nous l'avons laissé, c'est-à-dire à l'âge de vingt ans.

XIX

Caton était ce que de nos jours on appelle un *original*.

On portait d'habitude, à Rome, des souliers et une tunique ; lui sortait sans souliers et sans tunique.

La pourpre à la mode était la plus vive et la plus forte en couleur; lui portait la pourpre sombre et presque couleur de rouille.

Tout le monde prêtait à douze pour cent par an, c'était le taux légal; — quand nous disons tout le monde, nous voulons dire les honnêtes gens ; les autres prêtaient, comme chez nous, à cent et à deux cents pour cent ; — lui prêtait pour rien, et quelquefois, quand l'argent lui manquait, il donnait, pour rendre service à un ami et même à un étranger qu'il croyait honnête homme, une terre ou une maison afin que le trésor y prît hypothèque.

La guerre des esclaves éclata : son frère Cépion commandait un corps de mille hommes sous Gellius; Caton partit comme simple soldat, et alla rejoindre son frère.

Gellius lui décerna le prix de la bravoure, et réclama pour lui des honneurs considérables. Caton refusa, disant qu'il n'avait rien fait qui méritât aucune distinction.

On rendit une loi qui défendait aux candidats d'avoir auprès d'eux des nomenclateurs; Caton briguait la charge de tribun des soldats : il obéit à la loi, et, dit Plutarque, *il fut le seul.*

Plutarque ajoute, avec sa naïveté habituelle :

« Il vint à bout, par un effort de mémoire, de saluer tous les citoyens, en les appelant chacun par son nom.

Et il déplut par là à ceux qui l'admiraient; plus ils étaient forcés de reconnaître le mérite de sa conduite, plus il leur fâchait de ne pouvoir l'imiter. »

Nous avons dit qu'il marchait toujours à pied.

Voici quelle était sa manière de voyager :

Dès le matin, il envoyait son cuisinier et son boulanger à la halte de nuit; si Caton avait dans la ville ou dans le village un ami ou une personne de sa connaissance, ils allaient chez cette personne, sinon à l'auberge, où ils lui préparaient à souper ; s'il n'y avait pas d'auberge, ils s'adressaient aux magistrats, qui logeaient Caton par billet de logement. Souvent les magistrats ne voulaient pas croire à ce que disaient les envoyés de Caton, et les traitaient avec mépris, parce qu'ils parlaient poliment, n'employant ni cris ni menaces.

Alors, en arrivant, Caton ne trouvait rien de prêt. Voyant cela, sans aucune plainte, il s'asseyait sur son bagage et disait :

— Que l'on m'aille chercher les magistrats.

Ce qui faisait que l'on continuait de le prendre pour un homme timide ou de condition inférieure.

Cependant les magistrats venaient, et lui, d'habitude, leur adressait cette remontrance :

— Malheureux! quittez ces manières dures avec les étrangers, car ce ne sera pas toujours des Catons que vous recevrez chez vous, et tâchez d'émousser par vos prévenances le pouvoir d'hommes qui ne cherchent qu'un prétexte pour vous enlever de force ce que vous ne leur aurez pas donné de bon gré.

Faites-vous une idée de ce qu'étaient ces magistrats qui s'étonnaient qu'un *cuisinier* et un *boulanger* ne leur parlassent pas avec cris et menaces, et qui venaient humblement recevoir les remontrances du maître *assis sur ses bagages.*

C'est que ces magistrats étaient des provinciaux, c'est-à-dire des étrangers, et que cet homme assis sur des bagages était un citoyen romain.

Voyez ce que l'on faisait pour un simple affranchi. L'anecdote est curieuse, et rappelle l'aventure de Cicéron revenant de Sicile, et croyant que Rome n'est occupée que de lui.

En entrant en Syrie, et comme Caton, voyageant, ainsi qu'à son ordinaire, à pied au milieu de ses amis, et même de ses serviteurs à cheval, approchait d'Antioche, il vit un grand nombre de personnes rangées en haie aux deux bords du chemin : c'étaient, d'un côté, des jeunes gens vêtus de longues robes; de l'autre, des enfants splendidement parés. Des hommes étaient à leur tête, vêtus de blanc et portant des couronnes.

A cette vue, Caton ne douta pas un instant que tout cet appareil ne fût pour lui, et qu'Antioche, sachant que Caton se préparait à faire halte dans ses murs, ne lui eût préparé cette réception.

Il s'arrêta, fit mettre pied à terre à ses amis et à ses serviteurs, murmura contre son boulanger et son cuisinier, qui avaient trahi son incognito, et, prenant son parti des honneurs qu'on allait lui rendre, en se disant à part lui qu'il n'avait rien fait pour les provoquer, il s'avança vers toute cette troupe.

Alors, un homme, tenant à la main une baguette et ayant sur sa tête une couronne, quitta ceux de la ville, et, venant au-devant de Caton, qui s'apprêtait à le recevoir et à répondre à sa harangue :

— Bonhomme, lui dit-il, n'aurais-tu pas rencontré le

seigneur Démétrius, et ne pourrais-tu pas nous dire s'il est encore bien loin ?

— Qu'est-ce que le seigneur Démétrius? demanda Caton un peu désappointé.

— Comment! demanda l'homme à la baguette, tu ne sais pas ce que c'est que le seigneur Démétrius?

— Non, par Jupiter! répondit Caton.

— Eh bien, mais c'est l'affranchi de Pompée le Grand!

Caton baissa la tête et passa, fort méprisé des députés d'Antioche.

Il ne connaissait pas Démétrius!

Cependant, une grande douleur l'attendait, et l'âme du stoïque allait être mise à une cruelle épreuve.

Caton était à Thessalonique lorsqu'il apprit que son frère Cépion était tombé malade à Enus, ville de Thrace située à l'embouchure de l'Èbre.

Caton courut au port : on se rappelle que ce frère était la seule chose qu'il aimât au monde.

La mer était agitée par une violente tempête ; il n'y avait pas dans le port un seul vaisseau capable de tenir la mer par un pareil temps.

Caton, suivi de deux de ses amis et de trois esclaves, se jette dans un petit navire marchand, et, avec un bonheur inouï, après avoir failli vingt fois d'être submergé, arrive à Enus juste au moment où son frère venait de mourir.

A cette nouvelle, à la vue du corps de son frère, il faut rendre cette justice à Caton, le philosophe disparut pour faire place au frère, et au frère désespéré.

Il se jeta sur son corps et le serra entre ses bras avec les démonstrations de la plus vive douleur.

« *Ce n'est pas tout*, dit Plutarque, comme si la vraie douleur de Caton était dans ce qui va suivre, *il fit pour les funérailles de son frère des dépenses extraordinaires, prodigua les parfums, brûla sur le bûcher des étoffes précieuses, et lui éleva, sur la place publique d'Enus, un tombeau de marbre de Thasos, qui lui coûta huit talents* (quarante-quatre mille francs environ de notre monnaie). »

Il est vrai que César prétendit que Caton avait passé au tamis les cendres de son frère pour en retirer l'or des étoffes précieuses qui avait été fondu par le feu ; mais on sait que César n'aimait pas Caton ; et puis César était si mauvaise langue !

Au reste, Pompée vengea Caton avec usure du petit désagrément qui lui était arrivé en entrant à Antioche le jour où on lui avait demandé des nouvelles de Demétrius.

Pompée était à Éphèse lorsqu'on lui annonça Caton. Dès qu'il l'aperçut, il se leva de son siége et alla à sa rencontre comme il eût fait pour un des personnages principaux de Rome ; puis, le prenant par la main, il l'embrassa et lui fit de très-grands éloges, sur lesquels il renchérit encore lorsqu'il se fut retiré.

Il est vrai que, quand Caton annonça son départ à Pompée, celui-ci, qui avait l'habitude de retenir les visiteurs par toute sorte d'insistances, ne dit pas un mot pour changer la résolution du voyageur.

« Et même ajoute Plutarque, *il vit son départ* avec joie. »

Pauvre Caton !

De retour à Rome, il brigua la questure et l'obtint.

Cette charge de questeur avait principalement pour but de constater l'emploi qui avait été fait des finances de l'État et de regarder les mains et les poches de ceux qui les avaient manipulées.

Or, voici ce qui arrivait :

Les nouveaux questeurs n'avaient naturellement pas la moindre notion de ce qu'ils avaient à faire; ils s'adressaient, pour les renseignements, aux employés inférieurs, qui, stationnaires, étaient, par la longue pratique de leur charge, mieux instruits qu'eux; mais ceux-ci avaient intérêt à ne rien changer, de sorte que les abus continuaient.

Il n'en fut pas ainsi de Caton : il ne se mit sur les rangs qu'après avoir étudié à fond les lois questoriales.

Aussi, dès son entrée en charge, vit-on que l'on allait avoir affaire à un véritable questeur.

Il réduisit ces scribes contre lesquels, quatre-vingts ans plus tard, Jésus devait tonner d'une si terrible manière, à n'être que ce qu'ils étaient en effet, c'est-à-dire des agents subalternes.

Alors, il y eut une ligue de tous ces gens-là contre Caton; mais Caton chassa le premier qui fut convaincu de fraude dans le partage d'une succession. Un autre ayant supposé un testament, Caton le mit en justice; c'était un ami de Catulus; — de Catulus, vous savez, ce même Catulus tenu par tous pour un si honnête homme. — Catulus supplia Caton de faire grâce.

Caton fut inexorable.

Comme Catulus insistait :

— Sors d'ici, lui dit Caton, ou je te fais chasser par mes licteurs!

Catulus sortit.

Mais — tant la corruption était enracinée! — Catulus n'en défendit pas moins le coupable, et, comme il voyait que, faute d'une voix, son client allait être condamné, il envoya chercher en litière Marcus Lollius, un des collègues de Caton, qui n'avait pas pu venir étant malade.

Le suffrage de Marcus Lollius sauva l'accusé.

Mais Caton ne voulut plus se servir de cet homme pour scribe, et refusa obstinément de lui payer ses appointements.

Ces exemples de sévérité brisèrent l'orgueil de tous ces concussionnaires; ils sentirent le poids de la main qui s'appesantissait sur eux; ils devinrent aussi souples qu'ils avaient été rebelles, et mirent tous les registres à la disposition de Caton.

XX

A partir de ce moment, la dette publique n'eut plus de secrets. Caton fit rentrer tout l'argent qui était dû à la République, mais aussi il paya tout ce que la République devait.

Ce fut un grand bruit et un grand étonnement dans toute cette population romaine, habituée aux tripotages des hommes d'argent, quand elle vit que les agioteurs, qui avaient bien cru ne jamais être obligés de payer au trésor ce qu'ils lui devaient, étaient obligés de rendre gorge, tandis que des citoyens qui avaient des créances du Trésor, et qui, croyant ces valeurs perdues, n'avaient pas pu les vendre à moitié prix, étaient intégralement payés de ces créances.

On mit, et c'était justice, tous ces bons changements sur le compte de Caton, et le peuple, qui voyait en lui le seul honnête homme de Rome, commença de le prendre en grand respect.

Ce ne fut pas tout.

Restaient les égorgeurs de Sylla.

Au bout de quinze à vingt ans d'impunité, ces égorgeurs se croyaient hors d'atteinte et jouissaient avec tranquillité d'une fortune sanglante et facile, puisque bon nombre de têtes avaient été payées jusqu'à douze mille drachmes, c'est-à-dire jusqu'à dix mille francs de notre monnaie. Tout le monde les montrait du doigt, mais personne n'osait les toucher.

Caton les cita, les uns après les autres, devant les tribunaux comme détenteurs des deniers publics, et il fallut que ces misérables rendissent tout à la fois l'or et le sang.

Vint la conspiration de Catilina.

Nous avons dit le rôle que chacun y avait joué ; nous avons dit comment, après que Silanus eut opiné pour le dernier supplice, César fit un discours tellement habile sur la nécessité de l'indulgence, que Silanus, se démentant lui-même, déclara que, par *dernier supplice*, il avait tout simplement entendu l'exil, puisqu'un citoyen romain ne pouvait être puni de mort.

Cette faiblesse fit bondir Caton. Il se leva et se mit à réfuter César.

Son discours est dans Salluste, ayant été conservé par les sténographes de Cicéron. — Disons en passant que ce fut Cicéron qui inventa la sténographie, et son secrétaire Tullius Tito qui en régularisa tout le système.

A la suite de ce discours de Caton, Cicéron eut le courage de faire étrangler les complices de Catilina, et César, qui craignait que son indulgence ne le fit accuser de complicité avec le chef du complot, se jeta dans la rue et se mit sous la sauvegarde du peuple.

Ce fut en sortant qu'il faillit être assassiné par les chevaliers amis de Cicéron.

Nous avons dit comment Caton balança la popularité de César, en faisant faire une distribution de blé dont le prix égalait sept millions de notre monnaie.

Toutes les précautions de César n'avaient point empêché qu'il ne fût accusé.

Trois voix s'élevèrent contre lui : celle du questeur Novius Niger ; celle du tribun Vettius, et celle du sénateur Curius.

Curius était celui qui avait le premier donné avis de la conspiration, et, parmi les conjurés, il nommait César.

Vettius allait plus loin : il soutenait que César était lié à la conjuration non-seulement par parole, mais encore par écrit.

César lâcha le peuple sur ses accusateurs.

Novius fut mis en prison pour s'être porté juge d'un magistrat plus élevé que lui ; Vettius eut sa maison envahie et pillée ; on jeta ses meubles par la fenêtre, et peu s'en fallut qu'on ne le mît en pièces.

Rome, au milieu de tous ces conflits, était fort troublée.

Métellus, qui venait d'être nommé tribun, proposa de rappeler Pompée à Rome pour le mettre à la tête des affaires. C'était demander un nouveau dictateur.

César, qui connaissait l'incapacité de Pompée comme homme politique, se réunit à Métellus. Peut-être n'était-il point fâché de créer un précédent.

Caton seul pouvait résister à une pareille alliance.

Il alla trouver Métellus ; mais, au lieu d'aborder la question avec sa brutalité ordinaire, il l'attaqua doucement, priant plutôt qu'il n'exigeait, entremêlant ses prières de louanges sur la maison de Métellus, et lui rappelant qu'elle avait toujours compté parmi les soutiens de l'aristocratie.

Métellus crut que Caton avait peur, et s'entêta.

Caton se contint encore quelques instants; mais la patience n'était pas sa vertu : il éclata tout à coup, et se répandit en menaces contre Métellus.

Métellus vit bien qu'il fallait avoir recours à la force. Il fit venir ses esclaves à Rome, et dit à César d'y donner rendez-vous à ses gladiateurs.

César, qui avait fait combattre six cent quarante gladiateurs lors de son édilité, en avait conservé un dépôt à Capoue. — Tout grand seigneur romain avait ses gladiateurs à cette époque, comme au moyen âge tout comte, duc ou prince, avait ses *bravi*. Nous avons vu les gladiateurs faire à eux seuls cette révolution qui mit jusqu'à vingt mille hommes sous les ordres de Spartacus. Seulement, le sénat a rendu une loi par laquelle nul ne pourra garder, dans Rome, plus de cent vingt gladiateurs.

Cette résistance à Caton se faisait publiquement.

La veille du jour où la loi avait été proposée, quoiqu'il sût parfaitement le péril qu'il avait à courir le lendemain, Caton soupa comme à son ordinaire, et, ayant soupé, s'endormit profondément.

Minucius Thermus, l'un de ses collègues au tribunat, vint le réveiller.

Tous deux se rendirent au Forum, accompagnés d'une douzaine de personnes seulement.

Sur la route, ils recueillirent cinq ou six amis qui venaient au-devant d'eux pour les prévenir de ce qui se passait et les avertir de se mettre sur leurs gardes.

En arrivant sur la place, le danger devint visible : le Forum était rempli d'esclaves armés de bâtons et de gladiateurs avec leurs sabres de combat; au haut des degrés du temple de Castor et Pollux étaient assis Métellus et César ; des esclaves et des gladiateurs couvraient les degrés.

Alors, s'adressant à César et à Métellus :

— Audacieux et lâches à la fois ! leur cria Caton, qui, contre un homme nu et sans armes, avez réuni tant d'hommes armés et cuirassés !

Puis, haussant les épaules en signe de mépris du danger par lequel on avait cru l'intimider, il s'avança, et, commandant qu'on lui fît place, à lui et à ceux qui le suivaient, il commença de monter les degrés.

On lui fit place en effet, mais à lui seul.

Il n'en monta pas moins.

Il tirait Thermus par la main ; mais, avant d'arriver sous le vestibule, il fut obligé de l'abandonner.

Enfin, il parvint en face de Métellus et de César. Il s'assit entre les deux.

C'était le moment, où jamais, d'utiliser leurs sbires.

Peut-être allaient-ils le faire, quand tous ceux sur lesquels le courage commande l'admiration, commencèrent de crier à Caton :

— Tiens ferme, Caton ! tiens ferme ! nous sommes là, nous te soutiendrons.

César et Métellus firent signe au greffier de lire la loi.

Le greffier se leva et commanda le silence ; mais, au moment où il allait commencer sa lecture, Caton lui arracha la loi des mains.

Métellus, à son tour, l'arrache des mains de Caton.

Caton l'arrache de nouveau des mains de Métellus, et la déchire.

Métellus savait la loi par cœur ; il s'apprête à la dire au lieu de la lire ; mais Thermus, qui avait rejoint Caton, et qui, sans être vu, avait passé derrière Métellus, lui met la main sur la bouche et l'empêche de parler.

Alors, César et Métellus appellent à eux les gladiateurs et les esclaves. Les esclaves lèvent leurs bâtons, les gladiateurs tirent leurs épées.

Les citoyens jettent de grands cris et se dispersent.

César et Métellus s'éloignent de Caton, qui, isolé, devient un but : on lui jette des pierres à la fois du bas des degrés et du toit du temple.

Muréna s'élance, le couvre de sa toge, le prend à bras-le-corps et l'entraîne dans le temple, malgré ses efforts pour rester sous le vestibule.

Alors, Métellus ne doute plus du succès. Il fait signe aux gladiateurs de remettre leurs épées au fourreau, aux esclaves d'abaisser leurs bâtons; puis, profitant de ce que ses partisans restent seuls sur le Forum, il essaye de faire passer la loi.

Mais, aux premiers mots, il est interrompu par les cris :

— A bas Métellus ! à bas le tribun !

Ce sont les amis de Caton qui reviennent à la charge; c'est Caton lui-même qui sort du temple; c'est enfin le sénat qui, honteux de son silence, s'est assemblé et a décidé de venir en aide à Caton.

Alors, une réaction s'opère.

César a prudemment disparu.

Métellus s'enfuit, quitte Rome, part pour l'Asie, et va rendre compte à Pompée de ce qui s'est passé au Forum.

Pompée pense à ce jeune homme rigide qui l'est venu visiter à Éphèse, et murmure :

— Je ne me suis pas trompé, et il est bien tel que je l'avais jugé.

Le sénat, tout joyeux de cette victoire que Caton avait remportée pour lui, voulait noter Métellus d'infamie. Caton s'y opposa. Il obtint qu'on ne fît pas cette injure à un citoyen si distingué.

C'est alors que César, voyant qu'il n'y avait rien à faire pour lui à Rome, s'était fait nommer préteur et était parti pour l'Espagne.

Nous l'en voyons revenir pour solliciter le consulat.

XXI

Les rivaux véritablement sérieux se retrouvaient donc en face, et la grande lutte allait commencer entre Pompée, qui représentait l'aristocratie; César, qui représentait la démocratie; Crassus, qui représentait la propriété; Caton, qui représentait la loi, — et Cicéron, qui représentait la parole.

Chacun, comme on le voit, avait sa puissance.

D'abord, il s'agissait de savoir si César serait ou ne serait pas consul.

Trois hommes se présentaient pour le consulat, ayant des chances sérieuses : Lucéius, Bibulus, César.

César avait payé ses dettes, mais revenait les mains à peu près vides; il ne fallait pas compter se faire nommer à moins de deux ou trois millions.

Crassus lui avait prêté cinq millions au moment de son départ. Il avait pensé qu'il n'avait pas besoin de se gêner avec lui ; il ne les lui avait pas rendus; ce n'était donc pas à lui qu'il fallait s'adresser.

Oh! une fois nommé consul, chacun viendrait de lui-même au-devant de lui.

Mais Crassus attendait prudemment.

Cependant les deux hommes influents, Pompée et Crassus, ne lui étaient pas opposés.

César profita de sa puissance sur eux pour faire un coup de maître.

Depuis l'affaire des gladiateurs, ils étaient brouillés. César les raccommoda, sinon sincèrement, du moins solidement : par les intérêts.

Puis il alla trouver Lucéius.

— Vous avez de l'argent, lui dit-il : j'ai de l'influence. Donnez-moi deux millions, et je vous fais nommer.

— En êtes-vous sûr?

— J'en réponds.

— Envoyez prendre chez moi les deux millions.

César avait bonne envie de les envoyer prendre tout de suite; il craignait que Lucéius ne se dédît. Par pudeur, il attendit la nuit. La nuit venue, il envoya prendre l'argent dans des corbeilles.

Lorsque César eut l'argent, il fit venir les *interprètes*. Les *interprètes* étaient des agents de corruption chargés de faire prix avec les meneurs de la multitude.

— Mettez-vous en campagne, leur dit-il en frappant du pied les paniers, qui rendaient un son métallique; je suis riche, et veux être généreux.

Les interprètes partirent.

Cependant, Caton avait l'œil sur César. Il avait appris de quelle façon celui-ci s'était procuré de l'argent, et comment et dans quelles conditions le pacte s'était fait. Il s'était rendu chez Bibulus, et se trouvait là avec tout ce qui faisait opposition à la démagogie, dont César était le représentant.

Nommons les principaux conservateurs de l'époque. C'étaient Hortensius, Cicéron, Pison, Pontius Aquila, Epidius, Marcellus, Cœstius Flavus, le vieux Considius, Varron, Sulpicius, qui une première fois avait fait manquer le consulat à César, et enfin, Lucullus.

Il était question du succès qu'avait eu César au Forum et dans la basilique Fulvia.

Il s'était présenté avec la toge blanche et sans tunique.

— Pourquoi sortez-vous sans tunique? lui avait dit un de ses amis qui l'avait rencontré dans la rue Regia.

— Ne faut-il pas, avait répondu César, que je montre mes blessures au peuple?

Quatorze ans plus tard, c'était Antoine qui montrait au peuple les blessures de César.

La nouvelle qu'apportait Caton était déjà connue. Ces mots : « César a de l'argent, » étaient tombés comme la foudre au milieu de l'assemblée.

C'était Pontius Aquila qui en avait donné avis ; il le savait par le diviseur de sa tribu.

Varron avait de son côté, annoncé la réconciliation de Crassus avec Pompée.

Cette double nouvelle avait jeté la consternation dans l'assemblée.

Du moment que César avait de l'argent, il n'y avait pas moyen de s'opposer à son élection; mais on pouvait s'opposer à celle de Lucéius.

Lucéius, nommé, ne faisait qu'un avec César.

Bibulus, au contraire, Bibulus gendre de Caton, nommé à la place de Lucéius, neutralisait l'influence du démagogue.

En apercevant Caton, on se groupa autour de lui.

— Eh bien? lui demanda-t-on de toutes parts.

— Eh bien, dit Caton, la prédiction de Sylla est en train de se réaliser, et il y a, en effet, dans ce jeune homme à la ceinture lâche, plusieurs Marius.

— Que faire?

— La circonstance est grave, dit Caton ; si nous laissons

arriver au pouvoir cet ancien complice de Catilina, la République est perdue.

Puis, comme s'il eût craint que la perte de la République ne fût point une cause suffisante pour quelques-uns des assistants :

— Et, ajouta-t-il, non-seulement c'est la République qui est perdue, mais ce sont aussi tous vos intérêts qui se trouvent en danger ; ce sont vos villas, vos statues, vos tableaux, vos piscines, vos vieux barbeaux que vous nourrissez avec tant de soin, votre argent, vos richesses, votre luxe auxquels il faut dire adieu ; tout cela est promis en récompense à ce peuple qui vote pour lui.

Alors, un certain Favonius, ami de Caton, proposa une accusation en corruption de suffrage. On avait trois lois pour soi : la loi Aufidia, qui condamnait le corrupteur à payer tous les ans trois mille sesterces à chaque tribu ; la loi de Cicéron, qui, à ces trois mille sesterces d'amende, répétés autant de fois qu'il y avait de tribus dans Rome, ajoutait dix ans d'exil ; enfin, la loi Calpurnia, qui englobait dans la punition ceux qui s'étaient laissé séduire.

Mais Caton s'opposa à l'accusation.

— Accuser son adversaire, dit-il, c'est s'avouer vaincu.

Le même *que faire?* s'éleva de nouveau.

— Eh ! par Jupiter ! dit Cicéron, faire ce qu'il fait ! Si le moyen est bon pour lui, employons-le contre lui !

— Qu'en dit Caton ? demandèrent ensemble trois ou quatre voix.

Caton réfléchissait.

— Faire ce que propose Cicéron, dit-il. Philippe de Macédoine ne connaissait point de place imprenable s'il y pouvait seulement entrer un petit âne chargé d'or. César

8.

et Lucéius achètent les tribus ; couvrons l'enchère, et nous les aurons.

— Mais, s'écria Bibulus, je ne suis pas assez riche pour dépenser quinze ou vingt millions de sesterces dans une élection ; c'est bon pour César, qui ne possède pas une drachme, mais qui a la bourse de tous es usuriers de Rome.

— Oui, dit Caton ; mais, à nous tous, nous arriverons à être plus riches que lui. Puis, si les secours particuliers nous manquent, nous puiserons au trésor public. Voyons, que chacun se taxe.

Chacun se taxa. — Ni Pline, ni Velléius ne disent a somme que produisit cette quête ; mais il paraît qu'elle fut assez considérable, puisque Lucéius échoua, et que Bibulus fut nommé consul en même temps que César.

A peine au pouvoir, César attaqua cette question de la loi agraire. Chacun à son tour y touchait pour y renouveler sa popularité, et y trouvait la mort.

Disons bien vite ce qu'était la loi agraire chez les Romains. On verra qu'elle ne ressemble en rien à ce que nous nous imaginons.

XXII

Le droit de guerre de l'antiquité, surtout dans les premiers temps de Rome, ne laissait aucune propriété aux vaincus. Le territoire conquis était divisé en trois parts : la part des dieux, la part de la République, la part des conquérants.

Cette dernière part était celle qu'on partageait aux v - térans, et dans laquelle on établissait des colonies.

La part des dieux était attribuée aux temples, et gérée par les prêtres.

Restait la part de la République, *ager publicus*.

On juge — lorsque toute l'Italie, et, après l'Italie, la Grèce, la Sicile, l'Espagne, l'Afrique, l'Asie furent conquises, — on juge ce que dut être cette part de la République, cet *ager publicus*.

Ce fut çà et là un immense apanage qui resta inculte ; apanage inaltérable, que la République ne pouvait vendre, qu'elle pouvait louer seulement.

Quel était l'esprit de la loi qui mettait ces terres en location ?

De créer des espèces de petites métairies pour des familles agricoles qui feraient suer à cette riche terre d'Italie deux ou trois moissons par an ; de faire enfin ce qui se fait en France depuis le morcellement de la propriété : que trois ou quatre arpents pussent nourrir une famille.

Il n'en fut pas ainsi. Cela, on le comprend bien, donnait trop de peine aux agents de la République. Puis le moyen de réclamer des pots-de-vin pour des locations de deux ou trois arpents ? On afferma pour cinq et dix ans.

De leur côté, les fermiers s'aperçurent qu'il y avait une chose qui occasionnait moins de dépenses et qui rapportait plus que l'agriculture ; c'était le pâturage. On mit les terres en prairies, et l'on y fit pâturer les moutons et les bœufs. Il y en eut qu'on ne se donna pas même la peine de mettre en prairies et où l'on parqua des porcs.

Il y avait encore un autre avantage : c'est que, pour labourer, ensemencer, récolter un champ de quatre cents arpents, il eût fallu dix chevaux et vingt serviteurs ; pour garder trois, quatre, cinq, six troupeaux, il ne fallait que trois, quatre, cinq, six esclaves.

Les redevances, au reste, se payaient à la République — comme elles se payent aujourd'hui encore en Italie — en nature. Cette redevance était : pour les terres susceptibles d'être ensemencées, du dixième ; pour les bois, du cinquième ; pour les pâturages, d'un certain nombre de têtes de bétail, selon le bétail qu'ils devaient nourrir.

Or, on paya bien les redevances telles qu'elles étaient mentionnées ; seulement, quand il fut évident que l'on gagnait plus à faire des élèves qu'à labourer, on acheta le blé, l'avoine, le bois : on paya avec le blé, l'avoine et le bois achetés, et l'on récolta des bestiaux en place de grains.

Peu à peu, les baux de cinq ans se changèrent en baux de dix ans, les beaux de dix ans en baux de vingt ans, et, de dix années en dix années, on arriva aux baux emphytéotiques.

Les tribuns du peuple, qui avaient vu à quel abus conduisait un pareil état de choses, avaient bien, autrefois, fait passer une loi par laquelle il était défendu de détenir plus de cinq cents arpents de terre, et de posséder en troupeaux plus de cent têtes de gros bétail, et cinq cents de menu.

La même loi ordonnait aux fermiers de prendre à leur service un certain nombre d'hommes libres, pour inspecter et surveiller les propriétés.

Mais rien de tout cela ne fut respecté.

Les questeurs reçurent des pots-de-vin et fermèrent les yeux.

Au lieu de cinq cents arpents, par les transactions frauduleuses, et en mettant l'excédant sur la tête d'amis, on en eut mille, deux mille, dix mille ; au lieu de cent têtes de gros bétail et de cinq cents de menu, on en eut cinq cents, mille, quinze cents.

Les surveillants libres furent éloignés, sous prétexte de service militaire : quel était le questeur assez mauvais citoyen pour ne pas approuver une pareille désertion au bénéfice de la patrie ?

On ferma les yeux sur l'absence de surveillants comme on les avait fermés sur le reste.

Les esclaves qui n'étaient point appelés à porter les armes multiplièrent tout à leur aise, tandis qu'au contraire la population libre, continuellement décimée, alla s'anéantissant, et l'on arriva à ce que les plus riches et les plus honorables citoyens, fermiers de père en fils depuis cent cinquante ans, finirent par se regarder comme propriétaires de ce terrain, qui, en réalité et comme l'indiquait son titre, appartenait à la nation.

Or, jugez quels cris jetaient tous ces faux propriétaires lorsqu'il était question, comme mesure de salut public, c'est-à-dire pour raison majeure, de résilier des baux sur lesquels reposait toute leur fortune... et quelle fortune !

Les deux Gracchus y laissèrent la vie.

A son retour d'Asie, Pompée avait déjà menacé Rome d'une loi agraire ; lui ne s'inquiétait pas du peuple ; Pompée, représentant de l'aristocratie, s'en souciait assez peu : il croyait avant tout à l'armée, et voulait doter ses soldats.

Mais il avait naturellement trouvé un opposant dans Cicéron.

Cicéron, l'homme des demi-moyens, l'Odilon Barrot du temps, avait proposé, lui, d'acheter des terres, et non de les partager ; il employait à cet achat cinq ans des nouveaux revenus de la République.

Disons en passant que Pompée avait plus que doublé

les revenus de l'État ; il les avait portés de cinquante à cent trente-cinq millions de drachmes, c'est-à-dire d'une quarantaine de millions à cent huit millions.

Or, la différence, pendant cinq ans, faisait environ trois cent quarante à trois cent cinquante millions.

Le sénat s'était élevé contre la proposition de Pompée, et avait, comme on disait du temps du gouvernement constitutionnel, passé à l'ordre du jour.

César arrivait à son tour et reprenait la question où elle avait été abandonnée ; seulement, il joignait les intérêts du peuple à ceux de l'armée.

Cette nouvelle prétention fit grand bruit.

On craignait la loi agraire, sans doute ; tant d'intérêts se rattachaient à ces abus des baux emphytéotiques dont nous avons donné une idée ! mais ce que l'on craignait surtout, Caton le dit tout haut, c'était la popularité gigantesque dont jouirait celui qui viendrait à bout de l'appliquer... Et, il faut le dire, il y avait une énorme chance pour que celui-là fût César.

La loi de César était la meilleure qui eût encore été faite, à ce qu'il paraît.

Nous avons sous les yeux l'*Histoire du consulat de César*, par Dion Cassius, et voici ce que nous y lisons :

« César proposa une loi agraire qui était exempte de tout reproche. Il y avait alors une multitude oisive et affamée qu'il était essentiel d'occuper aux travaux de la campagne ; d'un autre côté, l'Italie devenant de plus en plus déserte, il s'agissait de la repeupler.

» César y arrivait sans faire aucun tort à la République : il partageait l'*ager publicus*, et particulièrement la Campanie, à ceux qui avaient trois enfants et davantage ; Capoue devenait une colonie romaine.

» Mais, comme l'*ager publicus* ne suffisait pas, on achetait des terres de particuliers au prix du cens, avec l'argent rapporté par Pompée de la guerre contre Mithridate, vingt mille talents (cent quarante millions) ; cet argent devait être employé à fonder des colonies où trouveraient place les soldats qui avaient conquis l'Asie. »

Et, en effet, comme on le voit, il y avait peu de chose à redire à cette loi, qui contentait à peu près tout le monde, excepté le sénat, qui craignait la popularité de César.

Elle contentait le peuple, à qui l'on faisait une magnifique colonie, dans un des plus beaux sites et sur une des plus riches terres d'Italie.

Elle contentait Pompée, qui y trouvait l'accomplissement de son désir, c'est-à-dire la récompense de son armée.

Elle contentait presque Cicéron, à qui l'on empruntait l'équivalent de son idée.

Seulement, on se rappelle que l'on avait fait nommer Bibulus collègue de César, afin que le sénat eût en lui l'incarnation de la résistance systématique. Bibulus s'opposa systématiquement à la loi.

César ne voulut point d'abord employer la force.

Il fit supplier Bibulus par le peuple.

Bibulus résista.

César résolut d'attaquer le taureau par les cornes, comme dit le proverbe moderne et comme devait le dire quelque proverbe ancien. Il lut la loi en plein sénat ; puis, après cette lecture, il interpella alternativement tous les sénateurs.

Tous approuvèrent la loi de la tête et la repoussèrent du vote.

Alors, César sortit, et, appelant Pompée :

— Pompée, demanda-t-il, tu connais ma loi, tu l'approuves, mais la soutiendras-tu ?

— Oui, répondit hautement Pompée.

— Mais de quelle façon ? demanda César.

— Oh ! sois tranquille, répondit Pompée ; car, si quelqu'un l'attaque avec l'épée, je la soutiendrai avec l'épée et le bouclier.

César tendit la main à Pompée ; Pompée lui donna la sienne.

Le peuple applaudit en voyant ces deux vainqueurs s'allier dans une question où il était intéressé.

En ce moment, Crassus sortait du sénat.

Il vint à Pompée, avec qui nous avons dit que César l'avait réconcilié.

— S'il y a alliance, dit-il, j'en suis.

— Eh bien, dit César, joignez votre main aux nôtres.

Le sénat était perdu. Il avait contre lui la popularité, c'est-à-dire Pompée ; le génie, c'est-à-dire César ; l'argent, c'est-à-dire Crassus.

De cette heure data l'ère du premier triumvirat.

La voix de ces hommes réunis valait un million de suffrages !

XXIII

L'alliance jurée entre Pompée, César et Crassus, il s'agissait de se faire jour autour de soi.

On avait le sénat tout entier pour ennemi. Cette hostilité était incarnée dans Caton, dans Bibulus et dans Cicéron, qui s'était définitivement déclaré contre Pompée, et qui, après avoir été son homme lige, prétendant avoir été mal récompensé de ce dévouement, était devenu son ennemi.

D'abord, on s'était occupé de resserrer le parti par des alliances.

Pompée avait, on s'en souvient, répudié sa femme, soupçonnée et même convaincue d'être la maîtresse de César.

Pompée épousa la fille de César.

César avait répudié sa femme, fille de Pompée, sous le prétexte que la femme de César ne devait pas même être soupçonnée.

César épousa la fille de Pison.

Pison sera consul l'année suivante.

Cépion, — qui était fiancé à la fille de César, laquelle vient d'épouser Pompée, — Cépion épouse une fille de Pompée, et se contente de ne pas être le gendre de César, en devenant son beau-frère.

— O République! crie Caton, te voilà devenue une entremetteuse de mariages, et les provinces et les consulats ne seront plus que des cadeaux de noces.

Pourquoi la femme de César avait-elle été soupçonnée? Disons-le

L'homme qui l'a compromise va jouer un rôle assez curieux dans les événements des années 693, 694 et 695 de Rome, pour que nous nous occupions un peu de lui.

Il y avait une fête qui était en grand honneur à Rome : c'était la fête de la Bonne Déesse. Le théâtre de la fête était toujours la maison de quelque magistrat de premier ordre, soit préteur, soit consul. Dans le mois de janvier de l'année 693, la fête avait lieu chez César ; or, pendant ces fêtes, il y avait une si grande exclusion d'hommes, que non-seulement les hommes, mais même les animaux mâles, même les statues portant les attributs de la virilité, étaient proscrits.

Qu'était-ce donc que la Bonne Déesse ?

La réponse à cette question est des plus difficiles, et ne repose que sur des probabilités.

La Bonne Déesse était, selon toute apparence, la génératrice passive, le moule de l'humanité, si l'on peut s'exprimer ainsi. Pour les uns, c'était Fauna, la femme de Faune, et cela, c'était l'opinion vulgaire ; pour les autres, c'était ou Ops, femme de Saturne, ou Maïa, femme de Vulcain : — pour les spécialistes, c'était la Terre ; la terre qui porte le blé.

D'où venait-elle, cette Bonne Déesse ? De l'Inde probablement, et, sous ce rapport, nous en dirons deux mots tout à l'heure ; seulement, la représentation symbolique était à Pessinonte, ville de Galatie.

Une pierre, ressemblant d'une façon informe à une statue, était tombée du ciel, et était l'objet d'un grand culte chez les Galates.

Un des calculs des Romains était de concentrer tous les dieux dans leur panthéon. De cette façon, ils centralisaient dans Rome non-seulement l'Italie, mais même l'univers.

Ils envoyèrent une députation solennelle à Attale pour avoir cette statue. Attale livra aux ambassadeurs la pierre sacrée : selon les uns, c'était un météorite ; selon les autres, un bloc d'aimant.

Voulez-vous savoir le chemin que parcourut le navire pour venir des rives de la Phrygie à Rome ? Lisez Ovide. Vous pourrez le suivre dans la mer Égée, à travers le détroit de Messine, dans la mer Tyrrhénienne, enfin jusqu'à l'île sacrée du Tibre dédiée à Esculape. Là, le navire s'arrêta sans que, ni à l'aide des voiles, ni à l'aide des rames, il y eût moyen de lui faire faire un pas de plus.

Il y avait alors à Rome une vestale nommée Claudia Quinta.

Elle était soupçonnée d'avoir été infidèle à ses vœux. Il y allait pour elle de la mort.

Elle offrit de prouver son innocence en faisant reprendre la marche au vaisseau.

On accepta.

Claudia Quinta se rendit sur le Tibre, aux deux rives duquel Rome était amassée. Elle attacha sa ceinture au mât du bâtiment, et tira à elle. Le bâtiment suivit avec la même docilité que les navires en miniature suivent, sur le bassin des Tuileries, les enfants qui les tirent avec un fil.

Il va sans dire que l'accusation tomba et que la réputation de chasteté de Claudia Quinta se répandit par toute l'Italie.

La vestale bâtit à la Bonne Déesse un temple sur le mont Aventin.

L'événement arrivait à merveille pour rendre le courage aux Romains. C'était juste au moment où Annibal campait aux portes de Rome.

Le soir même, on mit en vente le champ où il était campé, et l'on sait que les acheteurs se présentèrent en foule.

Maintenant, quel était, selon toute probabilité, le berceau de ce culte? L'Inde; l'Inde, mystérieuse aïeule du genre humain, qui a pris pour symbole la vache nourricière.

L'Inde avait considéré l'univers comme le produit de deux principes : l'un mâle, l'autre femelle.

Ce premier point adopté, cette question suivit :

Dans l'acte générateur qui produisit l'univers, quel a été le principe soumis à l'autre? quelle est la faculté inférieure en rang? Est-ce le principe mâle qui a précédé le principe femelle? est-ce le principe femelle qui a précédé le principe mâle? Et lequel, du principe mâle ou du principe femelle, a été le plus influent dans l'acte qu'ils ont accompli en engendrant le monde? Est-ce *Iswara*, nom du principe mâle? est-ce *Pracri*, nom du principe femelle? Qui nommer le premier ou la première dans les sacrifices publics, dans les hymnes religieux, dans les simples prières? Faut-il séparer ou confondre le culte qu'on leur rend? le principe mâle doit-il avoir un autel où l'adoreront les hommes? le principe femelle, un autre autel où l'adoreront les femmes? enfin, doivent-ils avoir un seul autel où, tous deux, les hommes et les femmes les adoreront?

Qu'on n'oublie pas qu'à cette époque, l'empire indien couvrait une grande partie de la terre.

Le sacerdoce, mis en demeure, fut obligé de se prononcer sur l'une ou sur l'autre de ces deux questions.

Il se prononça en faveur du principe mâle; il établit son antériorité sur le principe femelle, proclama sa dominance sur le sexe féminin.

Il y avait des millions de partisans soutenant le principe opposé.

Le jugement rendu malgré l'opposition des partisans, le sacerdoce dut le soutenir.

Il fallut employer la force: la loi lui prêta sa majesté. Les partisans du principe femelle furent comprimés, mais ils crièrent à la tyrannie.

Dans la situation, une occasion devait se présenter qui fît éclater une révolte.

Cette occasion se présenta.

Cherchez dans le *Scanda-Pousana* et dans le *Brahmanda*, et vous y verrez que deux princes de la dynastie régnante, fils tous deux du roi Ougra, ne purent, comme plus tard Étéocle et Polynice, s'entendre pour régner ensemble et divisèrent l'empire indien : l'aîné s'appelait *Tarak'hya*; le cadet, *Irshou*.

L'aîné, pensant qu'il devait appeler la religion à son secours, déclara qu'il adoptait invariablement pour son dieu *Iswara*, ou le principe mâle; le cadet se prononça hautement pour *Pracriti*, ou le principe femelle. L'aîné eut pour lui tout le sacerdoce, dont il confirmait la déclaration, les grands de l'État, les riches propriétaires et tout ce qui relevait d'eux; le cadet eut les classes inférieures, les ouvriers, les prolétaires et tout ce qui leur tenait en quelque chose.

C'est pourquoi on nomma les partisans d'Irshou les *pallis*, mot sanscrit qui signifie *pâtres*.

Ces *pallis*, ces *pâtres*, ces partisans d'Irshou, prirent pour symbole, pour drapeau, pour étendard la faculté féminine qui était le symbole de leur culte; cette faculté féminine se nomme *yony*, en langue sanscrite.

De là le double nom qui leur est donné :

Le premier, tiré de leur condition sociale, *pallis*, *pâtres*, et enfin *pasteurs*, nom qui les désigne dans l'histoire, et sous lequel ils font invasion en Égypte, en Perse et en Judée, donnant à cette dernière contrée le nom de *Pallisthan*, dont nous ferons Palestine; — le second, tiré de leur croyance, *Yonyas*, *Ionioï*, *Ioniens*, nom sous lequel ils coloniseront les rives de l'Asie Mineure et une partie de la Grèce.

Voilà pourquoi, par une mystérieuse coïncidence avec

leur symbole, *yony*, leur étendard est rouge ; voilà pourquoi la pourpre qu'on achetait à Tyr était un symbole de souveraineté ; voilà pourquoi la colombe, oiseau de Vénus, s'appelait *yoneh* ; voilà pourquoi toutes les inventions molles, délicates, féminines, étaient empruntées à l'Ionie, mot charmant, délicat et féminin lui-même s'il en fut ; voilà, enfin, pourquoi, dans la basse Égypte, chez les Babyloniens et chez les Phrygiens, la faculté féminine l'emporte sur la faculté masculine, s'appelant la déesse *Isis* chez les Thébaïtes, la déesse *Milydha* chez les Babyloniens, et, en Phrygie, la déesse *Cybèle* ; puis, à Rome, la déesse *Ma*, la *Bonne Mère*, la *Bonne Déesse*.

Qu'on nous pardonne cette petite digression, qui n'est point sans nous avoir coûté quelque travail, et que, pour cette raison, nous livrons avec confiance à la discussion des mythologues.

Maintenant, que faisait-on dans ces fêtes consacrées à la *Bonne Déesse* ?

XXIV

Ce que l'on faisait dans les fêtes de la Bonne Déesse est difficile à savoir. Il était absolument défendu aux hommes d'y pénétrer, et les femmes avaient intérêt, selon toute probabilité, à garder le secret.

Les uns prétendent qu'on s'y livrait à des danses obscènes, les autres à des phallagogies imitées de celles de Thèbes et de Memphis.

Juvénal s'explique plus clairement ; nous y renvoyons nos lecteurs, les prévenant toutefois que Juvénal, comme Boileau, détestait les femmes.

Eh bien, on célébrait donc chez César, ou plutôt chez Pompéia, femme de César, les mystères de cette Bonne Déesse, quand, tout à coup, le bruit se répandit qu'un homme déguisé en femme avait été surpris au milieu des matrones.

Ce fut un immense scandale.

Voulez-vous savoir comment Cicéron rend compte de la chose à son ami Atticus, dans sa lettre en date du 25 janvier 694 ?

« A propos, il y a ici une vilaine affaire, et je crains bien que la chose n'aille plus loin qu'elle n'en a l'air au premier abord. Je pense que tu n'ignores pas qu'un homme s'est glissé, déguisé en femme, dans la maison de César, et, cela, au moment même où l'on offrait un sacrifice pour le peuple. Si bien que les vestales ont dû recommencer le sacrifice et que Cornificius a déféré ce sacrilége au sénat. Cornificius, entends-tu bien ? Ne va pas croire qu'aucun des nôtres ait pris l'initiative. Renvoi du sénat aux pontifes, déclaration des pontifes qu'il y a sacrilége, et, par conséquent, lieu à poursuivre. Là-dessus, et en vertu du sénatus-consulte, les conseils publient un réquisitoire, et... et César répudie sa femme. »

Voilà donc la nouvelle qui occupait Rome vers le commencement de janvier, soixante ans à peu près avant Jésus-Christ ; elle fit grand bruit, comme on comprend bien, et pendant quelques jours fut l'objet de toutes les conversations, de toutes les chuchoteries, de tous les *cancans*, comme nous dirions aujourd'hui.

Il n'y a donc rien d'étonnant à ce que Cicéron, le plus grand cancanier de son temps, écrive la nouvelle à Atticus.

Mais c'est curieux, cependant, convenez-en, de retrouver ce gigantesque bavardage qui agitait le Forum, le champ de Mars, la via Regia, dans une lettre intime, écrite il y a tantôt deux mille ans.

Cet homme surpris chez César, c'était Clodius.

Nous avons déjà dit quelques mots de cet illustre libertin, qui, dans une époque où vivaient César et Catilina, mérita le titre de roi des débauchés ; nous avons déjà dit qu'il appartenait à la branche Pulcher, de la noble famille Claudia ; — nous avons dit encore que *pulcher* veut dire *beau*.

Il avait été envoyé d'abord, on se le rappelle, contre les gladiateurs. Florus dit que ce fut Clodius Glaber ; mais Tite-Live dit Clodius Pulcher, et nous nous rangeons à l'avis de Tite-Live.

Son expédition n'avait pas été heureuse ; puis, servant sous Lucullus, son beau-frère, il avait fait révolter les légions de Lucullus en faveur de Pompée.

Qui avait pu porter Clodius à se déclarer pour Pompée, en opposition avec son beau-frère ?

L'ambition ? Bon ! c'était trop simple.

Voici ce que l'on répétait — nous allions dire *tout bas*, mais nous nous reprenons, — voici ce que l'on répétait tout haut de Clodius à Rome :

On répétait qu'il avait été l'amant de ses trois sœurs : de Térentia, qui avait épousé Marcius Rex, — n'oubliez pas ce nom de *Rex*, Cicéron va y faire allusion tout à l'heure ; — de Claudia, mariée à Métellus Celer, et que l'on nommait *Quadranaria*, parce qu'un de ses amants, lui ayant promis en échange de ses faveurs une bourse pleine d'or, lui avait envoyé une bourse pleine de *quadrans*, c'est-à-dire de la plus petite monnaie de cuivre ;

enfin, de la plus jeune, qui avait épousé Lucullus ; or, comme, malgré le mariage et l'inceste, on prétendait que cette liaison durait toujours, Lucullus avait eu une explication avec Clodius, et, à la suite de cette explication, Clodius avait trahi Lucullus.

Ce n'est pas toujours propre quand on regarde au fond des choses ; mais, au moins, c'est presque toujours clair.

Disons en passant qu'il restait une quatrième sœur, non mariée, dont Cicéron était amoureux, et Térentia, femme de Cicéron, jalouse.

Maintenant, comment avait été pris Clodius ?

Voici ce que l'on racontait à ce sujet :

Amoureux de Pompéia, il était entré chez elle, sous un déguisement de musicienne. Très-jeune encore, ayant à peine de la barbe, il espérait n'être pas reconnu ; mais, perdu dans les immenses corridors de la maison, il avait été rencontré par une suivante d'Aurélia, mère de César. Alors, il avait voulu fuir ; mais son mouvement par trop masculin avait trahi son sexe. Aura — c'était le nom de la servante — l'avait interrogé ; force avait été de répondre ; la voix avait confirmé les soupçons déjà donnés par la brusquerie du mouvement ; la servante avait appelé, les dames romaines étaient accourues ; sachant de quoi il était question, elles avaient fermé les portes, puis s'étaient mises à chercher comme cherchent des femmes curieuses ; enfin, elles avaient trouvé Clodius dans la chambre d'une jeune esclave qui était sa maîtresse.

Voilà tous les détails que Cicéron ne pouvait donner à Atticus, attendu qu'ils ne furent connus que peu à peu et au fur et à mesure que l'on instruisait le procès.

Quant à ce procès, c'est par Cicéron qu'il faut l'entendre raconter. Cicéron y déposa.

9.

Cicéron avait été autrefois très-lié avec Clodius; celui-ci l'avait servi très-chaudement dans la conspiration de Catilina; il s'était rangé parmi ses gardes, et s'était élancé au premier rang de ces chevaliers qui avaient voulu tuer César.

Mais voici ce qui arrivait, juste au moment du procès.

Cicéron était amoureux de cette sœur de Clodius qui n'était point mariée encore. Elle demeurait, à quelques pas seulement de la maison de l'illustre orateur.

Quelques bruits d'une liaison entre Claudia et son mari vinrent à Térentia, femme absolue et jalouse, qui avait une puissance entière sur son époux. On lui avait dit que, fatigué de cette puissance, Cicéron voulait la répudier et prendre pour femme la sœur de Clodius.

Or, que disait Clodius pour sa justification?

Il disait qu'au moment même où l'on prétendait qu'il avait été dans la maison de César, il était à cent lieues de Rome.

Il voulait, comme on dit de nos jours, invoquer un *alibi*.

Or, Térentia, qui haïssait la sœur, haïssait naturellement le frère. Elle avait vu, la veille du jour où Clodius avait été surpris chez Pompéia, elle avait vu Clodius entrer chez son mari. Si Clodius était entré chez son mari la veille des fêtes, il n'était pas à cent lieues de Rome le jour où ces fêtes avaient eu lieu.

Elle déclara à Cicéron que, s'il ne parlait pas, elle parlerait, elle.

Cicéron avait eu déjà force désagréments avec sa femme à cause de la sœur. Il résolut, pour avoir la paix dans son ménage, de sacrifier le frère. Il se présenta donc comme témoin.

Cicéron, tout cancanier qu'il était, ne dit pas tout cela,

comme on le comprend bien, dans ses lettres à Atticus ; mais Plutarque, qui naissait douze ans après les événements que nous racontons, c'est-à-dire quarante-huit ans avant Jésus-Christ, Plutarque, qui est presque aussi cancanier que Cicéron, les raconte, lui.

Cicéron, à son grand regret peut-être, s'était donc présenté pour témoigner contre Clodius, mais enfin il s'était présenté.

Si le scandale de l'événement avait été grand, le scandale du procès fut bien autre chose encore. Plusieurs des premiers citoyens de Rome accusaient Clodius, les uns de parjure, les autres de friponnerie.

Lucullus produisit des servantes qui déposèrent que Clodius avait eu commerce avec sa sœur, c'est-à-dire avec sa femme, à lui, Lucullus.

Clodius niait toujours le fait principal, disait qu'il était à cent lieues de Rome le jour des fêtes de la Bonne Déesse, quand Cicéron, se levant, vint lui donner un démenti et déclarer que, la veille de l'événement, il était venu chez lui, Cicéron, pour l'entretenir de quelque affaire.

La déposition fut accablante. Clodius ne s'y attendait pas : de la part d'un ami, de la part d'un homme qui courtisait sa sœur, le procédé était, en effet, quelque peu brutal.

Au reste, c'est Cicéron qu'il faut entendre raconter le procès ; il y met toute la haine d'un homme qui n'a pas la conscience bien nette.

Voici comment il parle des juges. — Notez bien que les juges sont des sénateurs :

« Jamais tripot ne réunit pareil monde : sénateurs souillés, chevaliers en guenilles, tribuns, gardiens du trésor couverts de dettes, décousus d'argent, et, au milieu de tout cela, quelques honnêtes gens que la récusation n'avait pu atteindre, siégeant l'œil morne, le deuil dans l'âme, la rougeur au front. »

Et cependant, l'aspect de l'auguste assemblée était on ne peut plus défavorable à l'accusé. Personne qui ne crût Clodius condamné d'avance.

Au moment où Cicéron achevait sa déposition, les amis de Clodius, indignés de ce qu'ils appelaient une trahison, éclatèrent en cris et même en menaces.

Mais, alors, les sénateurs se levèrent, enveloppèrent Cicéron, et montrèrent du doigt leur gorge, en signe qu'ils le défendraient au péril de leur vie.

Mais, à ces hommes qui montraient du doigt leur gorge, Crassus montra du doigt sa bourse.

« O muse, s'écrie Cicéron, dites maintenant comment éclata ce grand incendie ! Vous connaissez le *Chauve*, mon cher Atticus (le *Chauve*, c'est Crassus), vous connaissez le Chauve, héritier des Nannius, mon panégyriste, qui fit autrefois en mon honneur un discours dont je vous ai dit un mot ? Eh bien, voilà l'homme qui a tout conduit en deux jours au moyen d'un seul esclave, vil esclave sorti d'une troupe de gladiateurs ; il a promis, cautionné, donné bien plus, infamie ! il a donné l'appoint de son argent en belles filles et en jeunes garçons... »

Je gaze, notez bien. Sachez seulement que les juges, qui ne s'étaient laissé corrompre qu'à prix d'argent, furent réputés pour juges honnêtes.

Aussi, comme ils demandaient une garde pour s'en retourner chez eux :

— Eh ! leur cria Catulus, craignez-vous donc que l'on ne vous vole l'argent que vous avez reçu ?

César, appelé pour témoigner contre Clodius, avait répondu qu'il n'avait rien à déposer.

— Mais, lui avait crié Cicéron, tu as répudié ta femme, cependant !

— J'ai répudié ma femme, répondit César, non point parce que je la croyais coupable, mais parce que la femme de César ne doit pas même être soupçonnée !

Il va sans dire que Clodius fut acquitté.

Voyons quelles furent les suites de cet acquittement.

XXV

D'abord, il y eut un grand trouble sur la place publique.

Clodius, acquitté après une accusation qui entraînait l'exil s'il eût été condamné, était bien plus fort qu'auparavant, du moment qu'il restait impuni. Son absolution fut un triomphe.

Vingt-cinq juges avaient tenu bon, et, au risque de ce qui pouvait leur en arriver, avaient condamné.

« Mais trente et un, dit Cicéron, avaient plus redouté la faim que la honte, et avaient absous. »

Ainsi, le mouvement conservateur imprimé par le consulat de Cicéron, et par la conjuration de Catilina découverte et étouffée, était complétement arrêtée par l'acquittement de Clodius, et le parti démagogique, représenté par Pompée infidèle à l'aristocratie, par César fidèle au peuple, par Crassus fidèle à César, reprenait complétement le dessus; ainsi, la *Rome fortunée d'être née* sous le consulat de Cicéron, — *ô fortunatam natam, me consule, Romam !* — cette Rome en était revenue au point où Catilina l'avait poussée, lorsque, rencontrant Cicéron sur son chemin, Catilina avait été forcé d'abandonner la partie.

Le souvenir de ce premier triomphe exalta Cicéron et lui donna un courage qu'il n'avait pas toujours.

Le sénat étant réuni le jour des ides de mai, et son tour étant venu de parler :

— Pères conscrits, dit-il, pour une blessure reçue, vous ne devez ni lâcher prise, ni abandonner la place; il ne faut ni nier les coups, ni s'exagérer les blessures; il y aurait stupidité à s'endormir, mais il y aurait lâcheté à s'effrayer. Déjà nous avons vu acquitter Catulus deux fois, déjà Catilina deux fois; or, ce n'est qu'un de plus lâché par ces juges vendus sur la République.

Puis, se tournant vers Clodius, qui, comme sénateur, assistait à la séance et riait dédaigneusement de cette sortie de Cicéron :

— Tu te trompes, Clodius, s'écria-t-il, si tu as cru que tes juges t'avaient renvoyé libre. Erreur! ils t'ont donné Rome pour prison; ils ont voulu, non pas te sauvegarder comme citoyen, mais t'ôter la liberté de l'exil. — Courage, pères conscrits, soutenez votre dignité ; les gens de bien sont toujours unis dans l'amour de la République.

— Alors, homme de bien que tu es, lui cria Clodius, fais-nous le plaisir de nous dire ce que tu as été faire à Baïa.

Baïa, on se le rappelle, était le lupanar de l'Italie. Un homme qui allait à Baïa pouvait être soupçonné, une femme qui allait à Baïa était perdue.

On disait que Cicéron était allé à Baïa pour y voir la sœur de Clodius.

— Baïa? répond Cicéron. D'abord, je n'ai point été à Baïa; puis, y eussé-je été, est-ce que Baïa est un lieu interdit aux hommes, et ne peut-on aller prendre les eaux à Baïa?

— Bon! répondit Clodius, est-ce que les paysans d'Arpinum ont quelque chose de commun avec ces eaux, quelles qu'elles soient?

— Demande donc à ton grand patron, répliqua Cicéron, s'il n'eût pas été bien heureux, lui, de prendre les eaux d'Arpinum.

Le grand patron, c'est César; mais à quoi étaient bonnes les eaux d'Arpinum? C'est ce que nous ignorons.

Ce passage est obscur, et nous ne sachions pas qu'aucun commentateur l'ait jamais expliqué; mais il était blessant, à ce qu'il paraît, car Clodius s'emporte.

— Pères conscrits, s'écrie-t-il, jusqu'à quand souffrirons-nous ce roi parmi nous?

Ce à quoi Cicéron répond par un calembour que nous allons essayer de vous faire comprendre.

Roi se dit *rex* en latin. La sœur de Clodius a épousé Marcius *Rex*; Marcius Rex est énormément riche; Clodius est l'amant de sa sœur; par l'influence de sa sœur, il espérait être porté sur le testament du beau-frère, et, sur ce point, son espérance avait été déçue.

— Roi, roi, répond Cicéron; ah! tu lui en veux, à *Rex*, de t'avoir oublié dans son testament, toi qui d'avance avais mangé la moitié de la succession!

— Est-ce sur l'héritage de ton père, toi, repart Clodius, que tu as payé la maison que tu as achetée à Crassus?

Effectivement, Cicéron venait d'acheter à Crassus une maison, moyennant trois millions cinq cent mille sesterces.

Voyez sa lettre à Sextius, proquesteur.

« En me félicitant, il y a quelque temps, d'avoir acheté la maison de Crassus, vous m'avez décidé; car c'est seulement après avoir reçu votre compliment que je l'ai achetée trois millions cinq cent mille sesterces; aussi, je me vois maintenant criblé de dettes, au point que je cherche à entrer dans quelque conspiration, si l'on daigne m'y recevoir ! »

— Achetée ? riposte Cicéron quand Clodius parle d'acheter. — Il est question de juges, il me semble, et non de maisons.

— Je conçois que tu en veuilles aux juges : tu leur as affirmé que j'étais à Rome le jour des mystères de la Bonne Déesse, et ils n'ont pas voulu croire à ta parole.

— Tu te trompes, Clodius ; vingt-cinq, au contraire, y ont cru. C'est à la tienne que trente et un n'ont pas voulu croire, puisqu'ils se sont fait payer d'avance.

A cette réponse, les huées firent taire Clodius.

Tout cela était peu parlementaire, comme on dirait de nos jours ; mais nous en avons vu et entendu bien d'autres !

A partir de ce moment, c'était, on le comprend bien, une guerre déclarée entre Cicéron et Clodius. On va voir cette guerre pousser Cicéron dans l'exil et Clodius à la mort.

En attendant, quelle était pour Clodius, la grande affaire ? Se venger de toutes ces insultes de Cicéron, dont les mots, répétés du sénat au champ de Mars, le marquaient comme un fer rouge.

Cicéron avait la maladie des gens d'esprit : il ne pouvait pas tenir son esprit coi et couvert; il fallait que ce diable d'esprit se fît jour, même aux dépens de ses amis, de ses parents, de ses alliés.

— Qui a attaché mon gendre à cette épée? disait-il en voyant le mari de sa fille porter au côté un glaive presque aussi long que lui.

Le fils de Sylla avait de mauvaises affaires; il vendait tous ses biens; il en faisait afficher la liste.

— J'aime mieux les affiches du fils que celles du père, disait Cicéron.

Son confrère Vatidius avait des écrouelles; un jour qu'il avait plaidé, et que Cicéron avait écouté son plaidoyer :

— Que pensez-vous de Vatidius? lui demanda-t-on.

— Je le trouve trop enflé, répondit Cicéron.

César propose le partage de la Campanie : grande émotion parmi les sénateurs.

— Je ne souffrirai point ce partage tant que je serai en vie, dit Lucius Gellius, qui avait quatre-vingts ans.

— César attendra, dit Cicéron; Gellius ne demande pas un long délai.

— Tu as perdu, par ton témoignage, plus de citoyens que tu n'en as sauvé par ton éloquence, lui disait Métellus Nepos.

— C'est possible, répondit Cicéron; cela prouve que j'ai plus d'honnêteté que de talent.

— Je t'accablerai d'injures, lui disait un jeune homme accusé d'avoir empoisonné son père avec de la pâtisserie.

— Soit, répondit Cicéron, j'aime mieux recevoir de toi des injures que des gâteaux.

Il avait cité comme témoin dans un procès Publius Costa,

qui, sans savoir un mot de législation, avait la prétention d'être jurisconsulte.

Interrogé, Publius répondit qu'il ne savait rien.

— Bon! dit Cicéron, tu crois peut-être que l'on t'interroge sur le droit!

Métellus Nepos était surtout la cible où il adressait ses coups.

— Qui est ton père? lui demandait un jour celui-ci, croyant l'embarrasser à cause de sa basse origine.

— Ta mère, mon pauvre Métellus, répondit Cicéron, ta mère t'a rendu la réponse plus difficile qu'à moi!

Ce même Métellus, qui était accusé, à l'endroit de l'argent, d'avoir les mains un peu crochues, avait fait faire à son gouverneur Philagre des obsèques magnifiques, et avait fait placer sur son tombeau un corbeau de pierre.

Cicéron le rencontra.

— Tu as fort sagement fait, lui dit l'orateur, de placer un corbeau sur le tombeau de ton gouverneur.

— Pourquoi cela?

— Parce qu'il t'a bien plutôt appris à voler qu'à parler.

— Mon ami, pour qui je plaide, disait Marcus Appius, m'a prié d'apporter à la défense, du soin, du raisonnement et de la bonne foi.

— Et tu as eu le cœur, lui dit Cicéron en l'interrompant, de ne rien faire de tout cela pour un ami!

Lucius Cotta remplissait les fonctions de censeur au moment où Cicéron briguait le consulat. — Lucius Cotta était un ivrogne fieffé.

Au milieu du discours qu'il adressait au peuple, Cicéron demande à boire. Ses amis profitent du moment pour se serrer autour de lui et le féliciter.

— C'est cela, mes amis, dit-il, serrez-vous autour de

moi, et que notre censeur ne voie pas que je bois de l'eau : il ne me pardonnerait pas.

Marcus Gellius, que l'on disait né de parents esclaves, était arrivé au sénat, et y lisait des lettres d'une voix forte et éclatante.

— La belle voix ! dit un des auditeurs.

— Je crois bien, dit Cicéron, il est de ceux qui ont été crieurs publics.

A deux mille ans de distance toutes ces épigrammes ne vous paraissent pas bien drôles ; mais, à coup sûr, elles paraissaient moins drôles encore à ceux à qui elles étaient adressées.

Il appelait Antoine, *la Troyenne*; Pompée, *Épicrate;* Caton, *Polydamas;* Crassus, *le Chauve;* César, *la Reine;* et la sœur de Clodius, *la déesse aux yeux de bœuf*, parce que, comme Junon, elle était la femme de son frère.

Tout cela faisait à Cicéron un monde d'ennemis, et d'ennemis terribles, car les blessures qu'il creusait portaient en plein amour-propre.

Si Antoine lui fit couper la tête et les mains, et les fit clouer à la tribune aux harangues, et si Fulvie perça sa langue d'une aiguille, c'est que la langue de Cicéron l'avait insultée, c'est que la main de Cicéron avait écrit les *Philippiques*.

Voyons, à présent, de quelle manière Clodius pouvait se venger de Cicéron ?

XXVI

Il y a une chose dont Cicéron se vantait, et que les rigides Romains lui reprochaient toujours : c'était d'avoir, lors de la conjuration de Catilina, fait mettre à mort des citoyens, particulièrement Lentulus et Céthégus, quoique la loi ne permît de condamner un citoyen qu'à l'exil.

Il fallait accuser Cicéron : mais Cicéron, sénateur, ne pouvait être accusé que par un tribun du peuple ; et l'on ne pouvait être tribun du peuple que si l'on était du peuple. Or, Clodius était non-seulement noble, mais encore patricien.

On employa un moyen qui leva cette difficulté.

Nous avons parlé de l'intempérance de langue de Cicéron.

Un jour, il eut l'idée de prendre la défense d'Antonius, son ancien collègue, contre Pompée et César, et il attaqua, ce jour-là, Pompée et César, comme il attaquait, c'est-à-dire cruellement.

Trois heures après cette sortie, César et Pompée firent rendre le plébiscite qui autorisait l'adoption de Clodius par Fontéius, obscur plébéien.

A partir de ce moment, il n'y avait plus de doute, Clodius serait nommé tribun du peuple.

Six mois auparavant, Cicéron écrivait à Atticus :

« J'ai eu la visite de Cornélius. — Cornélius Balbus, bien entendu, *l'homme de confiance*. — Il m'a garanti que César prendrait conseil de moi en toute chose. Or, voici pour moi la fin de tout ceci : union étroite avec Pompée, et au besoin avec César ; plus d'ennemis qui ne reviennent à moi ; vieillesse tranquille. »

Pauvre Cicéron !

Mais il apprend que Clodius sollicite le tribunat, que César est pour quelque chose dans son adoption par Fontéius.

Voici ce qu'il écrit à Atticus de cette grande nouvelle, dans sa lettre datée des *Trois-Tavernes*, avril 695.

« Voyez quelle rencontre! Je m'en allais tranquillement d'Antium par la voie Appia, et j'étais arrivé aux Trois-Tavernes. C'était le jour même de la fête de Cérès; je vois devant moi mon cher Curion, venant de Rome.

» — Ne savez-vous rien de nouveau? me demanda Curion.

» — Rien, lui dis-je.

» — Clodius sollicite le tribunat.

» — Qu'en dites-vous?

» — Il est très-grand ennemi de César, et veut, dit-on, faire casser tous les actes de César... »

Depuis un an déjà, César n'était plus consul.

« — Et que dit César?

» — César prétend qu'il n'est pour rien dans l'adoption de Clodius. »

Puis Cicéron passe à un autre sujet.

Mais, en juillet, la chose a déjà changé; c'est de Rome qu'il date sa lettre.

C'est toujours à Atticus qu'il écrit :

« En attendant, ce cher Clodius ne cesse de me menacer, et se déclare ouvertement mon ennemi. L'orage est sur ma tête : au premier coup, accourez. »

Cependant, Cicéron ne peut croire au danger.

Pompée lui donne sa parole que Clodius n'entreprendra rien contre lui.

César, qui s'est fait donner pour cinq ans le gouvernement des Gaules, lui offre une lieutenance dans son armée.

« César me demande toujours pour lieutenant, dit Cicéron ; ce serait une sauvegarde plus honorable ; mais je n'en veux pas. — Que veux-je donc ? Tenter la lutte ?... Oui, plutôt. »

Et, en effet, il tentera la lutte.

Mais, en août, les choses ont pris toute leur gravité, et le danger se dessine.

« En attendant, mon cher Atticus, le frère de notre déesse aux yeux de bœuf n'y va point à demi dans ses menaces contre moi. Il nie ses projets à Sampsiceramus (c'est un des surnoms que Cicéron donne à Pompée), mais il s'en targue, il s'en vante à tout le monde. Vous m'aimez tendrement, n'est-ce pas ? Oui. Eh bien, si vous dormez, vite hors du lit ; si vous êtes levé, allons, en marche ! si vous marchez, doublez le pas ; si vous courez, prenez des ailes. Il faut que vous soyez à Rome pour les comices, ou, si la chose est impossible, au plus tard pour le moment où l'on proclamera le vote. »

Huit mois après, tout est accompli, et Cicéron écrit toujours au même Atticus :

« An de Rome 690, Vibone, pays des Brutiens, 3 avril.

» Fasse le ciel, mon cher Atticus, que j'aie à vous remercier un jour de m'avoir forcé à vivre ! Mais, jusqu'ici, j'ai cruellement à me repentir de vous avoir écouté. Je vous en conjure, venez en hâte me rejoindre à Vibone, où m'a conduit un changement de direction indispensable ; venez ! nous réglerons ensemble mon itinéraire et ma retraite. Si vous ne venez pas, j'en serai surpris ; mais vous viendrez, j'en suis sûr. »

Que s'est-il donc passé? Nous allons le dire.

Clodius avait été nommé tribun vers la fin de l'an de Rome 695. — Pison et Gabinius étaient consuls. Il commença par se les attacher en faisant donner à Pison la Macédoine, à Gabinius la Syrie.

Le seul appui que devait dès lors trouver Cicéron était près de Crassus, de Pompée ou de César.

Pour Crassus, il n'y avait pas de danger : il détestait Cicéron, qui, à tout propos, se moquait de lui, l'appelant *le Chauve* ou *le Millionnaire*, *Calvus* ou *Dives*. Pour Pompée, amoureux de cinquante ans, il était tout entier aux charmes de sa jeune femme Julie ; et, comme nous l'avons vu, aux terreurs de Cicéron, il se contentait de répondre : « Ne craignez rien, je réponds de tout! » Quant à César, quoiqu'il n'y eût point, depuis l'affaire de Catilina, une amitié bien vive entre lui et Cicéron, il estimait trop le talent de l'orateur pour lui refuser sa protection ; d'ailleurs, César, protégeant Cicéron, s'acquittait envers Cicéron, qui avait protégé César.

César avait donc, comme nous l'avons vu, offert à Cicéron une lieutenance dans son armée. Cicéron avait été sur le point d'accepter.

Clodius, sentant que son ennemi allait lui échapper, courut chez Pompée.

— Pourquoi Cicéron voudrait-il quitter Rome? demanda-t-il. Est-ce qu'il croit que je lui en veux? Pas le moins du monde! A sa femme Térentia, tout au plus ; mais contre lui, grands dieux! je n'ai ni haine ni colère.

Pompée répéta la chose à Cicéron, et ajouta sa garantie personnelle.

Cicéron se crut sauvé, et remercia César de sa lieutenance.

César haussa les épaules.

Et, en effet, un beau matin, Clodius accusa Cicéron.

Cicéron avait fait mettre à mort sans jugement Lentulus et Céthégus.

Cicéron, accusé par Clodius, n'osa en appeler à César, qui l'avait prévenu. Il courut chez Pompée, qui lui avait toujours dit qu'il n'avait rien à craindre.

Pompée coulait doucement sa lune de miel dans sa villa du mont Albain.

On lui annonça la visite de Cicéron.

Pompée eût été fort embarrassé à sa vue; il se sauva par une porte dérobée; on montra toute la maison à Cicéron pour lui prouver que Pompée n'y était pas.

Il comprit qu'il était perdu. Il rentra dans Rome, prit la robe de deuil, laissa croître sa barbe et ses cheveux, et parcourut la ville en suppliant le peuple.

De son côté, Clodius, entouré de ses partisans, se portait chaque jour à la rencontre de Cicéron, le raillant sur son changement de robe, tandis que ses amis mêlaient aux menaces de Clodius des pierres et de la boue.

Les chevaliers, cependant, étaient restés fidèles à leur ancien chef; l'ordre tout entier avait pris le deuil en même temps que lui; plus de quinze mille jeunes gens le suivaient, les cheveux en désordre, et sollicitant le peuple.

Le sénat fit plus : il décréta le deuil public, et ordonna à tout citoyen romain de revêtir la robe noire.

Mais Clodius entoura le sénat avec ses hommes.

Les sénateurs, alors, s'élancèrent sous le vestibule, en déchirant leurs toges et en jetant de grands cris; malheureusement, ni ces cris poussés, ni ces toges déchirées n'émurent le peuple.

Dès lors, c'était une lutte à soutenir, un combat à vider par le fer.

— Reste, lui disait Lucullus, et je te réponds du succès.

— Pars, lui disait Caton, et le peuple, rassasié de la fureur et des violences de Clodius, te regrettera bientôt.

Cicéron préféra le conseil de Caton à celui de Lucullus. Il avait le courage civil, nullement le courage militaire.

Au milieu d'un tumulte effroyable, il prit une statue de Minerve qu'il gardait chez lui avec une vénération toute particulière, et la porta au Capitole, où il la consacra avec cette inscription :

A MINERVE, CONSERVATRICE DE ROME.

Puis, ses amis lui ayant fait une escorte, il sortit de Rome vers le milieu de la nuit, et traversa à pied la Lucanie.

On peut suivre son itinéraire par ses lettres : le 3 avril, il écrit à Atticus du pays des Brutiens; le 8 avril, il écrit au même des côtes de la Lucanie; vers le 12, au même toujours, en allant à Brindes; le 18 du même mois, au même encore, du pays de Tarente; le 30, à sa femme, à son fils et à sa fille, de Brindes; et, enfin, le 29 mai, à Atticus, de Thessalonique.

A peine sa fuite fut-elle connue, que Clodius obtint contre lui un décret d'exil, et publia un édit qui défendait à tout citoyen de lui donner l'eau et le feu, ou de le recevoir sous son toit, et à cinq cents milles des frontières de l'Italie.

Douze ans s'étaient à peine écoulés depuis qu'il s'écriait

orgueilleusement : *Les armes cèdent à la toge, et les lauriers des combats aux trophées de la parole!*

Et, cependant, vainqueur de Catilina, ne maudis pas les dieux pour l'exil : ton pire malheur ne sera pas l'exil, ton pire ennemi ne sera pas Clodius!

XXVII

Pendant toute cette bagarre, César s'était tenu tranquille. Il n'avait pris ostensiblement parti ni pour Clodius, ni pour Cicéron; il avait laissé faire.

En jetant les yeux sur Rome, voici ce qu'il y voyait : une ville livrée à la plus complète anarchie, un peuple qui ne savait à qui se rattacher.

Pompée était une grande gloire, mais plus aristocratique que populaire.

Caton était une grande réputation, mais plus admirée qu'aimée; Crassus une grande fortune, mais plus enviée qu'honorée; Clodius une grande audace, mais plus brillante que solide; Cicéron était usé, Bibulus usé, Lucullus usé; Catulus était mort.

Quant aux corps de l'État, c'était bien pis! Depuis l'acquittement de Clodius, le sénat était avili; depuis la fuite de Cicéron, les chevaliers étaient déshonorés.

Il comprit qu'il était temps pour lui de quitter Rome.

Quels rivaux y laissait-il? Crassus, Pompée, Clodius.

Caton était un nom, un bruit, une rumeur, mais n'était pas une rivalité.

Crassus sollicitait la guerre chez les Parthes. Il allait l'obtenir; il partirait à soixante ans pour une expédition lointaine, chez des peuples sauvages, féroces, impitoyables : il y avait grande chance qu'il n'en revînt pas.

Pompée avait quarante-huit ans, une jeune femme et un mauvais estomac. Il commençait à être assez mal avec Clodius, qui l'insultait publiquement.

Clodius s'était emparé de cette belle maison de Cicéron qu'il lui avait reprochée en plein sénat et qui avait coûté à Cicéron trois millions cinq cent mille sesterces. Lui l'avait eue pour rien ; la peine de la prendre.

— J'élèverai un beau portique aux Carènes, avait dit Clodius, pour faire pendant à mon portique du mont Palatin.

Son portique du mont Palatin, c'était la maison de Cicéron; son portique des Carènes, ce serait la maison de Pompée.

Clodius avait trente ans, une réputation exécrable, un génie inférieur à celui de Catilina. Il devait être écrasé sous Pompée ou, par fortune, l'emporter sur lui. S'il était écrasé par Pompée, Pompée perdrait certainement à cette victoire le reste de sa popularité; s'il l'emportait sur Pompée, Clodius n'était point un ennemi qui inquiétât sérieusement César.

Cependant, il comprenait qu'il était temps qu'il fît quelque chose de grand, qu'il se retrempât, pour ainsi dire, lui-même. Il ne pouvait se dissimuler que, jusqu'à présent, — et il avait déjà plus de quarante ans, — il n'avait été qu'un démagogue assez vulgaire, inférieur en audace à Catilina, en gloire militaire à Pompée et même à Lucullus.

Sa grande supériorité était d'avoir su faire, à trente ans, cinquante millions de dettes; mais, ses dettes payées, sa supériorité était perdue.

Il était, il est vrai, l'homme le plus débauché de Rome, et encore après Clodius. Or, César n'avait-il pas dit qu'il aimait mieux être le premier dans une petite bourgade que le second dans la capitale du monde?

Ses dernières combinaisons politiques n'avaient pas été heureuses, et, dans leur résultat, il était resté au-dessous de Clodius.

Le jour où Pompée, dans l'enivrement de sa première nuit de noces, lui avait fait décerner le gouvernement des Gaules transalpines, et celui de l'Illyrie avec quatre légions, il y avait eu, même dans le peuple, une terrible opposition à ce décret.

Caton s'était mis à la tête de cette opposition.

César avait voulu intimider la résistance dans son chef; il avait fait arrêter Caton, et l'avait fait conduire en prison. Mais cette brutalité avait eu si peu de succès, que César lui-même avait été obligé de donner ordre à l'un de ses tribuns d'enlever Caton des mains de ses licteurs.

Un autre jour, comme le tribun Curion, fils du vieux Curion, faisait une opposition à devenir inquiétante, on suscite un délateur, Vettius. Celui-ci accuse Curion, Pasellus, Cépion, Brutus et Lentulus, le fils du flamine, d'avoir voulu assassiner Pompée. Bibulus lui-même lui avait, à lui, Vettius, apporté un poignard; — comme si un poignard était chose si difficile à se procurer à Rome, que Bibulus fût obligé de se charger de ce soin.

Vettius avait été hué et envoyé en prison. Le lendemain, on l'avait trouvé étranglé, tellement à point pour César, qu'en vérité, si l'un des reproches que l'on faisait à César n'eût pas été sa grande humanité, on eût pu croire qu'il avait été pour quelque chose dans un suicide qui venait si à propos.

Il était donc bon de s'éloigner de toutes les manières et de se retirer dans ce magnifique proconsulat dont les frontières n'étaient qu'à cinquante lieues de Rome.

D'ailleurs, il n'y a pas de temps à perdre : au moment où il s'apprête à partir, un accusateur s'apprête à le dénoncer.

» Ah! dit Michelet, j'aurais voulu voir en ce moment cette pâle et blanche figure, fanée avant l'âge par les débauches de Rome, cet homme délicat et épileptique marchant sous les pluies de la Gaule à la tête de ses légions, traversant nos fleuves à la nage, ou bien à cheval entre des litières où ses secrétaires étaient portés, dictant quatre, six lettres à la fois, remuant Rome du fond de la Belgique, exterminant sur son chemin deux millions d'hommes, et domptant en dix années la Gaule, le Rhin et l'océan du Nord! »

Oui, c'eût été curieux, car César ne promettait rien de tout cela.

Voulez-vous savoir comment Catulle, l'amant de la sœur de Clodius, de la femme de Métellus Celer, qu'il appelle sa Lesbie en souvenir des débauches de la Lesbienne Sappho, voulez-vous savoir comment Catulle le traite avant le départ? — Il est vrai qu'il ne le traitera guère mieux au retour. — Voulez-vous savoir, dis-je, comment il le traite ?

IN CÆSAREM.

« Je me soucie peu de te plaire, César, et peu m'importe que tu sois blanc ou noir... »

IN CÆSARIS CINÆDOS.

Cinædos, ce sont ses mignons.

« Tous les défauts te plaisent, ainsi qu'à ton vieux routier de Suffétius; à merveille! Vous devriez, cependant, en avoir assez de la tête en fuseau d'Othon, des émanations traîtresses de Libon et des jambes sales de Vettius. Voyons, imperator inimitable, fâche-toi de nouveau contre mes ïambes, à qui ta colère est bien indifférente. »

IN MAMURRAM ET CÆSAREM.

« Quel beau couple de mignons vous faites, débauché Mamurra, impudique César! Tous deux avilis, l'un à Rome, l'autre à Formies, tous deux flétris, tous deux malades de vos excès, jumeaux de vices, tous deux savants en lubricité, à qui une seule litière suffit, voraces adultères, rivaux de compagnons et de femmes. Oh! vraiment, vous faites un beau couple! »

C'était par de pareils vers que l'on saluait, cependant, le départ du conquérant des Gaules.

Et il faut avouer qu'il méritait bien toutes ces avanies dont il ne songeait pas même à se fâcher.

Bibulus, pendant tout son consulat, n'avait, dans ses édits, désigné César que sous le titre de *reine de Bithynie*. Il disait qu'après avoir aimé un roi, il aimait la royauté.

Une espèce de fou, nommé Octavius, à qui son titre de bouffon permettait de tout dire, ayant rencontré Pompée et César, avait publiquement salué Pompée du nom de roi, et César du titre de reine.

Caïus Memmius lui avait reproché d'avoir servi Nicomède à table, et de lui avoir présenté la coupe, confondu au milieu des esclaves et des eunuques de ce prince.

Cicéron, en plein sénat, un jour que César défendait la cause de Nisa, fille de Nicomède, en rappelant les obligations qu'il avait à ce prince, Cicéron lui avait dit :

— Laisse là tes obligations ; on sait ce que tu as donné à Nicomède et ce que tu en as reçu.

La liste de ses maîtresses était immense. Au moment de son départ pour la Gaule, on lui donnait Posthumie, femme de Servius Sulpicius ; Lollie, femme d'Auler Gabinus ; Tertulia, femme de Crassus, et Servilie, sœur de Caton.

Il avait donné à cette dernière, nous l'avons dit, une perle de onze à douze cent mille francs ; et, comme on racontait la chose devant Cicéron :

— Bon ! dit-il, ce n'est pas si cher que vous croyez ; Servilie lui prête sa fille Tertia en déduction de compte.

Plus tard, nous le verrons amant d'Eunoë, belle reine moresque, et de Cléopâtre, charmante nymphe grecque, transplantée sur la terre d'Égypte.

Enfin, Curion le père résumait tous les mauvais propos que l'on tenait sur César dans ces quelques paroles :

— César, disait-il, c'est le mari de toutes les femmes et la femme de tous les maris.

Un acte public fut tout près de constater la première partie de cette médisance.

« Helvius Cinna, tribun du peuple, dit Suétone, a avoué plusieurs fois qu'il tenait une loi toute prête, et qu'il devait publier en l'absence de César et par son ordre, qui lui permettait de prendre autant de femmes qu'il voudrait pour en avoir des héritiers. »

C'est ce qui fait hasarder à M. Champagny de dire, dans

son beau travail sur le monde romain, que Jules César était bien plus complet que Jésus-Christ, lequel n'avait que toutes les vertus, tandis que Jules César avait non-seulement toutes les vertus, mais encore tous les vices.

Maintenant, laissons partir César pour les Gaules ; laissons-le plier ses tentes grandes comme des palais, charger ses litières qui sont des chambres complètes ; laissons-le emporter ses tapis de pourpre, ses planchers de marqueterie. Soyez tranquille, au besoin, il marchera à la tête de ses légions, à pied, la tête nue, au grand soleil, par les pluies battantes. Il fera trente lieues par jour à cheval ou dans une charrette. Si une rivière l'arrête, il la passera à la nage ou sur des outres ; si ce sont les neiges alpestres, il les poussera devant lui avec son bouclier, tandis que ses soldats les entameront avec des piques, des hoyaux et même leurs épées. Jamais il n'engagera son armée dans un chemin, qu'il n'ait lui-même exploré ce chemin. Quand il fera passer ses légions en Angleterre, parce qu'il a entendu dire que l'on pêchait sur les côtes de la Grande-Bretagne des perles plus belles que dans les mers de l'Inde, il aura essayé lui-même le trajet et il aura de sa personne visité les ports qui peuvent être de sûrs abris à ses flottes. Un jour, il apprendra que son armée, dont il s'est séparé pour suivre une bonne fortune, est assiégée dans son camp ; alors, il se déguisera en Gaulois, et passera à travers les ennemis. Une autre fois, comme les secours qu'il attend n'arrivent pas, il se jettera dans une barque et ira seul les chercher lui-même. Aucun présage n'arrêtera sa marche ; aucun augure ne changera ses desseins. La victime échappera aux mains du sacrificateur, il n'en marchera pas moins contre Scipion et Juba. Il tombera en sortant du vaisseau, et, en mettant le pied sur

la terre d'Afrique, il s'écriera : « Je te tiens, Afrique ! »
Jamais il n'aura de parti pris, l'occasion le déterminera
toujours. Son génie improvisera le plan qu'il doit suivre.
Il combattra sans en avoir le projet. Il attaquera après
une marche; il ne s'inquiétera point si le temps est bon
ou mauvais ; seulement, il tâchera que l'adversaire ait la
pluie ou la neige dans le visage. Jamais il ne mettra son
ennemi en déroute, qu'il ne s'empare de son camp. Une
fois que l'ennemi lui aura tourné le dos, il ne lui donnera jamais le temps de revenir de sa frayeur. Dans les
moments critiques, il renverra tous les chevaux et même
le sien, afin de mettre ses soldats dans la nécessité de
vaincre, en leur ôtant la ressource de la fuite. Quand ses
troupes plieront, il les ralliera seul, il arrêtera les fuyards
de ses propres mains, les forçant, si épouvantés qu'ils
soient, de tourner le visage à l'ennemi. Un porte-enseigne
qu'il arrêtera ainsi lui présentera la pointe de son javelot,
et il repoussera la pointe de ce javelot avec sa poitrine.
Un autre lui laissera son étendard dans les mains, et, avec
cet étendard, il marchera à l'ennemi. Après la bataille de
Pharsale, comme il a fait prendre les devants à ses troupes, et qu'il traversera l'Hellespont dans une petite barque de transport, il rencontrera Lucius Cassius avec dix
galères, et il fera Lucius Cassius prisonnier avec ses dix
galères. Enfin, à l'attaque d'un pont à Alexandrie, il sera
obligé de se jeter à la mer et nagera pendant l'espace
de deux cents pas, c'est-à-dire jusqu'au vaisseau le
plus proche, tenant sa main gauche élevée pour ne
pas mouiller les papiers qu'il porte, et tirant sa cotte
d'armes avec ses dents afin de ne pas laisser de trophée à
l'ennemi.

Or, le voilà parti, parti pour s'égarer dans ce chaos

barbare et belliqueux qu'on appelle la Gaule, et qui convient si bien à son génie.

Voyons donc ce que deviendront, pendant son absence, Cicéron exilé, Pompée dépopularisé, et Clodius, roi momentané de la populace.

XXVIII

Nous avons dit comment Cicéron était parti.

Beaucoup de présages, — vous savez l'influence que les présages avaient sur les Romains, et comment, en toute chose, ils voyaient un présage, — beaucoup de présages avaient indiqué que son exil ne serait pas de longue durée.

Lorsqu'il s'était embarqué à Brindes pour Dyrrachium, le vent, qui d'abord avait été favorable, avait tourné et l'avait rejeté le lendemain au lieu d'où il était parti. — Premier présage.

Il se remet en mer; cette fois, le vent le conduisit à destination; mais, au moment où il posait le pied sur le rivage, le sol trembla, et la mer se retira devant lui. — Deuxième présage.

Et, cependant, il tomba dans un accablement profond. Lui qui disait sans cesse, quand on l'appelait orateur : « Appelez-moi philosophe, » il devint mélancolique comme un poète, mélancolique comme Ovide exilé chez les Thraces.

« Il passait la plupart du temps, dit Plutarque, très-affligé, presque au désespoir, regardant du côté de l'Italie, comme aurait fait un amant malheureux. »

La mélancolie, cette muse toute moderne, soupçonnée

par Virgile, est chose si rare chez les anciens, que nous ne pouvons résister au désir de traduire une lettre de Cicéron à son frère. Elle montre le grand orateur sous un côté où il est complétement inconnu.

Cette lettre, signée Cicéron, pourrait aussi bien être signée André Chénier, ou Lamartine. Elle est datée de Thessalonique, 13 juin, l'an 696 de Rome.

« Mon frère ! mon frère ! mon frère ! eh quoi ! parce que je vous envoie des esclaves sans lettres, vous me croyez irrité contre vous ; vous dites que je ne veux plus vous voir. Moi irrité contre vous, mon frère ? Est-ce que cela est possible, dites ? Qui sait ? peut-être, au fait, est-ce vous qui m'avez affligé ! ce sont vos ennemis peut-être qui m'ont perdu ! c'est peut-être votre envie qui est cause de mon exil ! Ce n'est pas moi-même peut-être qui suis cause de votre ruine ; mon consulat tant vanté, voilà donc sa récompense ! il m'a pris mes enfants, ma patrie, ma fortune, et à vous, à vous, s'il n'eût enlevé que moi, je ne me plaindrais pas. Tout ce qui m'est arrivé de noble et de bon m'est venu de vous ; dites, que vous ai-je rendu en échange ? Le deuil de mes douleurs, des angoisses pour vous-même, des chagrins, des tristesses, la solitude, et je ne veux plus vous voir !... Oh ! c'est moi qui voudrais ne plus être vu de vous ; car, si vous me revoyiez, hélas ! ce ne serait plus celui que vous avez connu, qui pleurait en prenant congé de vous qui pleuriez ; de ce frère, je vous le dis, Quintus, il ne reste plus rien, plus rien que son ombre, l'image d'un mort qui respire. Que ne suis-je mort en effet ? que ne m'avez-vous vu mort de vos yeux ? que ne vous ai-je laissé survivant non-seulement à ma vie, mais encore à ma gloire ? Oh ! j'en atteste tous les dieux, j'étais déjà sur la route de la tombe, quand une voix m'a rappelé. On disait, et j'entendais dire cela de tous côtés, qu'une portion de votre vie reposait dans la mienne. J'ai vécu !

— » Voilà où j'ai péché ! voilà où est mon crime. Si je me fusse tué comme j'en avais l'intention, je vous laissais une mémoire facile à défendre. Maintenant, j'ai commis cette faute que, vivant, je vous manque ; que, moi vivant, vous deviez vous adresser à d'autres ; ma voix, qui si souvent a soutenu des étrangers, vous fait défaut, à vous, dans vos propres périls. O mon frère, si mes esclaves sont venus à vous sans lettres, ne dites pas : « C'est la co- » lère qui en est cause ; » non ; dites : « C'est l'abattement, » c'est cette suprême faiblesse qu'on trouve au fond des » larmes et de la douleur. » Cette lettre même que j'écris, de combien de larmes je la trempe en l'écrivant ! d'autant, j'en suis sûr, que vous la mouillerez vous-même en la lisant. Est-ce que je puis ne pas penser à vous, et, y pensant, ne pas fondre en larmes ? Et, quand je regrette mon frère, est-ce mon frère, mon frère seul, que je regrette ? Non, c'est la suave tendresse d'un ami ; non, c'est la déférence d'un fils ; non, c'est la sagesse d'un père. Quel bonheur avons-nous jamais éprouvé, moi sans vous, vous sans moi ? Hélas ! et en même temps que je vous pleure, est-ce que je ne pleure pas ma fille Tullie ? Quelle modestie ! quel esprit ! quelle piété ! Ma fille, mon portrait, ma voix, mon âme ; et mon fils, mon fils, si beau et si doux à mon cœur ! mon fils, que j'ai eu le courage, la barbarie d'arracher à mon embrassement. Pauvre enfant ! plus pénétrant que je n'eusse voulu, et qui, malheureux, comprenait déjà ce dont il était question.

» Et votre fils, à vous, votre fils, votre image, que mon Cicéron aime comme un frère et respecte comme un aîné !

N'ai-je pas quitté la plus malheureuse des femmes, la plus fidèle des épouses, à qui je n'ai pas dû permettre de me suivre, afin que quelqu'un veillât sur le reste de ma fortune, et pût protéger nos pauvres enfants? Et, cependant, quand j'ai pu, j'ai écrit. J'ai donné pour vous des lettres à Philogonus, votre affranchi, et, à cette heure, vous les avez reçues, je suppose. Dans ces lettres, je vous exhortais et vous priais de faire ce dont je vous avais déjà prié par la voix de mes esclaves, c'est-à-dire de venir le plus promptement possible à Rome. Je vous y désire d'abord comme une sauvegarde, dans le cas où il nous resterait des ennemis dont nos malheurs n'auraient pas encore satisfait la cruauté. Si maintenant vous avez un courage que je n'ai pas, moi que vous avez tenu toujours pour si fort, affermissez-vous pour la lutte que vous allez avoir à soutenir. J'espère — si cependant j'ose espérer encore — j'espère que votre intégrité, l'amour que vous portent vos concitoyens, enfin peut-être aussi la pitié de mon malheur, vous protégeront. Si je m'exagère votre danger, agissez pour moi selon que vous jugerez qu'il faille agir. Beaucoup m'écrivent sur ce sujet et beaucoup me disent d'espérer; mais, moi, qu'espérerais-je lorsque je vois mes ennemis si puissants et que, parmi mes amis, les uns m'ont abandonné, les autres trahi? Tous ne craignent-ils pas mon retour comme un reproche de leur scélérate ingratitude! Mais, tels qu'ils sont, mon frère, sondez-les et écrivez-moi franchement. Quant à moi, tant que vous aurez besoin de ma vie, tant que vous me croirez capable d'aller au-devant d'un péril qui vous menacera, je vivrai. Mais, hors de cela, je ne saurais vivre; il n'y a pas, en vérité, de force, de prudence, ni de philosophie qui puisse supporter de pareilles douleurs.

» Je sais qu'il y eut pour mourir un temps meilleur et plus utile ; mais j'ai fait, comme beaucoup d'autres, la faute de le laisser fuir. Donc, ne parlons plus du passé ; ce serait raviver vos douleurs et remettre au jour ma sottise. La faute où je ne retomberai pas, je vous le jure, ce sera de supporter les misères et la honte de cette vie au delà du temps absolument utile à votre bonheur et à vos intérêts. Ainsi, mon frère, celui qui, il y a quelque temps encore, se pouvait dire l'homme le plus heureux du monde, par vous, par ses enfants, par sa femme, par ses richesses ; celui qui, il y a quelque temps, se tenait pour l'égal de tout ce qu'il y a de grand par les honneurs, le crédit, l'estime et la faveur : celui-là est tombé dans une telle misère, dans une si profonde ruine, qu'il doit prendre un parti suprême, et non pas se pleurer honteusement plus longtemps, lui et les siens. Maintenant, que me parlez-vous d'un échange, je vous prie? Est-ce que je ne vis pas à vos dépens ? Hélas ! en cela même, je me vois et me reconnais bien coupable. Que pouvais-je prévoir de plus terrible que de vous sentir forcé de payer ceux à qui vous devez, avec vos entrailles et celles de votre fils? Et moi, j'ai reçu et dissipé en vain l'argent que le trésor de la République m'avait compté en votre nom. Et, cependant, Marc-Antoine et Cépion ont reçu les sommes que vous m'avez écrit de leur donner. Quant à moi, maintenant, ce que j'ai suffit aux projets que je forme ; soit que nous reprenions le dessus, soit qu'il faille désespérer, je n'ai pas besoin de plus. S'il nous survenait quelque grave embarras, mon avis est que vous vous adressiez soit à Crassus, soit à Calidius. Il y a bien encore Hortensius, mais je ne sais si vous devez vous fier à lui. Tout en feignant pour moi la plus grande tendresse, tout en m'entourant d'une suprême assiduité, il a sans cesse, avec Arrius, tenté contre moi les choses les plus odieuses et les plus scélérates. C'est par leurs conseils, c'est en comptant sur leurs promesses que je suis tombé dans l'abîme.

» Cependant, gardez ceci pour vous, de peur qu'il ne vous créent des obstacles. Au reste, par Pomponius, je vous rendrai Hortensius favorable. Empêchons que quelque faux témoignage ne vous applique ce vers que l'on fit circuler contre vous à propos de la loi Aurélia, lorsque vous demandiez l'édilité. Je ne crains rien tant à cette heure que de voir les hommes comprendre la pitié que vous pouvez inspirer pour moi si l'on vous épargne, car alors toutes les haines que j'ai amassées se déchaîneront contre vous. Je crois Messala sincèrement votre ami. Je suppose que Pompée, s'il ne l'est point, voudra le paraître. Mais les dieux veuillent que vous ne soyez point dans la nécessité de recourir à eux. C'est ce dont je les prierais, s'ils écoutaient encore mes prières. Tout ce que je hasarde, c'est de les supplier de se contenter des malheurs qui nous écrasent; dans ces malheurs, aucune source n'est honteuse. Il y a plus, et c'est pour moi une douleur profonde, parce qu'elle me conduit au doute, ce sont mes actions les plus généreuses qui sont cause des persécutions que je subis. Je ne vous recommande pas ma fille, qui est la vôtre, ni notre Cicéron. Y a-t-il au monde une chose qui m'ait fait souffrir sans vous apporter, à vous, une égale souffrance? Vous vivant, mon frère, je suis tranquille: mes enfants ne seront jamais orphelins. Quant au reste, c'est-à-dire à la probabilité de mon salut, à l'espoir de revenir fermer les yeux dans ma patrie, je ne saurais rien vous en écrire, car les larmes effacent ce que j'en écris. Veillez sur Térentia, je vous prie; tenez-moi au courant de tout. Enfin, mon frère, soyez fort autant que la nature de l'homme permet d'être fort dans une pareille situation. »

Mais ces nouvelles que demandait Cicéron à son frère n'étaient pas propres à le rassurer. Après son départ, non-seulement, comme nous l'avons dit, Clodius avait fait afficher son bannissement, mais il avait mis le feu à ses maisons de campagne, et, après avoir habité un instant sa maison du mont Palatin, cette fameuse maison de trois millions cinqcent mille sesterces, il l'avait fait raser, et, sur son emplacement, avait fait bâtir un temple à la Liberté.

En outre, il avait mis en vente les biens du banni, et chaque jour ouvrait l'enchère sur eux.

Mais, si bas que cette enchère fût mise, il faut rendre cette justice aux Romains, que pas une seule fois la mise à prix ne fut couverte.

Voilà pour Cicéron.

Voyons ce que faisaient les autres.

XXIX

Au milieu de toute cette débauche politique, il se passait à Rome quelque chose d'étrange, et qui semblait un spectacle offert au peuple pour lui faire croire aux beaux temps de la République.

Ce spectacle, c'était Caton qui le donnait.

Caton était une espèce de bouffon sérieux auquel on laissait tout dire et tout faire. Il amusait le peuple plutôt qu'il n'en était aimé; le peuple accourait pour voir passer Caton sans tunique et nu-pieds. Caton prophétisait; mais il en était de ses prédictions comme de celles de Cassandre, que nul n'écoutait.

Quand Pompée avait concouru à faire obtenir à César le proconsulat des Gaules, Caton avait apostrophé Pompée au milieu de la rue.

— Ah! lui dit-il, tu es donc las de ta grandeur, Pompée, que tu te mets sous le joug de César?... Tu ne t'aperçois pas de ce fardeau à cette heure, je le sais bien, et, quand tu commenceras à le sentir, quand tu verras que tu ne peux le supporter, tu le feras retomber sur Rome. Tu te souviendras alors des avertissements de Caton, et tu seras convaincu qu'ils étaient en même temps honnêtes, justes et dans tes intérêts.

Pompée haussait les épaules et passait outre. Au-dessus de la foudre, comment eût-il été frappé par elle?

Clodius, nommé tribun, avait compris qu'il ne serait jamais maître de Rome tant que Caton y demeurerait. Il avait envoyé chercher Caton.

Caton obéit, lui qui avait refusé de venir quand un roi le demandait. — Caton, c'était la loi : le tribun le demandait; que ce tribun fût Clodius ou un autre, peu lui importait; Caton se rendait à l'ordre du tribun.

— Caton, lui dit Clodius, je te tiens pour l'homme le plus pur et le plus honnête de Rome.

— Ah! fit Caton.

— Oui, reprit Clodius, et je vais t'en donner une preuve. Bien des gens demandent, et avec de grandes instances, qu'on les envoie commander en Cypre; je te crois seul digne de ce gouvernement, et je te l'offre.

— Tu m'offres le gouvernement de Cypre?

— Oui.

— A moi, Caton?

— A toi, Caton.

— Je refuse.

— Pourquoi refuses-tu ?

— Parce que c'est un piége : tu veux m'éloigner de Rome.

— Eh bien, après ?

— Eh bien, moi, je veux rester à Rome.

— Soit, dit Clodius ; mais je te préviens d'une chose : c'est que, si tu ne veux pas aller de bon gré en Cypre, tu iras de force.

Et, se rendant aussitôt à l'assemblée du peuple, il fit passer la loi qui nommait Caton gouverneur de Cypre.

Il n'y avait plus moyen de refuser ; Caton accepta.

C'était au moment des troubles qui avaient éclaté au sujet de Cicéron ; il alla trouver celui-ci, qui était encore à Rome, et l'invita à ne point exciter de sédition, puis il partit ; mais Clodius ne lui fit donner pour partir ni vaisseaux, ni troupes, ni officiers publics, mais seulement deux greffiers, dont l'un était un voleur avéré, l'autre une créature de Clodius.

Caton avait ordre de chasser de Cypre le roi Ptolémée ; ne pas confondre avec son homonyme, Ptolémée Aulétès, le joueur de flûte, qui, lui, était roi d'Égypte ; et, en outre, il devait ramener dans Byzance ceux qui en avaient été bannis. Ces différentes commissions avaient pour but de tenir Caton éloigné de Rome pendant tout le temps du tribunat de Clodius.

Pourvu de si faibles moyens Caton, pensa qu'il lui fallait agir avec prudence.

Il s'arrêta à Rhodes, et envoya en avant de lui un de ses amis nommé Canidius, afin d'engager Ptolémée à se retirer sans combat.

Alors, il arriva à Caton, avec le roi de Cypre, la même

bonne fortune qui était arrivée à Pompée avec Mithridate : la réponse de Canidius fut que Ptolémée venait de s'empoisonner, laissant des trésors considérables.

Caton, nous l'avons dit, devait aller à Byzance. Qu'allaient devenir, en toutes autres mains que les siennes, ces trésors laissés par Ptolémée?

Il jeta les yeux autour de lui; son regard tomba sur son neveu Marcus Brutus.

C'est la première fois que nous nommons ce jeune homme, fils de Servilia, et passant pour être le neveu de César. Le grand rôle qu'il va jouer nous force de nous arrêter au moment même où l'histoire prononce son nom.

Brutus avait à peu près vingt-deux ans, à cette époque; il prétendait descendre de ce fameux Junius Brutus auquel les Romains avaient dressé, dans le Capitole, une statue de bronze, tenant à la main une épée nue, pour marquer qu'il avait détruit sans retour la puissance des Tarquins; seulement, cette origine lui était fort contestée par les d'Hozier du temps.

En effet, comment pouvait-il descendre de Junius Brutus, puisque Junius Brutus avait fait couper la tête à ses deux fils?

Il est vrai que Posidonius le philosophe dit qu'outre ces deux fils, Brutus en avait un troisième, trop jeune pour avoir pris part à la conspiration, et que c'est celui-là qui, survivant à son père et à ses deux frères, fut l'ancêtre du Brutus moderne.

Ceux qui niaient cette filiation disaient que Brutus, au contraire, était de race plébéienne, fils d'un Brutus, simple intendant de maison, dont la famille n'était arrivée que depuis peu de temps aux honneurs de la République.

Quant à Servilia, mère de Brutus, elle rapportait son

origine à ce Servilius Ahala qui, voyant Spurius Mélius aspirer à la tyrannie, et fomenter des troubles parmi ses concitoyens, prit un poignard sous son bras, et se rendit au Forum. Là, s'étant assuré que ce qu'on lui avait dit était vrai, il s'approcha de Spurius sous prétexte de lui communiquer une affaire importante, et, comme celui-ci s'inclinait pour l'écouter, il le frappa d'un coup si ferme, que Spirius tomba roide mort.

Cela s'était passé, il y avait trois cent quatre-vingts ans, à peu près, l'an 438 avant Jésus-Christ.

Cette partie de la généalogie de Brutus était généralement admise.

Le jeune homme était d'un caractère doux et grave. Il avait étudié la philosophie en Grèce, avait lu et comparé tous les philosophes, et s'était arrêté, comme modèle, à Platon. Il tenait en haute estime Antiochus l'Ascalonite, chef de l'ancienne Académie, et il avait pris pour ami et pour commensal Ariston, son frère.

Brutus, comme tous les jeunes gens distingués de cette époque, parlait également la langue latine et la langue grecque; il avait une certaine éloquence, il avait plaidé avec succès.

Lorsque Caton eut l'idée de se servir de lui pour sauvegarder du pillage les trésors de Ptolémée, il était en Pamphylie, où il se remettait d'une maladie grave.

La mission répugna d'abord à Brutus; c'était, selon lui, une insulte que son oncle faisait à Canidius de lui donner pour inspecteur un jeune homme de vingt-deux ans. Cependant, comme il avait une grande vénération pour Caton, il obéit.

Brutus fit lui-même l'inventaire des objets, et Caton arriva lorsqu'il fallut procéder à la vente.

Toute la vaisselle d'or et d'argent, tous les tableaux précieux, toutes les pierreries, toutes les étoffes de pourpre, furent mis à prix par Caton ; il y a plus : comme celui-ci voulait qu'ils montassent à leur valeur réelle, il enchérit lui-même jusqu'à ce qu'ils atteignissent le chiffre de l'estimation.

Le produit de la vente et les sommes recueillies dans le trésor s'élevèrent à près de sept mille talents, quarante millions de notre monnaie.

Caton avait pris toute sorte de précautions pour que ces sommes arrivassent à Rome sans accident ; craignant un naufrage, il avait fait faire des caisses contenant chacune deux talents cinq cents drachmes, environ douze mille francs ; puis, à chaque caisse, il avait fait attacher une longue corde au bout de laquelle il avait noué un morceau de liége afin que, en cas de sinistre, les caisses tombant à l'eau, les liéges flottassent et indiquassent l'endroit où seraient les caisses. Il avait, en outre, inscrit sur deux registres tout ce qu'il avait reçu et dépensé pendant son gouvernement ; il avait remis un de ces registres à l'un de ses affranchis, Philargyrus, et avait gardé l'autre par devers lui.

Mais, malgré ces précautions, le hasard fit disparaître à la fois les deux registres : Philargyrus, qui s'était embarqué à Cenchrée, fit naufrage, et perdit le sien avec tous les ballots confiés à ses soins ; quant à celui que Caton avait gardé, il le conserva intact jusqu'à Corcyre ; mais, là, ayant fait dresser ses tentes sur la place publique, et les matelots ayant allumé de grands feux, la flamme se communiqua aux tentes, et le registre fut consumé dans l'incendie.

Et, comme un ami s'affligeait de cet accident :

— J'avais rédigé ces comptes, non pour prouver ma fidélité, dit Caton, mais pour donner aux autres l'exemple d'une sévère exactitude.

Lorsque l'on apprit à Rome son arrivée, toute la population se porta au-devant de lui le long du fleuve.

A voir cette flotte, — car Caton, parti avec un seul navire, ramenait une flotte, — à voir cette flotte remontant le Tibre, et le peuple la suivant, on eût dit un triomphe.

Peut-être eût-il été modeste à Caton de s'arrêter justement là où il rencontrait les consuls et les préteurs ; mais il ne crut pas devoir faire ainsi. Il continua de voguer sur la galère royale de Ptolémée, galère à six rangs de rames, et ne s'arrêta que lorsqu'il eut mis sa flotte à l'abri dans l'arsenal.

Si partisan que nous soyons de Caton, nous ne pouvons pas dissimuler à nos lecteurs que cette preuve inattendue d'orgueil donnée par l'illustre stoïcien fit d'abord un assez mauvais effet à Rome.

Mais, quand on vit passer à travers le Forum les sommes immenses d'or et d'argent qu'il avait rapportées, contre toutes les habitudes proconsulaires, l'admiration pour le désintéressement dissipa les préventions qu'avait inspirées l'orgueil.

Au reste, les honneurs ne furent point épargnés à Caton.

Le sénat s'assembla, lui décerna la préture extraordinaire avec le privilége d'assister aux jeux vêtu d'une robe bordée de pourpre.

Mais Caton, qui, sans doute, avait fait un retour sur lui-même, refusa tous ces honneurs, et demanda seulement au sénat la liberté de Nicias, intendant du feu roi Ptolémée, attestant ses soins et sa fidélité. Il va sans dire que la demande lui fut accordée.

Voilà ce que faisait Caton tandis que César commençait sa campagne des Gaules, et pendant que Cicéron pleurait son exil à Thessalonique.

Voyons ce que faisaient Crassus et Pompée, ou plutôt ce que faisait Clodius.

XXX

Crassus se tenait aussi tranquille que possible, abrité qu'il était d'un côté par César, de l'autre par Pompée ; d'ailleurs, il ne désirait qu'une chose : le proconsulat de Syrie. Son rêve était de faire la guerre aux Parthes, chez lesquels il voyait pour lui une source inépuisable de déprédations.

Pompée passait tout son temps, amoureux suranné, en tête-à-tête avec sa jeune femme, sans s'inquiéter de ce qui s'agitait sur le Forum.

Clodius, en regardant autour de lui, se voyait donc le seul maître de Rome : Cicéron était à Thessalonique ; Caton, en Cypre.

Cependant, Pompée à Rome, il n'avait pas la mesure de son pouvoir ; il résolut d'en avoir le cœur net.

Nous avons vu que Pompée avait traité avec Tigrane le père, et réservé le jeune Tigrane pour son triomphe. Le jeune Tigrane était en prison.

Clodius l'enleva de force de la prison où il était, et le mit chez lui.

Pompée ne dit rien.

Clodius suscita des procès aux amis de Pompée, et les fit condamner.

Pompée se tut.

Enfin, un jour que Pompée, sortant de sa villa du mont Albain, et franchissant le cercle magique tracé autour de lui par l'amour, venait assister à l'instruction du procès, Clodius, entouré d'une troupe d'amis, — on sait ce qu'étaient les amis de Clodius! — Clodius, entouré d'une troupe d'amis, monta sur un tréteau d'où il pouvait être vu et entendu de toute l'assemblée, et, de là :

— Quel est l'impérator intempérant? cria-t-il.

— Pompée! répétèrent en chœur ses amis.

— Quel est celui qui, depuis qu'il est marié, se gratte la tête avec un seul doigt de peur de déranger sa chevelure?

Pompée.

— Qui veut aller à Alexandrie, rétablir un roi d'Égypte sur le trône, mission qui sera bien payée?

— Pompée.

Et, à chaque question, le chœur des amis répétait : « Pompée. »

Deux mots de cette accusation : « Qui veut aller à Alexandrie, rétablir un roi d'Égypte sur le trône, mission qui sera bien payée? » Nous tenons, autant qu'il est possible, à ne rien laisser d'obscur derrière nous.

Ptolémée Aulétès, fils naturel de Ptolémée Soter II, et nommé *Aulétès* à cause de sa passion pour la flûte, avait eu des démêlés avec ses sujets.

A cette époque, Rome était le tribunal du monde : rois et peuples venaient lui demander justice. Ptolémée partit d'Alexandrie dans l'intention d'en appeler au peuple romain. — En appeler au peuple romain, c'était en appeler à l'homme puissant pour le moment à Rome.

Ptolémée était donc parti, et il avait abordé à Cypre pendant la courte halte qu'y faisait Caton.

Il sut que Caton était là, il lui fit dire par un de ses officiers qu'il désirait le voir. — Notez que Caton allait à Cypre pour dépouiller le frère de Ptolémée Aulétès.

Le stoïcien était dans sa garde-robe, exactement dans la même situation où était M. de Vendôme lorsqu'on lui annonça Alberoni.

— Faites entrer, dit Caton.

Et il se fit expliquer par l'officier le désir de son maître.

— Si le roi Ptolémée désire me voir, répondit-il, c'est chose facile : ma maison est ouverte aux rois comme aux autres citoyens.

La réponse était brutale. Ptolémée eut l'air de ne pas s'en apercevoir, et se rendit chez Caton.

La conversation commença par être un peu froide ; mais, peu à peu cependant, Ptolémée ayant reconnu un grand sens dans ce que lui répondait Caton, il lui demanda conseil sur ce qu'il devait faire, c'est-à-dire s'il devait continuer son chemin vers Rome ou retourner en Égypte.

— Retourner en Égypte, dit Caton sans hésiter.

— Pourquoi cela ?

— Parce que, du moment que vous aurez engagé un bout de l'Égypte dans ce laminoir qu'on appelle Rome, l'Égypte y passera tout entière.

— Que faut-il faire, alors ?

— Je vous l'ai déjà dit : retourner en Égypte, vous réconcilier avec vos sujets ; et, pour vous donner une preuve de mon désir de vous être agréable, s'il le faut, je vous accompagnerai et me chargerai de la réconciliation.

Le roi Ptolémée avait d'abord accepté ; mais, cédant à d'autres conseils, il était, un beau matin, parti pour Rome sans rien dire à Caton, et s'était mis sous la protection de Pompée.

Et, en effet, deux ans après, Gabinius, lieutenant et créature de Pompée, rétablissait Ptolémée dans ses États ; mais ce dernier seul, et Pompée probablement, surent ce que cette protection avait coûté!

Pompée — nous en revenons à la dernière facétie de Clodius — Pompée comprit qu'il était temps d'agir. C'était bien triste, à cause d'un drôle comme Clodius, d'être obligé de prendre une résolution, quand on était aussi indécis que l'était Pompée ; cependant, comme il fallait en finir, Pompée consulta ses amis.

L'un d'eux, Culléo, lui donnait le conseil de rompre avec César en répudiant sa fille, et, par cette répudiation, de se raccommoder avec le sénat.

Le sénat boudait Pompée depuis que celui-ci avait si lâchement et surtout si ingratement laissé exiler Cicéron.

C'était évidemment un moyen de se raccommoder avec le sénat ; mais Pompée n'y songea même pas : nous avons dit qu'il était amoureux fou de sa femme.

D'autres lui proposèrent de rappeler Cicéron.

A cette proposition, il prêta l'oreille.

Il fit dire au sénat qu'il était prêt à seconder, les armes à la main, le retour de Cicéron, mais qu'il fallait que le sénat prît l'initiative.

Le sénat, sur cette promesse, rendit un décret. Ce décret portait qu'il ne donnerait sa sanction à aucune affaire, et n'en entamerait aucune qu'on n'eût rappelé Cicéron.

C'était une déclaration de guerre en règle.

Le même jour, comme entraient en charge deux nouveaux consuls remplaçant Pison et Gabinius, qui avaient présidé à l'exil de Cicéron, l'un des nouveaux consuls, Lentulus Spinter, demanda positivement le rappel du proscrit. — L'autre consul était Métellus Nepos, celui-là même que Cicéron criblait de ses épigrammes.

Clodius menaçait le sénat avec ses coupe-jarrets; seulement, chose bonne et surtout importante à consigner, il n'était plus tribun.

Pompée pensa qu'il n'était pas de sa dignité de se commettre avec Clodius.

« A corsaire, corsaire et demi, » dit le proverbe; à Clodius, il opposa Clodius et demi : celui-là s'appelait Milon, et venait d'être nommé tribun au lieu et place de Clodius. Annius Milon était un homme de la même trempe que Clodius. Il avait épousé une fille de Sylla, et jouissait d'un certain crédit à Rome.

Clodius et Milon ne pouvaient vivre tranquillement dans la même ville.

Milon avait pris le parti de Cicéron, non point parce que c'était le parti de la justice, mais parce que, en se faisant l'ami de Cicéron, il se faisait l'ennemi de Clodius.

Quand Pompée s'ouvrit à lui, comme il eût fait à un condottiere, Milon ne répondit rien, sinon qu'il était à la disposition de Pompée; seulement, il fallait se mettre en mesure.

Clodius traînait toujours après lui une centaine de gladiateurs. Milon engagea deux cents bestiaires. Les deux troupes se rencontrèrent. On commença par s'insulter, on finit par en venir aux mains. Le combat fut long et acharné : les amis de Clodius accoururent de tous côtés; on n'avait jamais vu tant de chenapans sur le pavé du Forum.

Clodius fut vainqueur.

Il laissa les ruisseaux pleins de sang, les égouts pleins

de morts ; puis, tout en courant la ville, lui et les siens mirent le feu au temple des Nymphes.

Un tribun était resté parmi les cadavres ; on le crut mort, il n'était que grièvement blessé.

Ce tribun était du parti de Cicéron ; c'était grave.

Clodius trouva un remède à la chose : il fit assassiner un tribun de son parti, à lui, et rejeta le meurtre sur les hommes du sénat.

Pompée pensa qu'il était temps enfin de se mêler de la partie.

XXXI

Un beau matin, Pompée sortit avec bonne escorte et conduisit Quintus au Forum.

Enorgueilli par une première victoire, Clodius attaqua Pompée ; mais, cette fois, il avait affaire aux vétérans de l'Espagne et de l'Asie, il fut battu.

Cependant, au milieu de la mêlée, Quintus fut grièvement blessé.

Cette blessure fut un coup de fortune pour Cicéron : en voyant Quintus blessé, le peuple comprit qu'il était temps d'arrêter Clodius.

D'ailleurs, Rome ne vit plus que par secousses et soubresauts. Il n'y a plus ni sénat au Capitole, ni tribunaux aux basiliques, ni assemblées au Forum.

Le sénat prend un grand parti. Le retour de Cicéron est une question capitale : il convoque toute l'Italie au champ de Mars. L'Italie tout entière votera et décidera entre Clodius et Cicéron.

Tout ce qui a droit de cité accourt à Rome, et dix-huit

cent mille votes ordonnent le retour du proscrit! Ce fut un grand jour, un jour de fête pour toute l'Italie que celui où cette décision fut connue.

Cicéron avait reçu le décret du sénat qui convoquait le peuple au champ de Mars. Il écrivait à Atticus :

« On m'apporte des lettres de Quintus avec le sénatus-consulte où il est question de moi. J'ai l'intention d'attendre qu'il soit confirmé par une loi, et, si cette loi m'est contraire, je me servirai de l'autorité du sénat. J'aime mieux manquer de la vie que de la patrie. Quant à toi, viens nous rejoindre au plus vite. »

Mais il était arrivé que le tribun Serranus s'était opposé au décret de rappel.

Cicéron l'avait su, et, alors, toute son énergie était tombée.

Quelques jours après cette première lettre à Atticus, il écrit cette seconde lettre :

« D'après tes lettres et d'après la chose elle-même, je vois que tout est perdu. Je te prie de ne pas manquer aux miens dans leur malheur. Ainsi que tu me l'écris, je te verrai donc bientôt. »

Enfin il se décida à partir de Dyrrachium, la veille des nones d'août, jour même où fut publié le décret de son rappel.

Il arriva à Brindes le jour des nones; il y trouva sa fille Tullie, qui était venue au-devant de lui.

C'était par hasard, le jour de sa naissance et le jour de la fête de la colonie; ce fut donc fête pour tout le monde.

A Brindes, il apprit que la loi avait passé à une écrasante majorité, à l'unanimité presque.

Il quitta Brindes avec une escorte qui non-seulement lui fut votée par les magistrats, mais s'offrit d'elle-même. A chaque pas, sur la route, il était arrêté par des populations qu'on envoyait pour le féliciter. Pendant tout le trajet, il n'y eut pas, dans les villes que traversait le rappelé, un individu de nom ou de qualité qui ne vint au-devant de lui, à moins qu'il ne fût trop compromis dans le parti contraire.

De la porte Capène, par laquelle il rentrait, il aperçut les degrés des temples couverts par la population, et, dès qu'elle le reconnut, cette population éclata en cris de joie.

Ces cris de joie l'accompagnèrent jusqu'au Forum.

Au Forum, l'affluence était si considérable, qu'il fallut employer les licteurs pour lui ouvrir un passage jusqu'au Capitole ; deux ou trois fois, il faillit être étouffé.

Le lendemain, jour des nones de septembre, il se rendit au sénat et lui adressa ses remercîments.

Depuis deux jours, les vivres avaient subi une hausse considérable ; d'abord, quelques voix, excitées par Clodius, crièrent que c'était déjà l'influence du retour de Cicéron qui se faisait sentir, mais ces voix furent étouffées.

Le sénat s'était déclaré en permanence.

Beaucoup de gens désiraient que Pompée fût chargé des approvisionnements de la ville.

Le retour de Cicéron avait ravivé le crédit de Pompée.

La multitude criait à Cicéron :

— Pompée ! Pompée ! propose Pompée !

Cicéron fit signe qu'il voulait parler. Tout le monde se tut.

Il y avait si longtemps qu'on n'avait entendu sa voix,

que la voix de Cicéron, qu'on avait si souvent entendue, allait être quelque chose de nouveau.

Cicéron parla, et parla bien. Il est vrai que c'est lui qui le dit, et qu'il n'a pas l'habitude de se dénigrer.

— *Feci et accusate sententiam. Dixi.*

Conformément à son avis, on rédigea un sénatus-consulte pour engager Pompée à prendre la direction des vivres.

A la lecture du sénatus-consulte, et au nom de Cicéron, qui le provoquait, le peuple éclata en applaudissements.

Le lendemain, Pompée accepta, mais il fit ses conditions; il se chargeait, pour cinq années, des approvisionnements de Rome; mais il voulait quinze lieutenants, nommant Cicéron le premier.

En conséquence, les consuls dressèrent un projet qui donnait, pour cinq ans, à Pompée, la surintendance des vivres *par toute la terre.*

Les gens raisonnables trouvaient déjà que c'était très-bien ainsi, lorsque, par un amendement, comme on dirait aujourd'hui, Mellius proposa de confier à Pompée le pouvoir de disposer de toutes les ressources financières de l'empire, des flottes et des armées dont il aurait besoin, et de subordonner à son autorité celle des gouverneurs de province.

Cicéron se taisait, cela ne le regardait plus; puis, lui qui connaissait Pompée, *l'homme aux deux portes,* mieux que personne, peut-être trouvait-il que c'était pousser l'engouement un peu loin.

Le lendemain, il y eut un grand débat sur les maisons de Cicéron, tant sur celles qui avaient été purement et simplement rasées par Clodius que sur celle où l'on avait bâti un temple à la Liberté.

Il s'agissait de ne pas tomber dans le sacrilége en expropriant un dieu ou une déesse.

La question fut soumise aux pontifes, qui décidèrent que :

« Si celui qui disait avoir consacré l'emplacement n'avait agi ni en vertu d'une prescription générale, ni en vertu d'un mandat nominatif émanant d'une loi ou écrit dans un plébiscite, *la restitution en pouvait être opérée sans porter atteinte à la religion.* »

O saint ordre des jésuites! il est donc vrai que tu ne remonte pas à Ignace de Loyola seulement, et que ta fondation se perd dans la nuit des temps!

Grand débat à ce propos.

Clodius parle trois heures pour prouver qu'il a eu le droit de faire ce qu'il a fait; mais le peuple romain est un peuple artiste à tout prendre : il trouve que Clodius joue mieux de l'épée que de la parole, et qu'en fait de parole, Cicéron est le maître de Clodius. Il siffle Clodius, et le décret passe.

Il est arrêté que la maison de Cicéron lui sera rendue, que le portique de Catulus sera rétabli aux frais de l'État; puis on alloue à Cicéron, comme dommages-intérêts, deux millions de sesterces pour sa maison de Rome, cinq cent mille sesterces pour celle de Tusculum, deux cent cinquante mille pour celle de Formie, — six à sept cent mille livres de notre monnaie environ.

Et Cicéron et tous les honnêtes gens trouvent que c'est bien peu.

— *Quæ æstimatio non modo vehementer ab optimo quoque, sed etiam a plebe reprehenditur.*

Clodius est battu au sénat comme il l'a été sur la place publique ; mais Clodius n'est pas homme à lâcher ainsi la partie : le 4 des nones de novembre, il rassemble les débris de son ancienne armée du temps qu'il était tribun, et tombe avec ces débris sur les maçons et les tailleurs de pierre occupés à la reconstruction de la maison de son ennemi, les chasse, et, avec les moellons, assiége la maison de Quintus, puis finit par y mettre le feu.

Tout cela, remarquez-le bien, se passe dans Rome, au grand jour, et il y a un sénat, des consuls, des préteurs, des tribuns.

Il est vrai que Pompée est parti pour acheter du blé.

Le 5 des ides de novembre, nouvelle attaque.

Cicéron, escorté de ses clients et de sa cour de chevaliers, descendait la voie Sacrée. Clodius paraît à l'improviste et se rue sur Cicéron en poussant des cris féroces ; ces hommes sont armés de pierres, de bâtons et d'épées. Cicéron se sauve tout naturellement. Il trouve la porte du vestibule de Tettius ouverte, et s'y réfugie avec une partie de sa suite.

Là, on se barricade et l'on tient en respect les *bravi* de Clodius.

Des renforts arrivent à Cicéron ; Clodius a le dessous.

— J'aurais pu le faire tuer, dit Cicéron ; mais je commence à le traiter par la diète : la chirurgie me fatigue (*Ipse occidi potuit ; sed ego dietá curare incipio, chirurgiæ tædet.*)

Voyez-vous le vantard !

Cicéron a eu tort d'épargner Clodius ; car, la veille des ides de novembre, voilà Clodius qui se met en tête de brûler la maison de Milon sur le mont Germatus, et, cela, en plein soleil, à la cinquième heure du jour.

Il a recruté à nouveau parmi les esclaves : les gueux dont parle Zafari dans *Ruy Blas* sont des rois de l'Inde, comparés à ceux qui hurlent derrière Clodius ; ceux-ci ont des épées, des boucliers, des torches. Le quartier général du chef est dans la maison de Faustus Sylla.

Mais heureusement Milon a été prévenu ; il a deux maisons dans le même quartier : une qu'il a achetée de ses deniers, l'autre qu'il tient de la succession d'Annius. Dans celle-ci, Flaccus s'est renfermé avec une garnison.

La garnison, Flaccus en tête, fait une sortie ; cette sortie met en déroute la horde de Clodius.

Clodius s'enfuit et, à son tour, se cache dans la maison de Publius Sylla. On le cherche de la cave au grenier, mais inutilement.

Ce n'est point par la diète, comme Cicéron, que Flaccus et Milon comptent le traiter, c'est par le scalpel.

Le lendemain, le sénat se rassemble.

Clodius ne bouge pas. Milon accuse Clodius.

Mais les comices vont avoir lieu ; Clodius se fera nommer édile, maire d'un des quartiers de Rome, — que dites-vous du magistrat ? — et, une fois édile, non-seulement il ne pourra plus être jugé, mais il prévient d'avance qu'il mettra Rome à feu et à sang. C'est sa profession de foi.

Le jour des comices arrive ; Milon déclare les augures défavorables ; on ne votera donc que le lendemain.

Le lendemain, avant le jour, Milon est au champ de Mars.

Le champ de Mars, on se le rappelle, est le tapis vert sur lequel on joue aux élections. Aujourd'hui, il sera le champ de bataille où se décidera la question entre Milon et Clodius.

Que Clodius paraisse, il est mort !

Clodius ne paraît pas.

Le lendemain, 11 des calendes, Milon se rend, avant l'aurore, aux comices. Tout à coup, il aperçoit Métellus, qui passe tout courant.

Quel est ce Métellus? Cicéron n'en dit rien. Ce n'est pas Métellus Celer, l'ancien consul, Métellus le *Rapide*, le beau-frère de Clodius, le rival de Catulle, de César, de tous les amants de sa femme enfin? — Non, en 695, celui-là s'est déclaré contre son beau-frère, et il est mort subitement. Demandez tout haut de quelle mort, et l'on vous répondra : « Sa femme l'a empoisonné. »

Quoi qu'il en soit, un Métellus quelconque essayait de gagner le champ de Mars par des rues détournées. Milon court, le rejoint, lui signifie la protestation comme tribun. Le Métellus se retire au milieu des huées.

Le 10 des calendes, c'est marché ; pas d'assemblée, par conséquent. Le 8 novembre, l'assemblée aura lieu.

Le 8 novembre, à la neuvième heure de la nuit, Milon est déjà à son poste.

Au reste, Clodius est un homme perdu ; son vestibule est presque vide ; une vieille lanterne éclaire quelques misérables en guenilles.

Il n'y aura pas de comices, ou, du moins, il n'y aura de comices que si Clodius est accusé par Milon.

Si Milon rencontre Clodius dans la rue, Clodius est un homme mort. C'est Cicéron qui en prévient Atticus.

— *Si se inter viam obtulerit, occisum iri ab ipso Milone video.*

Tout cela finit, cette fois du moins, par une violente colique de Cicéron, qui dure dix jours, et qu'il met sur le compte des champignons et des choux de Bruxelles qu'il a mangés au festin augural de Lentulus !

XXXII

Nous avons parlé de l'absence faite par Pompée pour approvisionner Rome. Il s'était rendu lui-même en Sicile, en Sardaigne et en Afrique, et avait fait des approvisionnements considérables.

Au moment où il allait se mettre en mer pour les conduire à Rome, un vent impétueux s'éleva. Tout le monde s'opposait à ce que Pompée partît; mais il monta sur le premier vaisseau, en donnant ordre de mettre à la voile, et en disant :

— Il est nécessaire que je parte, et il ne l'est pas que je vive.

Pompée est encore dans sa période de bonheur; aussi, l'histoire se souvient des mots qu'il dit; mais vienne Pharsale, et elle les oubliera pour consigner ceux de César.

Quelque temps auparavant, Pompée avait fait une autre absence.

Après avoir combattu pendant le printemps, l'été et l'automne, — quand les pluies détrempaient les chemins, quand les neiges interceptaient les passages, quand les fleuves, charriant des glaces, cessaient d'être navigables, — César venait tenir sa cour à Lucques.

Tenir sa cour, c'était le mot.

On n'entendait parler de lui à Rome que pour citer un nouveau nom de victoire. Pendant que ses rivaux s'amoindrissaient dans les émeutes de carrefour, lui, pareil à un autre Adamastor, grandissait à l'horizon.

Tout ce qu'il y avait de plus illustre à Rome et en province venait à Lucques ; c'était Appius, gouverneur de Sardaigne ; c'était Népos, proconsul d'Espagne, etc. Pendant l'hiver de 696, il y avait à Lucques cent vingt licteurs portant faisceaux, et plus de deux cents sénateurs.

Crassus et Pompée y étaient venus.

Les liens du triumvirat étaient quelque peu relâchés ; on les resserra dans cette entrevue. C'est là qu'il fut décidé que César garderait cinq ans de plus le proconsulat des Gaules, que Pompée et Crassus se feraient nommer consuls, et que Crassus et Pompée se feraient donner des gouvernements de province, afin de tenir entre leurs mains toutes les troupes de la République.

Pour arriver à l'élection de Crassus et de Pompée, César écrivait à tous ses amis de Rome. Il devait donner des congés à un grand nombre de ses soldats, de façon qu'ils fussent libres d'aller donner leurs suffrages dans les comices.

Ces projets étaient arrêtés pour l'an 699 de Rome, cinquante-cinq ans avant Jésus-Christ.

Or, les événements que nous avons racontés dans ce dernier chapitre nous mènent à l'année 698.

Cette année 698 se passe sans grands événements.

Clodius est complétement maté. Il enfonce bien encore, çà et là, quelques portes, met bien le feu à quelques maisons, brise bien quelques côtes à droite et à gauche ; mais il ressemble au bouledogue muselé de mon ami Jadin, qui est forcé de laisser la levrette et le king's-charles manger dans son plat.

Cicéron mange si bien dans le plat de Clodius, que, profitant de l'absence de celui-ci, il se rend au Capitole, et brise les tablettes tribunitiennes où étaient inscrits les actes de son tribunat.

Clodius reparut pour crier à l'illégalité ! — On a vu des voleurs qui, au moment d'être arrêtés, criaient à la garde!

Cicéron répondit par un de ses dilemmes habituels.

— Du moment que Clodius était patricien, il ne pouvait être tribun du peuple ; ne pouvant pas être tribun du peuple, les actes de son tribunat sont non avenus ; les actes de son tribunat non avenus, il est permis à chacun de les détruire.

Mais, par cette destruction, Cicéron se fit avec Caton une querelle à laquelle il ne s'attendait pas.

Sur ces tablettes étaient inscrites les missions de Caton à Byzance et en Cypre ; or, Caton tenait beaucoup à ce que cette trace de son passage au milieu des affaires publiques ne disparût point.

Comment ce débat finit-il ? Par malheur, Cicéron n'en parle pas dans ses lettres, et Plutarque n'en dit que ce peu de mots :

« Par cela, Cicéron frappa Caton d'un coup qui n'eut point de retentissement, mais qui, cependant, jeta un grand froid sur leur amitié. »

Toute cette année se passa on ne sait comment, en petites tracasseries.

Pompée charge Gabinius de rétablir Ptolémée dans ses États, et Gabinius revient, pliant sous les millions ; ce qui donne à Crassus un désir d'autant plus grand d'aller en Syrie ; — mais, pour cela, nous l'avons dit, il faut d'abord que Crassus et Pompée soient consuls.

On entre dans l'année 699 de Rome.

Partout le bruit courait qu'à la suite d'une conférence avec César, le monde avait été partagé entre ces trois hommes. Lorsqu'on sut que Pompée et Crassus se présentaient ensemble au consulat, on n'en fit plus de doute.

— Brigueras-tu le consulat ? demandèrent ensemble Marcellicus et Domitius à Pompée.

— Peut-être oui, peut-être non, répondit celui-ci.

— Mais, enfin, à une demande positive, fais une réponse positive.

— Eh bien, dit Pompée, je le briguerai dans l'intérêt des bons et contre les méchants.

Une pareille alliance n'était pas rassurante pour tout ce qui tenait encore quelque peu, nous ne dirons pas à la République, mais au nom de la République. On s'adressa à Crassus ; sa réponse fut un peu plus modeste.

— Je briguerai cette magistrature, dit-il, si je crois pouvoir être utile à l'État, sinon je m'abstiendrai.

Cette réponse orgueilleuse de Pompée, cette réponse ambiguë de Crassus, firent que quelques compétiteurs osèrent se mettre sur les rangs ; mais, lorsque la situation se fut nettement dessinée, lorsque l'on vit Crassus et Pompée se présenter officiellement, tous les candidats se retirèrent, à l'exception de Domitius.

C'était encore Caton qui le soutenait, de même qu'il avait soutenu Bibulus contre César.

Caton, on le sait, ne se gênait pas. Il allait par les places publiques, disant que ce n'était pas en réalité le consulat que demandaient Pompée et Crassus, mais la tyrannie ; que leur but n'était pas une magistrature à Rome, mais la possession de provinces importantes et de forts gouvernements militaires ; et, en semant ces paroles, en soutenant ces allégations, il poussait Domitius, lui disant de ne pas perdre espoir, et lui persuadant qu'il combattait pour la liberté commune.

Et tout autour d'eux on répétait :

— En effet, Caton a raison, pourquoi donc ces hommes,

qui ont déjà été consuls ensemble, prétendent-ils ensemble à un second consulat? pourquoi ensemble, et non pas l'un d'eux seulement? Rome manque-t-elle donc de citoyens qui soient dignes d'être les collègues de Crassus et de Pompée?

Pompée s'effraya. — Dans ces sortes de luttes, Pompée s'effrayait facilement; alors, en véritable soldat, il avait recours à la force.

Une embuscade fut dressée contre Domitius, et, comme celui-ci se rendait au Forum avant le jour, avec quelques-uns de ses amis parmi lesquels était Caton, les hommes de Pompée se jetèrent sur la petite troupe, ni plus ni moins que s'ils étaient des hommes de Clodius, tuèrent les serviteurs qui portaient la torche et blessèrent Caton.

Heureusement, on était encore assez près de la maison de Domitius; celui-ci et les quelques amis qui lui restaient s'y réfugièrent.

Les hommes de Pompée établirent alors le blocus de la maison, et, en l'absence de leur rival, Pompée et Crassus se firent tranquillement nommer consuls.

Mais un danger les menaçait.

Caton sollicitait la préture; Caton, dont ils venaient de se faire un ennemi mortel, et qui était à peine guéri de la blessure qu'il avait reçue en conduisant Domitius au Forum.

Aussi ne fut-ce point par la violence que l'on résolut d'écarter Caton.

Caton avait la voix haute, à tout prendre, et, quand elle criait, cette voix était, sinon écoutée, du moins entendue dans Rome.

Crassus et Pompée étaient riches; on sema quelques millions parmi les tribus. Caton échoua.

Antias et Vatinius furent nommés préteurs : c'étaient les créatures de Pompée et de Crassus. Sûrs de n'avoir plus d'opposition, ceux-ci poussèrent alors en avant le tribun du peuple Trebonius, lequel proclama les décrets rédigés à Lucques.

César fut continué pour cinq ans dans son gouvernement des Gaules.

Crassus et Pompée tirèrent au sort la Syrie et les deux Espagnes : la Syrie échut à Crassus, et les deux Espagnes à Pompée.

Tous avaient ce qu'ils désiraient :

Crassus, qui voulait la Syrie pour avoir la guerre des Parthes, avait la Syrie ; Pompée, qui connaissait l'Espagne, et qui comptait réunir là, c'est-à-dire aux portes de l'Italie, les soldats dont un jour il pouvait avoir besoin pour ses projets, obtenait l'Espagne et n'était point obligé de quitter sa femme, dont il devenait de plus en plus amoureux ; enfin, le peuple, qui croyait que rien ne pouvait se faire à Rome que par Pompée, gardait Pompée à Rome.

Mais, de tous, le plus joyeux, c'était Crassus ! Les millions de Gabinius empêchaient Crassus de dormir.

Entre Miltiade et Thémistocle, il s'agissait de lauriers : entre Gabinius et Crassus, il s'agissait de millions.

XXXIII

Les affaires allaient donc de mal en pis, aux yeux de ce pessimiste qu'on appelait Caton.

Quant à Cicéron, il avait appris à ses dépens à être sage. Il raillait bien un peu tout bas, — Cicéron ne pouvait pas s'empêcher de railler ; — mais il saluait Pompée et lui souriait, mais il écrivait à César qu'il le regardait comme un autre lui-même.

Il est vrai que, de son côté, César lui faisait toute sorte de tendresses — épistolaires, bien entendu.

« Vous me recommandez M. Orflus, lui écrivait-il ; j'en ferai le roi des Gaules, à moins que vous ne préfériez que j'en fasse le lieutenant de Lepta.

» Avez-vous quelque autre à m'envoyer, que je l'enrichisse? Envoyez ! »

Voilà comme on procédait à Rome; et Caton envoyait Tribatius ; « il le faisait passer, disait-il, de ses mains dans les fidèles et victorieuses mains de César. »

Puis il terminait :

« Ayez soin de votre santé, et aimez-moi comme vous aimez. (*Et me ut amas, ama.*) »

Inutile de dire qu'il ne se moque plus de Crassus, — tout haut du moins ; — ce n'est que dans ses lettres confidentielles qu'il continue de l'appeler le Chauve et le Millionnaire ; il applaudit à ses projets quand il le rencontre, il le félicite de ses futures victoires sur les Parthes, et celui-ci lui confie ses espérances.

Ses victoires sur les Parthes! il ne se bornera point aux Parthes : il va montrer que les exploits de Lucullus contre Tigrane, et ceux de Pompée contre Mithridate ne sont que des jeux d'enfant ; il va renouveler la marche triomphante d'Alexandre, pénétrer par la Bactriane dans l'Inde, pour ne s'arrêter qu'à la mer extérieure !

Et, cependant, le décret qui nommait Crassus proconsul

en Syrie ne disait pas un mot de la guerre parthique ; mais tout le monde savait que c'était l'idée fixe de Crassus, — jusqu'à César, qui lui écrivait de la Gaule pour louer son projet et pour l'inviter à l'accomplir.

Quant à Pompée, Plutarque, à cette époque, ne parle que de ses amours ; promener sa femme par toute l'Italie est l'acte le plus important de son consulat : il la montre aux populations, il veut que l'on admire celle qu'il aime ; et, du côté de Julie, il n'est bruit que de son attachement pour Pompée.

Au milieu des légèretés conjugales de l'époque, c'est un scandale qu'un pareil amour d'une femme de vingt ans pour un mari de cinquante.

Aussi Plutarque se croit-il obligé de donner de bonnes raisons à cet amour :

« Cette tendresse s'explique, dit-il, par la sagesse de son mari et par une gravité naturelle à Pompée, qui, n'ayant rien d'austère, rendait sa société douce et charmante. »

Et ces détails sur l'intimité, on peut y croire, car qui les donnait ? Une femme qui devait s'y connaître : la courtisane Flora.

Mais, par malheur, Pompée ne devait pas toujours être près de sa femme.

On allait nommer de nouveaux édiles ; comme consul, Pompée devait présider l'élection.

Il se rendit au champ de Mars. L'élection fut orageuse ; on en vint aux mains ; plusieurs personnes furent tuées et blessées près de Pompée ; le sang rejaillit jusque sur sa toge : il fallait changer ce vêtement. Pompée envoya chez lui chercher une autre toge en faisant reporter la toge ensanglantée.

A la vue du sang, Julie crut son mari assassiné et s'évanouit.

Elle était enceinte.

L'évanouissement fut long; il avait atteint aux sources de la vie; l'enfant fut frappé dans le sein de la mère : Julie accoucha d'un enfant mort.

Ce petit drame domestique attira l'intérêt de Rome sur Pompée et fit croire à l'amour réel de la femme pour le mari.

Trois mois après, Rome eut une nouvelle preuve de cet amour : on annonça officiellement aux clients de la villa du mont Albain que Julie était enceinte.

Était-ce pour se populariser, était-ce pour fêter cette bonne nouvelle que Pompée annonça des jeux? Peu importait à Rome! elle allait s'amuser.

Pompée disait que c'était pour célébrer la dédicace de Vénus Victorieuse.

Ces jeux que Pompée allait donner à Rome, c'étaient des chasses de bêtes. Or, les chasses de bêtes étaient le spectacle dont les Romains étaient le plus friands; elles remontaient déjà à plus de deux siècles : la première qui avait eu lieu avait été à la fois magnifique et terrible.

Vers l'an 503 de Rome, on avait tué dans le Cirque, à coups de flèche et de javelot, cent quarante-deux éléphants. C'était non pas un luxe, mais une nécessité : ces éléphants avaient été pris dans une bataille contre les Carthaginois, et la République, trop pauvre pour les nourrir, trop prudente pour les donner à ses alliés, avait ordonné qu'ils fussent mis à mort.

L'an 583, aux jeux donnés par Scipion Nasica et P. Lentulus, on avait vu combattre soixante-trois panthères et quarante autres animaux, tant ours qu'éléphants.

L'an 655, Clodius Pulcher — sans doute le père de notre Clodius — fit, pendant son édilité curule, combattre des éléphants.

Un simple citoyen, nommé P. Servilius, s'était acquis une sorte de célébrité pour avoir donné une chasse où l'on avait tué trois cents ours, et autant de panthères et de léopards.

Sylla, préteur, avait donné une chasse de cent lions à crinière, c'est-à-dire de l'Atlas ; — les lions de Numidie, d'Abyssinie et de l'Yémen sont privés de cet ornement.

Enfin, enchérissant sur le tout, Pompée, cette fois, donnait une chasse de six cents lions, dont trois cent quinze à crinière, et de vingt éléphants.

Des bestiaires et des criminels combattirent contre les lions ; des Gétules, armés de flèches et de javelots, contre les éléphants.

Un ancien sénatus-consulte défendait d'amener des panthères en Italie ; on craignait sans doute qu'un couple de ces animaux, venant à se sauver, ne se propageât et ne fît des ravages ; mais, l'an 670, c'est-à-dire trente ans avant l'époque où nous sommes arrivés, le tribun G. Aufidius porta la question devant le peuple. Le peuple, à qui il était égal que quelques provinciaux fussent mangés, cassa le sénatus-consulte.

Scaurus saisit la balle au bond, profita de l'abolition de la loi, et fit égorger cent cinquante panthères dans les jeux de son édilité. — Pompée, dans son premier consulat, avait été jusqu'à quatre cent dix !

La question qu'on se fait tout naturellement en voyant de pareilles profusions, c'est où et comment on prenait trois cents lions à crinière pour les venir égorger devant le peuple romain.

C'était bien simple : à certains peuples, on imposait des tributs d'argent, à d'autres des tributs de bêtes féroces; l'Afrique était imposée de cette dernière façon.

Maintenant, quelle effroyable quantité de bêtes féroces nourrissait donc l'Afrique, à cette époque-là, que l'on pût en tirer, sans l'épuiser, de pareilles contributions? Puis jugez ce que c'était qu'une battue où il était ordonné au chasseur de prendre le gibier vivant sans le frapper ni le blesser! et quel gibier! des hippopotames, des crocodiles, des panthères, des lions, des rhinocéros et des éléphants!

En attendant les jeux, ces animaux étaient enfermés dans des cages; le peuple était admis à les visiter, et il avait cette double joie de les voir combattre d'abord en imagination et ensuite en réalité.

Pompée était arrivé au point culminant de son bonheur et de sa fortune. Un malheur privé allait être le premier avertissement du destin.

Julie ne s'était jamais bien remise du saisissement que lui avait causé la vue des vêtements de Pompée teints de sang; sa seconde grossesse avait été maladive, et elle mourut pendant le travail. L'enfant fut tiré de son sein vivant; mais, au bout d'une semaine, il mourut à son tour.

Pompée était au désespoir; il voulait inhumer sa femme dans sa villa du mont Albain, pour avoir toujours son tombeau sous les yeux; mais le peuple fit irruption dans son palais, s'empara de force du cadavre, et l'emporta au champ de Mars.

Là, il fut brûlé en grande pompe avec des parfums et des aromates.

Mais, chose étrange, c'était à la fille de César absent, non à la femme de Pompée présent, que le peuple faisait honneur ; et le nom de César courut d'un bout à l'autre de la ville, à propos de cette cérémonie funèbre, comme il arrivait du reste à tout propos. Jamais on ne s'était tant occupé de lui que pendant cette absence.

Crassus faisait les préparatifs de son départ pour la Syrie.

Mais, avant que Crassus partît, un grand événement devait s'accomplir à Rome.

XXXIV

Le consulat de Pompée et de Crassus expirait. Annius Milon, Plautius Hypsœus et Métellus Scipion se présentèrent pour briguer le consulat.

Clodius se présenta, lui, pour briguer la préture. — Nous l'avons dit, la préture était la magistrature que l'on sollicitait quand on était ruiné ; un homme qui sollicitait la préture, c'était un homme qui disait à ses créanciers : « Décidément, je me range ; donnez-moi votre voix, et je vous payerai, aux dépens de mes administrés, intérêt et capital. »

On sait l'inimitié qui existait entre Milon et Clodius.

Clodius comprenait une chose : c'est que sa préture serait nulle si Milon était consul.

Aussi commença-t-il à saper la candidature de Milon, et à soutenir celle de Scipion et d'Hypsœus.

Alors, les scènes de meurtre et d'incendie que nous avons racontées se renouvelèrent ; ces scènes rompaient à chaque instant les comices, de sorte que l'on arriva au mois de janvier sans qu'il y eût ni consuls ni préteurs élus.

Les *honnêtes gens* étaient pour Milon ; le *peuple* — remarquez que, dans l'antiquité, on sépare toujours le peuple des honnêtes gens, — le peuple était pour Hypsœus et Scipion.

Le sénat, voyant que rien ne finissait, nomma un *interroi*.

Cet interroi était Émilius Lépidus.

Qu'était-ce qu'un interroi ?

Nous allons vous le dire.

Quand, par l'opposition des tribuns ou à cause d'augures défavorables, les comices sont retardés assez longtemps pour que les consuls ne se trouvent pas élus au commencement de l'année, il y a, en ce cas, ce que l'on appelle un interrègne, attendu que les consuls quittent leurs fonctions sans avoir de successeurs.

Le sénat alors pourvoit au gouvernement en créant un interroi ; l'interroi est un magistrat dont le pouvoir, égal à celui des consuls, ne peut durer que cinq jours ; il assemble les comices, les préside, et remet le pouvoir aux consuls dès qu'ils sont élus ; au bout de cinq jours, si les consuls ne sont pas élus, on nomme un autre interroi.

Voyez Tite-Live, et il vous dira qu'il arriva une fois que le pouvoir consulaire demeura pendant cinquante-cinq jours entre les mains de onze interrois consécutifs.

Or, le lendemain du jour où Émilius Lépidus venait d'être nommé interroi, le 13 des calendes de février, 20 janvier du calendrier moderne, Milon, se rendant à Lanuvium, ville municipe dont il était dictateur, afin d'y élire un flamine, rencontra, vers la neuvième heure du jour, c'est-à-dire à trois heures de l'après-midi, Clodius, qui revenait d'Aricie, et qui s'était arrêté près du temple de la Bonne Déesse, pour parler au décurion des Ariciens.

Clodius était à cheval ; trente esclaves le suivaient armés d'épées ; à ses côtés étaient un chevalier romain, Cassidus Schola, et deux plébéiens, deux hommes nouveaux, deux manants, P. Pomponius, et C. Clodius, son neveu.

Milon, lui, voyageait en char ; il avait, par un chemin de traverse, rejoint la *via Appia*, à l'endroit à peu près où s'élève aujourd'hui le village de Genzano ; il avait suivi la *via Appia*, et, de cette façon, il se trouvait un peu au-dessous d'Albano, croisant Clodius. Il avait avec lui sa femme Fausta, et M. Tuflus, son ami ; sa suite en esclaves était double, au moins, de celle de Clodius ; il avait, en outre, une vingtaine de gladiateurs, et, parmi eux, deux hommes renommés pour leur force et leur adresse, Eudamus et Birria.

Eudamus et Birria marchaient les derniers, formant l'arrière-garde ; ils engagèrent une rixe avec les esclaves de Clodius. Clodius, entendant du bruit, accourut. On connaît Clodius. Il s'avança menaçant sur les deux gladiateurs. L'un des deux lui porta un coup de lance qui lui traversa l'épaule.

Clodius, grièvement blessé, tomba de cheval.

Les deux gladiateurs, ne sachant s'ils avaient bien ou mal fait, se hâtèrent de rejoindre l'escorte de Milon.

Pendant ce temps, les esclaves de Clodius le portaient dans une taverne.

Les deux gladiateurs, se retournant pour s'assurer qu'ils n'étaient pas poursuivis, avaient vu dans quelle taverne on avait porté Clodius.

Milon s'aperçut d'un certain trouble dans son escorte.

On chuchotait, on regardait en arrière; les uns riaient, les autres semblaient craindre.

Il demanda ce qui se passait.

Le chef des esclaves s'approcha alors du char qui s'était arrêté, et raconta à son maître qu'un gladiateur venait de blesser grièvement Clodius, lequel avait été transporté dans une taverne; et, du doigt, il montra la taverne.

Milon réfléchit un instant.

— Puisqu'il est blessé, dit-il, autant vaut qu'il meure. Il ne m'en arrivera point pis : au contraire!

Et, s'adressant au chef de ses esclaves :

— Fusténus, dit-il, prends cinquante hommes, force la taverne, et arrange-toi de façon que Clodius soit achevé dans la mêlée.

Fusténus prit les cinquante esclaves, partit et se mit à la recherche de Clodius; celui-ci s'était caché, mais Fusténus chercha si bien, qu'il finit par le découvrir.

Dix minutes après, un cadavre gisait sur la voie Appienne, la face tournée contre terre.

Milon, bien entendu, ne s'était pas arrêté là pour voir l'exécution; il avait continué son chemin, s'en rapportant parfaitement à Fusténus.

On voit que celui-ci, en effet, n'avait point trahi sa confiance.

Un sénateur, Sextus Tœdius, revenait de la campagne à Rome. Il vit un cadavre sur la grande route, descendit de sa litière, examina le cadavre et le reconnut pour celui de Clodius.

Alors, il fit mettre le cadavre dans sa litière, et, marchant à pied, le ramena à Rome.

Clodius, exproprié des maisons de Cicéron, avait acheté

à Scaurus une espèce de palais sur le mont Palatin. Ce fut là que Sextus Tœdius déposa le cadavre.

A la première nouvelle de l'événement, Fulvie accourut. — Comme tous les mauvais sujets, Clodius était adoré des femmes, et particulièrement de la sienne. — Fulvie jeta les hauts cris et parut sur le seuil de la maison, s'arrachant les cheveux, se meurtrissant le visage, et montrant le manteau ensanglanté.

En un instant, la maison fut encombrée de gens du peuple. La mort de Clodius avait ravivé sa popularité.

Tout cela se passait le soir même du meurtre. Le corps était arrivé au Palatin vers la première heure de la nuit, c'est-à-dire à six heures du soir.

La nuit s'écoula en lamentations de la part de Fulvie, et en projets de vengeance de la part des clients de Clodius.

Le lendemain, au point du jour, la foule augmenta; six ou huit mille hommes du peuple se pressaient autour de la maison, et se pressaient si bien, que trois ou quatre personnes furent étouffées.

Au milieu de cette foule étaient deux tribuns du peuple, Minutius Plancus et Pomponius Rufus. D'après leurs exhortations, la plèbe enleva le cadavre et le porta nu, encore chaussé, — dans l'état enfin où il était, quand on le déposa sur le lit, pour qu'on pût voir ses blessures, — et le porta, disons-nous, aux rostres, où Plancus et Rufus, partisans de Clodius, commencèrent par leurs déclamations à ameuter le peuple contre le meurtrier.

Alors, les artisans, les esclaves, à qui tant de fois Clodius avait promis la liberté, prirent le corps et le descendirent à la curie Hostilia, où ils le brûlèrent en improvisant un bûcher avec les bancs et les tables des tribunaux et du sénat. Le bûcher fut allumé avec les cahiers des écrivains-libraires.

Il faisait du vent, le bûcher incendia la curie; de la curie, le feu se communiqua à cette fameuse basilique Porcia que Caton avait défendue, on se le rappelle, au péril de sa vie, et qui fut entièrement brûlée.

De là, les fanatiques coururent assiéger la maison de Milon et celle de l'interroi.

Milon était absent : contre lui, c'était un acte de pure et simple vengeance ; mais, contre Lépidus, c'était un acte de politique. On voulait le forcer d'assembler les comices et profiter de l'irritation qui se manifestait contre Milon pour emporter d'assaut la nomination de Scipion et d'Hypsœus.

Mais Lépidus ne se laissa point intimider. Il ferma ses portes, rassembla ses esclaves, ses serviteurs, la garde qui lui était accordée comme interroi, se mit à leur tête et repoussa les assaillants à coups de flèches.

Une douzaine resta sur le champ de bataille.

Ce que voyant les autres, il revinrent au Forum, enlevèrent les faisceaux du lit libitinaire, et les portèrent à la maison de Scipion et d'Hypsœus, qui n'osèrent les prendre.

Alors, le peuple les porta à Pompée, — qui, comme toujours, était retiré dans ses jardins, — le saluant à grands cris des titres de consul et de dictateur ; puis ce même peuple, sachant que huit ou dix des siens avaient été tués et blessés par Lépidus et ses serviteurs, revint en foule assiéger la maison de l'interroi, qui fut enfin prise le cinquième jour de l'interrègne.

Les portes enfoncées, les furieux se répandirent dans la maison, renversant les images des ancêtres de la famille

Æmilia exposées dans l'atrium, brisant le lit et les meubles de Cornélia, femme de Lépidus, et l'assiégeant lui-même dans la partie la plus reculée de sa maison, où ils l'eussent égorgé si Milon, qui, après s'être sauvé de Rome, y rentrait avec une troupe de ses partisans pour demander les comices, n'était accouru à son secours et ne l'avait dégagé.

Rome était littéralement à feu et à sang : le sang coulait dans les rues, et l'incendie de la curie et de la basilique fumait encore.

XXXV

Ces violences avaient fait un contre-poids au meurtre de Clodius, de sorte que, comme on le voit, Milon, apprenant le revirement qui se faisait en sa faveur, n'avait pas hésité à revenir à Rome.

Une fois à Rome, il poursuivit sa candidature et fit distribuer publiquement à tous les citoyens qui voulurent les accepter mille as par tête, trente-cinq francs dix-sept centimes de notre monnaie.

Mais ces largesses n'eurent aucun résultat. Le meurtre de Clodius était entré trop profondément dans le cœur du peuple; une haine furibonde contre Milon avait jailli de la blessure. Vainement le tribun M. Cœlius, Q. Hortensius, T. Cicéron, Marcellus, Caton et Faustus Sylla prirent sa défense, rien ne put calmer l'effervescence soulevée contre lui. Chaque jour, les comices furent troublés par quelque nouvelle émeute. Enfin, ces troubles prirent un tel caractère de gravité, qu'un sénatus-consulte ordonna à l'interroi, aux tribuns du peuple, ainsi qu'à

Pompée, à qui, on se le rappelle, le peuple avait porté les faisceaux, de prendre garde que la République n'éprouvât aucun dommage.

Jusqu'à quel point Pompée était-il étranger à ces troubles? C'est ce qu'il serait difficile de dire. Le fait est que ce fut à lui seul qu'ils profitèrent.

Le 5 des calendes de mars, 23 février, Pompée fut, par l'interroi Servius Sulpicius, proclamé consul unique, et prit à l'instant même possession de sa magistrature.

Une fois au pouvoir, Pompée comprit que, pour maintenir son influence, il fallait à l'instant même rétablir la tranquillité. Or, par qui cette tranquillité était-elle troublée? Par ceux qui demandaient la mise en jugement de Milon.

En somme, Milon était-il coupable ou, du moins, accusé d'avoir fait assassiner Clodius? Incontestablement. Clodius était-il citoyen romain? Incontestablement encore. Milon devait-il être poursuivi pour être puni s'il était reconnu coupable, acquitté s'il était reconnu innocent? Incontestablement toujours.

Pompée résolut donc de mettre Milon en accusation, quoique Milon fût son homme, quoique, en réalité, trois ans auparavant, Milon eût été suscité par lui.

En conséquence, trois jours après son installation, il demanda un sénatus-consulte qui l'autorisât à établir deux tribunaux exceptionnels, deux espèces de cours prévôtales qui pussent juger plus attentivement et plus sévèrement que les tribunaux ordinaires.

C'était essayer de la dictature; personne n'en fut dupe.

Le tribun Cœlius s'opposa de tout son pouvoir à l'érection de ces tribunaux exceptionnels; mais Pompée, sentant qu'il avait pour lui tous ceux à qui il importait peu qu'il fît de la dictature, pourvu qu'il rendît la tranquillité à Rome, Pompée déclara que peu lui importait l'opposition des tribuns, et que, si besoin était, il saurait défendre la République par les armes.

Pauvre République! elle avait, en effet, bien besoin d'être défendue.

L'opposition du tribun fut étouffée par la pression des classes riches et aristocratiques. La loi demandée par Pompée passa; deux tribunaux d'exception furent établis, et trois accusations furent portées contre les *auteurs des troubles*; l'une de violence, — et dans celle-ci étaient compris le meurtre de Clodius et les incendies de la curie Hostilia et de la basilique Porcia; — l'autre de brigue; la troisième, de captation de suffrages.

Le peuple élut L. Domitius Ahénobarbus quésiteur, pour le tribunal de violence et de brigue, et A. Torquatus, pour le tribunal de captation de suffrages. — Le quésiteur, comme l'indique son nom, était à la fois ce que sont chez nous le juge d'instruction et le procureur impérial.

Ce fut l'aîné des Clodius, Appius Clodius, qui porta l'accusation de violence et de brigue.

Voici l'accusation portée par Appius Clodius [*] :

« Sous le troisième consulat de Cnéius Pompée le Grand, seul consul, le 8 des ides d'avril (le 6 de notre mois d'avril à nous), devant les quésiteurs Domitius et Torquatus, Appius Clodius déclare qu'en vertu de la loi Pompéia sur la violence, il accuse T. Annius Milon, disant que le nommé Milon, le 3 des calendes de février dernier (20 janvier), a fait assassiner Clodius dans la taverne de

[*] Voir l'excellent ouvrage de Desobry, intitulé *Rome au siècle d'Auguste*.

Coponius, sur la voie Appienne. Il demande donc que, conformément à la loi Pompéia, T. Annius Milon soit condamné à l'interdiction de l'eau et du feu. »

C'était l'exil. On se souvient qu'un citoyen romain ne pouvait être condamné à mort.

Domitius reçut les noms d'Appius Clodius comme accusateur, et d'Annius Milon comme accusé, et fixa la comparution au 6 des ides d'avril (8 avril). Dix jours étaient donc accordés à Milon pour préparer sa défense.

L'audience, comme d'habitude, fut tenue sur le Forum, au tribunal du préteur, entre la voie Sacrée et le canal. Elle commença dès la première heure du jour, c'est-à-dire à six heures du matin.

On eût dit que personne ne s'était couché à Rome dans la nuit du 7 au 8 avril, tant la place était déjà encombrée de monde lorsque les premiers rayons du soleil parurent derrière les montagnes de la Sabine.

Cette mer mouvante était montée, pendant la nuit, du pavé de la place aux marches des temples, qui semblaient des gradins faits exprès pour recevoir des spectateurs; et, des marches des temples à leur faîte, pas un toit qui ne fût couvert de curieux ondulant comme des moissons aériennes. Il y en avait sur la prison publique, sur les temples de la Fortune et de la Concorde, sur le Tabularium, sur les murailles du Capitole, sur la basilique de Paulus, sur la basilique Argentaria, sur l'arc de Janus, sur celui de Fabius, sur la Grecostaze et jusque sur le mont Palatin.

On comprend que les trois quarts de ces spectateurs ne pouvaient rien entendre dans le sens exact du mot; mais, pour les anciens Romains comme pour les Italiens modernes, voir, c'était entendre.

A six heures et demie du matin, un héraut monta sur la tribune, et annonça l'accusateur et l'accusé.

En effet, presque au même instant, l'un et l'autre comparurent.

Un murmure accueillit l'apparition de Milon, moins encore parce que c'était le meurtrier de Clodius qui apparaissait, que parce que Milon, dédaignant les usages habituels, n'avait laissé croître ni sa barbe ni ses cheveux, — croissance qui, au reste, pour les cheveux surtout, eût été peu visible en dix jours, — et parce qu'il portait une toge élégante au lieu d'une toge sale et déchirée, comme c'était la coutume en pareil cas.

Il n'affectait point non plus cet air humble et soumis qu'à Rome l'accusé prenait devant ses juges.

Ses amis et ses parents l'accompagnaient et faisaient, par leur maintien triste, par leur costume lacéré, un contraste complet avec lui.

Il avait six défenseurs, à la tête desquels marchait Cicéron, l'orateur de la cause.

L'accusateur, l'accusé et les défenseurs prirent leurs places.

Alors, Domitius fit apporter de petites boules sur lesquelles se trouvaient inscrits les noms de tous les citoyens portés sur une liste dressée par Pompée; il jeta toutes ces boules dans une corbeille et en tira quatre-vingt-une qui donnèrent quatre-vingt-un noms, — c'est-à-dire le total des juges fixé par la loi Pompéia.

Chaque juge — qui attendait à un endroit désigné tous ceux qui étaient portés sur la liste — allait, au fur et à mesure que son nom était appelé, prendre place dans l'hémicycle, à moins qu'il ne présentât une excuse pour se dispenser de juger.

Le tribunal formé, le quésiteur fit prêter serment aux juges. Lui seul ne le prêta point, attendu qu'il n'était point juge prononçant jugement, mais instructionnaire, directeur des débats, rapporteur des votes et applicateur de la loi.

D'habitude, les débats s'ouvraient par le plaidoyer de l'accusateur, puis venait l'audition des témoins produits par lui ; mais on était, cette fois, sous l'empire de la loi Pompéia, qui veut que l'on commence par l'audition des témoins.

Les témoins furent donc d'abord entendus.

L'audition dura de sept heures du matin jusqu'à quatre heures après midi.

Vers la deuxième heure, le héraut annonça que les témoins *avaient dit*.

La journée tout entière avait été prise par cette première formalité.

La foule commençait à se retirer, lorsque Minutius s'élança à la tribune, s'écriant :

— Peuple, c'est demain que l'on prononce sur le sort de l'infâme Milon. Ferme tes tavernes, et viens ici en masse, pour empêcher que l'assassin n'échappe à une juste vengeance !

— Juges, s'écria à son tour Cicéron, vous l'entendez ! ces hommes que Clodius nourrissait de brigandages et de rapines, on les invite à venir ici, demain, vous prescrire votre arrêt ! Que cette menace qu'on a l'impudence de vous faire vous soit un avertissement de rendre pleine justice à un citoyen qui, pour le salut des honnêtes gens, a toujours bravé les bandits de toute espèce et les menaces, quelles qu'elles fussent.

On se sépara au milieu du plus effroyable tumulte.

XXXVI

La nuit, comme on le comprend bien, fut mise à profit par les deux partis.

Crassus, qui ne s'était pas montré le jour, fut très-actif les ténèbres venues.

Pour soutenir sa popularité, il s'était déclaré en faveur de Clodius. Il alla chez ceux des juges qui étaient le plus haut placés ; il fit venir les autres chez lui ; il donna de l'argent à pleines mains, se porta caution pour les clodiens, renouvela enfin, dépassa même tout ce qui avait été fait lors de l'accusation portée autrefois contre le mort.

Le lendemain, 3 des ides d'avril, jour où le jugement devait être rendu, ainsi que Minutius l'avait recommandé la veille, toutes les tavernes de Rome furent fermées.

Comme on craignait non-seulement les injures, mais encore les voies de fait contre le tribunal, Pompée plaça des troupes tout autour du Forum et sur les degrés des temples ; de sorte que, de tous côtés, les cuirasses, les épées et les lances réfléchissaient le soleil.

On se trouvait entouré comme d'une ceinture de fer et de feu.

A la deuxième heure du jour, c'est-à-dire à sept heures du matin seulement, les juges eurent pris place, et le héraut réclama le silence.

On procéda à l'appel des juges, puis le quésiteur réclama le silence à son tour.

Le silence établi, aussi bien qu'on pouvait l'exiger d'une si grande multitude, les accusateurs prirent la parole.

C'étaient Appius Clodius, son frère cadet Marcus Antonius, et Valérius Népos.

Ils parlèrent pendant les deux heures que la loi leur accordait. — Les tribunaux romains avaient pris cette sage précaution, négligée par les nôtres, de limiter le temps que pouvaient parler les avocats.

Milon avait eu le soin de faire conduire Cicéron dans sa litière.

Nous l'avons dit, Cicéron n'était pas précisément brave.

La veille, il avait été insulté par la multitude; on l'avait traité de brigand et d'assassin; on avait été jusqu'à lui dire que c'était lui qui avait conseillé le meurtre.

— *Me latronem et sicarium abjecti homines et perditi describerunt*, dit-il dans son discours pour Milon.

Or, la précaution de Milon eut son utilité tant qu'il s'agit de traverser les rues ; mais, lorsqu'on fut arrivé au Forum, lorsque Cicéron vit les soldats de Pompée qui l'enveloppaient, et Pompée lui-même au milieu d'une garde choisie, se tenant debout, son bâton de commandement à la main, et ses licteurs auprès de lui sur les degrés du temple de Saturne, Cicéron commença de se troubler.

Les accusateurs ayant fini, son tour vint de parler.

Cicéron se leva, passa la main sur son front, poussa de grands soupirs, promena un regard triste et suppliant sur les juges et sur la foule, baissa les yeux sur ses mains, fit craquer ses doigts, et, enfin, paraissant en proie à une émotion violente, il commença son exorde d'une voix tremblante.

Mais, dès les premiers mots, les clodiens l'interrompirent par des vociférations.

Alors, Pompée, qui avait juré d'être impartial jusqu'au

bout, ordonna de chasser les perturbateurs du Forum à coups de plat d'épée, et, comme cette expulsion ne s'opérait pas sans injures et sans lutte, on en blessa plusieurs et on en tua deux ; ce qui rétablit un peu de calme.

Cicéron reprit son discours. Mais le coup était porté; malgré les applaudissements des amis et de la famille de Milon, malgré les exclamations : « Bien! très-bien! excellent! parfait! charmant ! » qui retentissaient à ses oreilles, il resta faible, languissant, glacé, indigne de lui enfin.

Après Cicéron, vinrent les *louangeurs*.

Les louangeurs étaient les parents, les amis, les protecteurs, et même les clients de l'accusé; chacun venait à son tour prononcer quelque harangue laudative, citer quelque beau trait de lui, attester sa générosité, son courage, sa moralité.

L'avocat avait deux heures pour parler, les louangeurs une heure; c'étaient trois heures en tout.

Dès que le dernier louangeur eut prononcé la formule ordinaire : *Dixi*; dès qu'un héraut eut répété à haute voix : *Dixerunt*, on passa à la récusation.

Par la loi ordinaire, les récusations avaient lieu avant les plaidoyers et les auditions de témoins; mais la loi Pompéia, sous l'empire de laquelle siégait le tribunal, autorisait la récusation après les plaidoyers et l'audition des témoins.

C'était un avantage pour l'accusé comme pour les accusateurs : ils connaissaient leurs juges et avaient pu suivre sur les visages les différentes impressions reçues pendant les débats.

L'accusateur et l'accusé récusèrent chacun cinq sénateurs, cinq chevaliers, cinq tribuns du trésor, trente juges en tout ; de sorte que le nombre des juges descendit à cinquante et un.

Cette récusation, on le comprend bien, ne s'effectua pas sans cris et sans clameurs.

Puis on distribua au tribunal de petites tablettes larges de quatre doigts et enduites de cire, afin que chaque juge pût y inscrire son vote.

Ceux qui étaient pour l'acquittement mettaient un A, *absolvo* ; ceux qui étaient pour la condamnation mettaient un C, *condemno* ; ceux qui désiraient rester neutres mettaient un N et un L, *non liquet : ceci n'est pas clair*.

Le *ceci n'est pas clair* indiquait que ni l'innocence ni la culpabilité ne paraissaient assez certaines pour que le juge se prononçât.

Les juges jetaient leurs tablettes dans l'urne en relevant leur toge, de manière à découvrir leur bras, et en tenant la partie écrite tournée vers l'intérieur de la main.

Un seul juge vota, tenant la partie écrite tournée vers le public en disant tout haut :

— *Absolvo.*

C'était Caton.

Pendant les votes, les amis et les louangeurs de Milon avaient envahi l'hémicycle des juges, se tenant à leurs pieds et baisant leurs genoux au moment où ils inscrivaient le vote.

En ce moment, une grande pluie survint ; quelques-uns, en preuve d'humilité plus profonde, ramassèrent de la boue et s'en souillèrent le visage, ce qui parut fortement toucher les juges.

Ce n'est pas moi qui le dis, c'est Valère Maxime.

Os suum cœno replevit, quod conspectum totam quæs-

tionem a severitate ad clementiam et mansuetudinem transtulit.

Enfin vint le dépouillement.

Il donna treize votants pour l'absolution, trente-huit pour la condamnation.

Alors, le questeur Domitius se leva d'un air triste et solennel, dépouilla sa toge en signe de deuil; puis, au milieu du plus profond silence :

— Il paraît, dit-il, que Milon mérite d'être exilé, et qu'il faut que ses biens soient vendus; il nous plaît, en conséquence, de lui interdire l'eau et le feu.

A cette sentence, de grands cris de joie et des battements de mains furieux s'élevèrent dans le Forum.

C'étaient les clodiens qui constataient leur triomphe.

Alors, le quésiteur leva la séance en disant à ses assesseurs :

— Vous pouvez vous retirer.

Crassus demeura un des derniers et demanda à visiter les tablettes. — Elles devaient être exposées publiquement, afin que tout citoyen pût s'assurer que le rapport sur les votes était exact; d'ailleurs, ces tablettes, n'étant pas signées, ne compromettaient personne.

Mais Crassus avait eu une idée; il avait distribué, aux juges qu'il avait achetés, des tablettes enduites de cire colorée en rouge, tandis que les autres cires avaient leur couleur naturelle; il put donc reconnaître ceux des juges qui lui avaient tenu parole ou qui lui avaient volé son argent.

Quant à Milon, le soir même, il quitta Rome et partit pour Marseille.

C'est là qu'il reçut le discours de Cicéron, proprement recopié par ses secrétaires.

Il le lut pendant qu'il était à table et mangeait des rougets.

Puis, l'ayant lu, il poussa un soupir, et répondit simplement à l'illustre orateur :

« Si Cicéron avait parlé comme il a écrit, Annius Milon ne mangerait pas à cette heure des rougets à Marseille. »

XXXVII

Nous avons dit que les millions de Gabinius empêchaient Crassus de dormir.

Gabinius, en effet, était revenu à Rome ; il avait pillé la Judée ; il avait pillé l'Égypte. Il eût bien voulu aller à Ctésiphon et à Séleucie, et piller Ctésiphon et Séleucie ; mais les chevaliers, furieux qu'il prît tout et ne leur laissât rien, écrivirent à Cicéron.

Cicéron, toujours prêt à accuser, accusa Gabinius.

Cette fois, il s'était un peu trop pressé.

Gabinius était l'homme de Pompée, et il était probable qu'il n'avait pas volé pour lui tout seul.

Pompée alla trouver Cicéron, lui persuada qu'il s'était trompé, que Gabinius était le plus honnête homme du monde, et qu'au lieu d'accuser Gabinius, il devait plaider pour lui et le défendre.

Cicéron vit qu'il avait fait fausse route et se hâta de revenir sur ses pas.

Mais il n'essaya pas de se faire croire à lui-même qu'il avait fait une chose honnête ; il n'essaya pas même de le faire croire à ses amis.

Voyez ses lettres ; il gémit du métier qu'il fait, il essaye d'en rire parfois, il espère s'y habituer.

— Mais, bah! dit-il, je tâcherai; l'estomac s'endurcit (*stomachus concalluit*).

Or, c'était cette magnifique partie du monde échappée à Gabinius, c'était Ctésiphon et Séleucie que convoitait Crassus; seulement, le désir l'empêchait de voir le danger.

Il ne savait que par ouï-dire, et par ce que Pompée en avait vu, ce qu'avait de terrible cette cavalerie scythique qui, pareille aux mamelouks modernes, se recrutait par des achats d'esclaves, qui campait dans la haute Asie, sur l'empire des Séleucides, et qui avait réuni à cet empire la Mésopotamie, Babylone, la Médie, l'Atropatène, la Susiane, la Perside, l'Hyrcanie, que sais-je, moi!

Cette monarchie, essentiellement féodale, avait été fondée par Arsace, deux cent cinquante-cinq ans avant Jésus-Christ, et avait pour roi, à l'époque où nous sommes arrivés, Orodès Ier.

Mais ce qu'on n'ignorait pas, c'est que les Parthes étaient des adversaires terribles; qu'ils étaient couverts de fer, hommes et chevaux; que leurs armes étaient des flèches on ne peut plus redoutables, meurtrières dans l'attaque, plus meurtrières encore peut-être dans la fuite, et qu'ils lançaient, en fuyant, ces flèches par-dessus leur épaule gauche.

Au moment du départ, Crassus écrivit à César pour lui redemander son fils, qui servait sous ses ordres.

César répondit à Crassus que non-seulement il lui renverrait son fils, mais qu'il le ferait même accompagner de mille cavaliers d'élite et d'un corps de Gaulois qu'il lui garantissait comme les premiers soldats du monde, après les Romains et parfois même avant les Romains.

Tel était César : occupé d'une guerre terrible, il envoyait cinq ou six millions par an à Rome, pour y soutenir sa popularité, et prêtait deux légions à Pompée et trois mille hommes à Crassus.

Lorsque Crassus partit, ce fut une émeute.

Caton avait hautement désapprouvé la guerre parthique.

— A quel propos, disait-il, Rome va-t-elle chercher querelle à des hommes qui n'ont aucun tort envers elle, et avec lesquels il existe des traités?

Atéius, le tribun du peuple, était de l'avis de Caton.

Il avait déclaré, lui, qu'il ne laisserait point partir Crassus.

Crassus, en voyant l'agitation de Rome, eut peur; il alla trouver Pompée.

Il le pria de l'accompagner hors de la ville et de le couvrir de sa popularité.

Peut-être Pompée, l'homme qui, de tous les généraux romains, avec Lucullus, avait eu le plus affaire aux Parthes, peut-être Pompée eût-il dû dissuader Crassus de son projet; mais Pompée voyait César dans les Gaules pour cinq ans encore; il voyait Crassus en Mésopotamie, pour combien de temps? les dieux pouvaient le dire. Seul des trois triumvirs, il allait rester à Rome.

L'intérêt de Pompée était donc que Crassus s'éloignât de Rome, comme s'en était éloigné César.

Une fois seul, il attendrait tranquillement que la royauté, ou tout au moins la dictature vînt à lui.

Il alla donc prendre Crassus à sa maison.

Les rues qui conduisaient à la porte Capène, par où devait sortir Crassus, étaient encombrées.

Beaucoup, parmi ceux qui les encombraient, s'apprêtaient à barrer le chemin à Crassus et à l'apostropher.

Mais Pompée marchait en avant de Crassus.

Il s'avança vers les mécontents, leur parla avec son visage grave et sa voix douce, les exhorta au calme, et les pria en son nom de se retirer.

En voyant cet homme qu'une si grande gloire entourait, et qu'un si grand malheur venait de frapper, les plus irrités s'écartèrent, les plus malveillants se turent.

Un passage s'ouvrit pour Pompée et pour Crassus.

Mais, au milieu de ce passage, se tenait debout le tribun Atéius.

Atéius et Favonius étaient, en stoïcisme, — disons mieux, en cynisme, sinon en génie, — les rivaux de Caton; on les appelait ses singes.

Atéius était donc là, debout, au milieu du chemin.

Il fit deux pas au-devant de Crassus, et le somma de suspendre sa marche, protestant contre la guerre.

Puis, comme Crassus, encouragé par Pompée, continuait son chemin, il donna ordre à un huissier de l'arrêter.

L'huissier posa la main sur l'épaule de Crassus, l'arrêtant au nom du peuple.

Mais les autres tribuns accoururent, et, désapprouvant cette violence d'Atéius, permirent à Crassus de continuer son chemin.

Alors, Atéius prit les devants, courut à la porte de la ville, y dressa un trépied plein de charbons ardents, y répandit des parfums et des libations, et dévoua Crassus aux dieux infernaux.

Cet événement produisit une profonde impression dans Rome.

Jamais, disait-on, l'homme ainsi dévoué n'échappait à la mort dans les trois années qui suivaient le sacrifice.

Et presque toujours il entraînait avec lui dans la tombe l'imprudent provocateur qui avait appelé à son aide les terribles divinités des enfers.

Atéius, au reste, était tellement exaspéré, qu'il avait compris dans l'anathème non-seulement Crassus, mais lui-même, mais l'armée, mais la ville, — Rome, la cité sacrée !

Crassus passa à travers la fumée des parfums infernaux, à travers les imprécations du tribun, et arriva à Brindes.

La mer était encore bouleversée par les vents d'hiver ; mais il était si pressé de courir à la mort, qu'il n'attendit pas.

On eût dit que le bras de fer de la Fatalité le poussait.

Il mit à la voile ; mais, dans la traversée, plusieurs vaisseaux se perdirent.

Il rallia sa flotte, aborda en Galatie, et continua son chemin par terre.

Après deux ou trois marches, il rencontra le roi Déjotarus, qui faisait bâtir une ville nouvelle.

Nous verrons plus tard Cicéron plaider pour ce roi.

Déjotarus était déjà vieux.

Crassus s'avança vers lui, et, en plaisantant :

— O roi ! lui dit-il faisant allusion à son âge, comment se fait-il que tu te mettes à bâtir à la douzième heure du jour ?

Le roi galate regarda Crassus, qui avait plus de soixante ans, et qui, étant complétement chauve, en paraissait soixante et dix.

— Mais, toi-même, puissant général, dit-il, il me semble que tu n'es point parti dès le matin pour faire la guerre aux Parthes.

Il n'y avait rien à faire avec un barbare qui avait la repartie si prompte. Crassus continua son chemin.

Il arriva à l'Euphrate, y jeta sans difficulté un pont, et le franchit.

Puis il occupa plusieurs villes de la Mésopotamie, qui se rendirent volontairement.

L'une d'elles, cependant, que commandait un certain Apollonius, se défendit et lui tua cent hommes.

C'était le premier obstacle que Crassus rencontrât sur son chemin.

Crassus se fâcha tout rouge, marcha avec son armée contre cette bicoque, la prit d'assaut, la pilla, vendit ses habitants, et se fit proclamer imperator.

Puis, ayant laissé, dans les différentes villes qu'il avait conquises, sept ou huit mille hommes de garnison dont mille cavaliers, il revint prendre ses quartiers d'hiver en Syrie, pour y attendre son fils, qui, on se le rappelle, lui arrivait des Gaules avec un renfort envoyé par César.

Ce fut le premier reproche que les Jominis de l'époque firent à Crassus : il eût dû, selon eux, marcher toujours en avant, occuper Babylone et Séleucie, villes hostiles aux Parthes, au lieu de donner à l'ennemi le temps de faire, en se retirant, ses préparatifs de défense.

Mais Crassus avait ses projets : ce n'était pas une belle campagne, c'était une bonne affaire qu'il avait entreprise.

XXXVIII

L'affaire fut bonne, en effet, en commençant, et un banquier de nos jours n'eût pas calculé mieux.

Crassus s'établit en Syrie, et, là, au lieu d'exercer ses soldats au maniement des armes ou à la gymnastique, il établit une maison de commerce où il se mit à calculer les revenus des villes, à manier et à compter, au poids et à la balance, les trésors de la déesse d'Hiérapolis de Carie, déesse fort ignorée aujourd'hui, et déjà assez peu connue à cette époque, puisque les uns disent que c'était une Vénus, les autres une Junon, — ce qui ne ressemble guère à une Vénus ; — enfin, les autres, la déesse Nature, ce qui la rapprochait de la déesse Ma, c'est-à-dire de la Bonne Déesse, dont nous avons raconté l'histoire à propos des amours de Clodius avec la femme de César.

En tout cas, c'était une déesse fort riche ; si riche, que, pendant tout un hiver, Crassus se fit entretenir par elle.

En même temps, il écrivait aux peuplades et aux principautés, leur fixant un contingent de soldats.

Puis, lorsqu'il avait bien effrayé par une contribution d'hommes, il écoutait les plaintes des habitants, se laissait toucher, et changeait cette contribution d'hommes en une contribution d'argent.

Tout cela enrichissait Crassus, mais étendait à la Syrie et aux provinces voisines la mauvaise réputation qu'il avait à Rome.

Ce fut là que son fils vint le rejoindre.

Le jeune homme arrivait tout fier du prix de la valeur qu'il avait conquis dans les Gaules et qui lui avait été décerné par César, un véritable imperator celui-là, et il amenait les trois mille hommes promis.

La cohorte gauloise, surtout, était magnifique.

Il paraît que Crassus avait fait un vœu à la déesse d'Hiérapolis ; car, le jeune Crassus arrivé, le père le mena aussitôt faire une visite à son temple.

Mais, à la sortie du temple, un mauvais présage attendait le père et le fils.

En franchissant le seuil de la porte, le jeune homme glissa et tomba, et le vieillard, qui venait ensuite, glissa et tomba sur lui.

La même chose arriva à César mettant le pied sur le sol de l'Afrique ; mais César s'en tira par le joli mot que l'on connaît, et qui, probablement, désarma les dieux : « Ah! terre d'Afrique, maintenant, tu es bien à moi ! »

Pendant que Crassus était occupé à tirer ses troupes de leurs quartiers d'hiver, des ambassadeurs lui arrivèrent de la part de l'arsace des Parthes.

Depuis la fondation de la monarchie par Arsace Ier, on donnait le nom d'*arsaces* aux rois des Parthes ; ce qui embrouille fort les historiens romains, qui prennent pour des noms de rois le titre général par lequel on les désignait.

C'est ainsi qu'ils traduisaient le titre de *brenn*, donné au chef des Gaulois, par le nom de Brennus, et *Irmensaul*, la colonne d'Irmin ou d'Hermann, par Irmensul.

L'arsace actuellement régnant s'appelait Orodès Ier.

Les ambassadeurs étaient chargés d'apporter à Crassus ce peu de paroles :

— Si ton armée a été envoyée par les Romains, la guerre se fera sans trêve, terrible, implacable! si, comme on le dit, c'est contre la volonté de ta patrie et pour satisfaire ta cupidité, le roi montrera de la modération : il aura pitié de Crassus, et laissera à ses soldats une libre sortie des villes dans lesquelles ils sont, non point en garnison, mais bien prisonniers.

Crassus, qui se croyait vainqueur et à qui l'on parlait comme à un vaincu, fut fort étonné.

Alors, se mettant à rire :

— C'est bien, dit-il, reportez à votre roi que je lui ferai connaître ma réponse dans Séleucie.

— Dans Séleucie ? répéta le plus vieux des ambassadeurs, qui se nommait Vagisès.

Puis, montrant la paume de sa main :

— Avant que tu sois dans Séleucie, il aura poussé du poil là dedans.

Et, sans autre réponse de part et d'autre, les ambassadeurs s'éloignèrent et allèrent dire au roi Orodès qu'il fallait se préparer à la guerre.

A peine les ambassadeurs étaient-ils à trois journées du campement de Crassus, qu'arrivèrent quelques Romains échappés de leur garnison, et qui, par miracle, avaient rejoint leur général.

La nouvelle qu'ils apportaient était en parfaite harmonie avec les menaces qui bruissaient encore aux oreilles du nouvel imperator.

Ils avaient vu de leurs yeux l'ennemi auquel ils avaient affaire, et de quelle façon celui-ci avait attaqué les villes où ils étaient en garnison.

Ces ennemis, c'étaient, à leurs yeux, non pas des hommes, mais des démons.

Deux phrases résumaient leur pensée tout entière :

« Il est impossible de leur échapper quand ils poursuivent. — Il est impossible de les atteindre quand ils fuient. »

Les armes de ces cavaliers, bardés de fer, eux et leurs chevaux, brisaient tous les obstacles et ne cédaient à aucun choc.

Ces nouvelles étaient sinistres, surtout apportées par des hommes qui disaient : « Nous avons vu. »

On n'avait jusque-là, nous le répétons, qu'entrevu les Parthes ; on avait pensé qu'ils étaient pareils à ces Arméniens et à ces Cappadociens qui fuyaient dès qu'ils apercevaient les soldats de Lucullus, et que Lucullus avait poursuivis jusqu'à s'en lasser.

On croyait donc à une grande fatigue, mais non à un grand danger.

Et voilà que toute cette fausse idée qu'on s'était faite de ces nouveaux ennemis s'évanouissait comme une fumée !

Crassus assembla son conseil.

Beaucoup d'officiers, et des plus considérables de l'armée, pensaient qu'il fallait s'arrêter là, et à leur tête était le questeur Cassius.

Les devins étaient du même avis ; ils disaient que les victimes avaient donné des signes contraires et funestes.

Mais Crassus ne voulut rien entendre, ou plutôt il n'écouta que quelques imprudents et quelques flatteurs qui lui disaient d'aller en avant.

Sur ces entrefaites, le roi des Arméniens, Artabase, arriva à son camp. Il avait avec lui six mille cavaliers; mais ce n'était, assurait-on, que sa garde et son escorte ; il promettait dix mille autres cavaliers et trente mille fantassins qui se nourriraient, disait-il, aux frais du pays.

Seulement, il conseillait à Crassus de changer son itinéraire, et d'envahir le royaume d'Orodès par l'Arménie, où il trouverait en abondance des vivres pour les hommes et les chevaux, et où il marcherait en sûreté, couvert par les montagnes, sur un terrain où ne pourrait manœuvrer la cavalerie, c'est-à-dire la principale force des Parthes.

Mais Crassus se montra très-froid à ce bon conseil.

Il déclara qu'il continuerait sa route par la Mésopotamie, dans les villes de laquelle il avait mis des garnisons romaines.

Artabase, en conséquence, prit congé de lui et se retira.

C'était trente ou quarante mille hommes dont Crassus

se privait gratuitement. Et quels hommes ! des gens du pays, connaissant les localités, la manière d'y vivre et d'y faire la guerre.

Lorsqu'il arriva à Zeugma, sur l'Euphrate, ville qui tirait son nom d'un pont qu'Alexandre y avait fait construire, il s'éleva un orage furieux; des coups de tonnerre effrayants couraient de nuages en nuages au-dessus de la tête des soldats, tandis que des éclairs sans cesse répétés leur brûlaient le visage.

Une trombe fondit sur les radeaux, et, les heurtant les uns contre les autres, en brisa une partie.

Deux fois la foudre tomba dans le champ où Crassus allait camper.

Un de ses chevaux, magnifiquement harnaché fut pris d'une terreur panique, emporta l'écuyer qui le montait, se précipita avec lui dans le fleuve, et disparut, englouti dans un tourbillon.

On avait fait une halte pour laisser à la bourrasque le temps de se calmer.

La bourrasque calmée, Crassus ordonna de marcher en avant.

On enleva les aigles qui étaient fixées en terre; mais la première aigle, celle qui servait en quelque sorte de guide aux autres, se retourna d'elle-même, comme pour donner le signal de la retraite.

Crassus réitéra l'ordre d'aller en avant et de franchir le pont; puis, le pont franchi, il fit distribuer des vivres aux soldats.

Or, les vivres qu'on leur distribua étaient des lentilles et du sel, objets que les Romains regardent encore comme des symboles de deuil, les faisant servir dans les funérailles.

Alors, s'apercevant qu'un certain trouble se manifestait parmi ses soldats, Crassus les réunit pour les haranguer, et, dans sa harangue, il dit :

— Il faut détruire le pont afin qu'aucun de nous ne le repasse.

A ces mots, qui lui étaient échappés on ne sait comment, ce fut une terreur profonde.

Cette terreur, il pouvait la calmer en se reprenant et en expliquant sa pensée ; mais il regarda comme une honte pour un général de donner une explication à des soldats, et passa immédiatement au sacrifice.

Enfin, et comme si les présages voulaient l'avertir jusqu'au bout, comme si la Fortune, effrayée, venait elle-même le supplier de renoncer à son projet, au moment où le devin lui présentait les entrailles, il les laissa glisser de ses mains et tomber à terre.

— Ce que c'est que la vieillesse ! dit-il. Mais soyez tranquilles, soldats, les armes ne me tomberont point des mains comme ces entrailles.

Le sacrifice achevé, l'armée, triste et morne, reprit sa marche le long du fleuve.

Pas un Romain sur qui cette suite de présages n'eût fait une impression profonde.

Les Gaulois seuls continuaient de rire et de chanter, et, comme les Romains leur disaient :

— Vous ne craignez donc rien, vous autres?

— Si fait, répondaient-ils, nous craignons que le ciel ne nous tombe sur la tête.

C'était là, en effet, la seule crainte de nos pères.

XXXIX

On suivait les bords du fleuve.

Crassus avait sept légions d'infanterie et un peu moins de quatre mille cavaliers, et à peu près autant de vélites.

Les vélites étaient des gladiateurs habitués à combattre le lion.

Ils allaient avoir affaire à un ennemi bien autrement dangereux : les Parthes.

Pendant cette marche, les coureurs revinrent de la découverte.

Ils annonçaient que la plaine était nue et déserte aussi loin que la vue pouvait s'étendre, mais que la terre était couverte de pas de chevaux qui avaient rebroussé chemin.

Cette nouvelle confirmait les espérances de Crassus. Jamais les Parthes n'oseraient attendre les Romains, disait-il.

Mais Cassius, pour la vingtième fois, intervint, répétant à Crassus qu'il le suppliait de ne pas aller plus avant; que, s'il ne voulait pas absolument battre en retraite et fuir devant un adversaire qui fuyait, il pouvait retirer son armée dans une des villes que l'on occupait, et attendre dans cette ville des renseignements certains sur l'ennemi.

Si Crassus refusait absolument ce parti comme trop prudent, il y avait encore un moyen : c'était de se diriger sur Séleucie, en suivant les bords du fleuve; de cette façon, il marcherait de conserve avec ses bâtiments de transport. A chaque campement, le fleuve fournirait l'eau, les bâtiments donneraient les vivres, et l'on ne manquerait de rien, sans compter que le fleuve, en couvrant les Romains d'un côté, empêcherait qu'ils fussent jamais enveloppés.

On combattrait donc, au cas où les Parthes livreraient le combat, à avantage égal, et en ayant l'ennemi en face.

Les instances du tribun avaient amené Crassus à examiner ce plan, et peut-être allait-il s'y rendre, lorsqu'on vit apparaître de loin un cavalier. Ce cavalier traversait si rapidement la plaine, que son cheval semblait avoir des ailes.

Il se dirigeait droit sur les Romains.

C'était un chef de tribu arabe qui, selon Plutarque, se nommait Ariamnès; selon Appien, Acharus; et, selon Dion, Augasus.

Plusieurs soldats qui avaient servi sous Pompée le reconnurent, et attestèrent qu'il avait rendu de grands services à Pompée.

Il se présentait comme un ancien ami des Romains persécuté chez les Parthes à cause de cette amitié, et qui venait pour rendre à Crassus un service qui, à lui seul, valait tous les services rendus à Pompée.

C'était de lui servir de guide à travers les déserts.

Il se faisait fort de lui faire surprendre les Parthes.

Par malheur, Crassus le crut.

C'est qu'aussi le barbare, tout barbare qu'il était, s'y était pris admirablement.

Il avait commencé par faire l'éloge de Pompée, qui, disait-il, était son bienfaiteur; puis, comme en extase devant la magnifique armée de Crassus, il n'avait pas tari en éloges sur cette armée et son général.

Devant une pareille armée, toutes les armées d'Orodès ne tiendraient pas une heure.

Le tout était de joindre les Parthes, qui se cachaient; et les joindre, c'était, sans son secours, chose impossible.

Ils s'étaient retirés dans l'intérieur du pays, et, tant qu'on suivrait la rivière, on leur tournerait le dos, ou à peu près.

D'ailleurs, à quoi bon suivre la rivière? le pays n'était-il pas sillonné de cours d'eau?

A son avis, il n'y avait donc pas un instant à perdre. Les Parthes, qui avaient entendu parler de Crassus et de son armée, ne comptaient point l'attendre.

Ils étaient occupés, à cette heure, à réunir leurs trésors, ce qu'ils avaient de plus précieux en biens et en hommes; puis, comme une bande d'oiseaux effarouchés, ils allaient prendre leur vol vers l'Hyrcanie et la Scythie.

Tout cela était une ruse arabe.

Orodès avait partagé son armée en deux corps.

Avec l'un, il ravageait l'Arménie pour se venger de cet Artabase qui était venu offrir son secours à Crassus; avec l'autre, un simple général, ou *surena*, — ici encore les Romains prennent le titre pour le nom, — avec l'autre, un simple général devait attendre qu'Ariamnès lui livrât Crassus et ses Romains.

Il est vrai que ce surena n'était point un homme vulgaire.

Par sa naissance, sa richesse et son courage, il était le premier après le roi.

Par sa ruse et son habileté, ces deux grandes vertus des peuples nomades de l'Yémen, de l'Assyrie et de la Mésopotamie, il l'emportait sur les plus rusés et les plus habiles de son temps.

Pour la taille et pour la beauté, il n'avait point d'égal.

En marche, comme un autre César, il menait toujours

cent chameaux chargés de ses bagages, et, de plus que César, deux cents chariots chargés de ses concubines.

Mille chevaux de grosse cavalerie, cinq ou six mille de cavalerie légère, formaient son escorte ordinaire, qui, avec les valets et les esclaves, ne baissait jamais au-dessous de dix mille hommes.

Quant à sa naissance, elle était si élevée, que c'était lui qui, lors de leur avènement au trône, avait la charge de ceindre le bandeau aux rois parthes.

Le roi actuel avait été chassé. Le suréna, avec sa garde personnelle, l'avait été prendre dans l'exil et l'avait ramené sur son trône.

La ville de Séleucie s'entêtait dans la rébellion:

Le suréna l'avait prise d'assaut en montant le premier sur ses murailles.

Il n'avait pas encore trente ans, était parfaitement beau, comme nous l'avons dit, et ajoutait encore à sa beauté en se peignant les yeux, en se fardant, et en se parfumant comme une femme.

C'était là l'homme auquel Crassus allait avoir affaire.

Crassus, qui se croyait aussi habile et aussi rusé que qui que ce fût au monde, et qui ignorait que l'Européen le plus habile et le plus rusé n'est qu'un enfant auprès d'un Arabe, Crassus fit l'immense faute de se confier à son guide.

Celui-ci, quelque temps encore, lui laissa suivre le fleuve; puis, par un beau et facile chemin, il l'entraîna peu à peu dans l'intérieur des terres, lui faisant faire halte près des ruisseaux ou des citernes qui d'abord fournirent de l'eau abondamment; puis, peu à peu, on s'écarta du fleuve, et la route devint montagneuse et difficile. On s'en plaignait au guide : c'était un court espace à traverser; les Romains étaient des hommes trop expérimentés et trop habitués aux travaux guerriers pour ne pas savoir qu'il y avait dans tous les pays des marches pénibles et fatigantes.

Enfin, on arriva dans une plaine immense, sans arbres, sans eau, sans verdure, avec un horizon de sable.

Il n'y avait plus que cette plaine à traverser pour joindre les Parthes. On s'y engagea bientôt ; on marcha sur un sable ardent qui brûlait à la fois les pieds et les yeux ; plus on avançait, plus ce sable devenait mouvant et profond. Les soldats en avaient jusqu'aux genoux, et, avec leurs lourdes armures, semblaient, à tout moment, avoir à craindre d'être engloutis.

On se rappelait l'armée de Cambyse dévorée par les sables égyptiens, et l'on commençait à craindre un sort pareil. Seuls, les Gaulois, qui combattaient presque sans armes défensives, et qui supportaient à moitié nus le froid et la chaleur, conservaient leur gaieté ; mais les soldats romains poussaient de véritables lamentations en voyant ces vagues de sable, mouvantes comme la mer, et qui s'étendaient dans d'incommensurables horizons sans une seule plante, sans une seule colline, sans un seul ruisseau.

L'armée mourait de soif.

On en était là quand arrivèrent des courriers de l'Arménien Artabase. Il faisait dire à Crassus que, retenu par sa guerre contre Orodès, il ne pouvait se joindre à lui, mais qu'il invitait Crassus à faire, lui, ce qu'il ne pouvait faire, c'est-à-dire à se rabattre sur l'Arménie. Si Crassus se refusait à cette manœuvre, il l'invitait à éviter, dans ses campements, les lieux propres aux évolutions de cavalerie ; il lui disait qu'il était prudent de ne suivre que les pays montagneux où il pût tirer tout l'avantage possible de son infanterie.

Mais Crassus, furieux contre lui-même, répondit de vive voix qu'il avait bien autre chose à faire que de s'occuper des Arméniens; qu'il prévenait seulement le roi qu'il allait commencer par détruire les Parthes, et que, les Parthes détruits, il se rabattrait sur les Arméniens.

Les ambassadeurs partirent, remportant ces menaces, mais jugeant bien que Crassus ne serait jamais en état de les exécuter.

XL

Crassus se remit en route.

Il semblait frappé d'aveuglement; les chefs eux-mêmes partageaient sa confiance.

Seul, parmi tous, le tribun Cassius avait le pressentiment de la trahison; lui, à tout moment, suppliait Crassus de s'arrêter et de retourner en arrière, et, quand il voyait celui-ci s'entêter à s'enfoncer toujours plus avant dans ce désert de sable, il allait à Ariamnès et l'apostrophait.

— Oh! traître et pervers parmi les hommes! lui disait-il, quel mauvais génie t'a conduit vers nous, quels philtres magiques, quels breuvages maudits as-tu donc donnés au proconsul, qu'il ait ainsi perdu la raison, et nous fasse traverser des solitudes telles, que nous semblons marcher sous la conduite d'un chef de brigands nomades, et non sous celle d'un imperator romain?

Et le traître alors, tombant aux pieds de Cassius, lui jurait qu'il était dans le bon et droit chemin, le suppliait de prendre encore patience quelque temps, et lui affirmait que, dès le lendemain, l'aspect du pays changerait.

Et l'on reprenait courage, et l'on allait encore plus avant, et la fatigue et la soif des soldats augmentaient, à ce point que les uns tombaient morts, comme frappés de la foudre, et que les autres devenaient fous.

Puis, quand l'Arabe s'était tiré des mains de Cassius, il courait le long des files des soldats romains, les raillant; et, quand ceux-ci se lamentaient, demandant de l'eau ou tout au moins de l'ombre :

— Hé! vous autres, disait-il, croyez-vous donc voyager encore dans les plaines de la Campanie, pour désirer ainsi des fontaines et des bocages? Pourquoi pas aussi des bains et des hôtelleries? Vous oubliez donc où vous êtes et que vous traversez les frontières des Arabes et des Assyriens?

Et, quand les soldats entendaient cet homme leur parler ainsi, avec son mauvais latin et son accent guttural; quand ils le voyaient, lui, l'enfant du désert, insensible au soleil, à la fatigue, à la soif, caracolant avec son cheval dans un tourbillon de sable, et réfléchissant sur les écailles de sa cuirasse les feux du jour, il leur semblait que c'était quelque démon sorti de l'enfer qui les menait à leur perte, sans qu'ils eussent, le voulussent-ils, la puissance d'y échapper.

Puis, un matin, au moment du départ, on le chercha, on l'appela vainement.

Il avait disparu.

Ce jour même, Crassus sortit de sa tente, non pas vêtu de pourpre, comme c'était la coutume des généraux romains, mais vêtu de noir.

Dans l'obscurité, il s'était trompé d'habits.

Dès qu'il s'aperçut de sa méprise, il rentra; mais beaucoup avaient déjà eu le temps de le voir, et le bruit de cette apparition funèbre se répandit dans l'armée comme un présage néfaste. On demandait à grands cris Ariamnès.

Cet homme, que l'on maudissait quand il était là, disparu, manquait à tout le monde.

Il semblait qu'il fût le seul qui, ayant amené les Romains dans ce péril, pût les en tirer.

Crassus, pour rassurer ses soldats, annonça que le départ d'Ariamnès lui était connu, et que, s'il était parti, c'était de concert avec lui, et pour faire tomber les Parthes dans une embuscade.

Il donna l'ordre du départ; mais, lorsqu'il fallut se mettre en marche, quoique les enseignes fussent fichées dans un sable mouvant, on eût toute la peine du monde à les tirer de terre.

Crassus accourut, rit des craintes des soldats, et arracha lui-même les hampes du sol, pressant la marche et forçant l'infanterie de suivre au pas de course la cavalerie, afin de rejoindre l'avant-garde, qui était partie dès le point du jour.

Mais, tout à coup, on vit revenir cette avant-garde, ou plutôt les débris de cette avant-garde, dans un effroyable désordre.

Elle avait été attaquée par l'ennemi et avait perdu les trois quarts de ses hommes.

L'ennemi, disaient les fuyards, venait derrière eux et plein de confiance.

L'alarme fut générale.

Cet ennemi, que l'on avait si souvent appelé, c'était — à la suite de tous les événements qui s'étaient passés — avec terreur qu'on le rencontrait.

Crassus, hors de lui, rangea en toute hâte son armée en bataille : cédant aux conseils de Cassius, ce fut d'abord en amincissant les légions de son infanterie, afin de l'étendre le plus possible dans la plaine.

Puis il distribua la cavalerie sur les ailes.

Placée ainsi, il était presque impossible que l'armée fût enveloppée.

Mais bientôt, comme si son mauvais génie n'eût voulu lui laisser aucune chance de salut, il changea son plan, resserra ses cohortes, forma un carré profond faisant face partout, et dont chaque face se composait de douze cohortes.

Entre chaque cohorte était rangée une troupe de cavaliers, de manière que ces cavaliers pussent se porter en avant et que la masse pût s'avancer également, étant également défendue de tous côtés.

L'une des deux ailes fut confiée à Cassius; l'autre, au jeune Crassus.

L'imperator prit le commandement du centre.

On se mit en marche ainsi; par un bonheur inattendu, on arriva, au bout d'une heure, au bord d'un ruisseau que les Romains surent depuis s'appeler le Balissus.

Ce ruisseau avait peu d'eau, mais cependant assez pour désaltérer les soldats, qui, succombant à la chaleur et à la fatigue, reprirent un peu de force.

Alors, les officiers, voulant profiter de cette bonne fortune, si rare dans le désert qu'ils venaient de traverser, firent demander à Crassus s'il ne jugeait pas à propos de s'arrêter là, et d'y faire dresser les tentes.

Mais Crassus, animé par les exhortations de son fils, qui avait hâte de livrer bataille, fournit seulement une halte d'une heure, et ordonna que l'on mangeât debout et sans quitter les rangs.

Puis, avant même que le repas fût fini, il ordonna de se remettre en marche, et, cela, non point au pas et en s'arrêtant de temps en temps, comme on fait quand on s'avance pour combattre, mais rapidement et tout d'un trait, jusqu'à ce que l'on se trouvât en face de l'ennemi.

On l'aperçut enfin, cet ennemi que l'on venait chercher si loin, et que l'on atteignait avec tant de peine.

Mais, au premier abord, il était bien moins formidable d'aspect et bien moins nombreux qu'on ne l'avait cru.

C'est que le suréna avait placé des masses épaisses derrière la première ligne, et qu'il avait fait voiler l'éclat des armes avec des étoffes et de la peau.

Crassus marcha droit à l'ennemi, et, arrivé à deux traits de flèche de lui, fit élever le signal du combat.

On eût dit que ce signal était donné non-seulement aux Romains, mais aussi aux Parthes.

A l'instant même, la plaine se remplit d'une clameur terrible et d'un bruissement affreux.

Ce bruissement était semblable au tonnerre, et les Romains, habitués aux clairons et aux trompettes, se demandaient quel instrument pouvait le produire; de temps en temps, on eût cru entendre le rugissement de bêtes féroces au milieu des éclats de la foudre.

Cet effroyable bruit venait de vases d'airain que l'ennemi frappait avec des marteaux creux couverts de cuir.

« Car ces barbares, dit Plutarque, ont bien observé que le sens de l'ouïe est celui qui porte le plus aisément le trouble dans la vie, qui émeut le plus vite les passions, et qui transporte le plus violemment l'homme hors de lui-même. »

A ce bruit, les Romains s'arrêtèrent, frappés de stupeur; en même temps, les Parthes, jetant bas les voiles qui couvraient leurs armes, s'étendirent dans la plaine, qui parut rouler des vagues de flammes.

A leur tête était le suréna, couvert d'une armure dorée, caracolant sur un cheval aussi éblouissant que s'il eût été détaché du char du soleil.

Les Romains comprirent que l'heure était venue d'une lutte acharnée, mortelle; et, cependant, ils étaient loin de se douter à quel ennemi ils avaient affaire.

Les Parthes s'avancèrent en poussant de grands cris pour charger les Romains avec leurs piques; ils étaient tellement nombreux, qu'il était inutile de chercher à calculer leur nombre.

Ils s'avancèrent jusqu'à cent pas des soldats de Crassus; mais, lorsqu'ils virent la profondeur des rangs de leurs ennemis, et comment, grâce à ces boucliers soudés les uns aux autres, tous ces hommes ne faisaient qu'une muraille impénétrable, ils rompirent leurs rangs, rebroussèrent chemin et se dispersèrent.

Les Romains ne comprenaient rien à cette retraite. Il était évident qu'ils n'en étaient point débarrassés, et que quelque manœuvre s'accomplissait dont ils allaient avoir l'explication.

En effet, ils virent bientôt s'élever autour d'eux, à un quart de lieue à peu près, un immense cercle de poussière qui allait toujours se rapprochant, et au milieu de l'espèce de nuée serpentaient comme des éclairs, tandis que les terribles marteaux, toujours retentissants sur les vases de bronze, continuaient de simuler la foudre.

Crassus comprit qu'on voulait l'étouffer dans une ceinture de fer.

Alors, il poussa les vélites en avant, leur ordonnant de briser les anneaux de cette chaîne.

On les vit s'élancer, charger, puis revenir en désordre... Quelques-uns reparaissaient avec les bras, les cuisses et même le corps percés par des flèches de cinq pieds de long !

Les soldats s'aperçurent avec épouvante que ces flèches avaient traversé les boucliers et les cuirasses.

A trois cents pas à peu près des Romains, les Parthes s'arrêtèrent.

Puis le jour sembla s'obscurcir sous une nuée de flèches; puis on entendit comme un cri de douleur poussé par cinq cents poitrines à la fois.

C'était la mort qui commençait de frapper et qui entrait dans les rangs romains par de terribles blessures.

XLI

Pendant quelques instants, de ces instants qui sont des éternités, les Parthes continuèrent de lancer leurs flèches de tous côtés à la fois, sans même avoir besoin de tirer juste, tant les Romains, par l'ordre de bataille que leur avait fait prendre Crassus, présentaient une masse compacte.

Chacune de ces terribles flèches portait donc dans un but vivant, frémissant, humain.

Les coups étaient d'une violence extrême.

Les arcs étaient si puissants, si grands, d'une courbure si flexible, qu'ils lançaient le trait avec une irrésistible impétuosité.

La situation était effrayante.

S'ils restaient en place, les Romains étaient criblés comme des cibles ; s'ils essayaient de se porter en avant, le point du cercle sur lequel ils chargeaient cédait devant eux, et, tandis que ceux des Parthes qui fuyaient pour éviter leurs atteintes leur lançaient des flèches en fuyant, ceux qui restaient en place les criblaient de flèches sur les deux côtés qu'ils mettaient à découvert.

Une armée tout entière était prise comme dans un piége.

Cependant un espoir restait aux Romains : c'est que, quand les Parthes auraient épuisé leurs carquois, ils se retireraient.

Mais cet espoir ne fut pas de longue durée.

Des chameaux chargés de traits circulèrent dans les rangs, et les carquois vides se remplirent.

Alors, Crassus comprit la profondeur de l'abîme où il était tombé.

Il envoya une ordonnance à son fils.

Publius avait beaucoup de cavalerie sous ses ordres, et, en outre, ces Gaulois, qui, combattant à moitié nus, avaient les pieds presque aussi légers que ceux des chevaux.

A tout prix, il fallait engager un combat corps à corps.

Le jeune homme, rugissant comme un lion entouré de chasseurs, n'attendait que ce moment.

Il prit treize cents cavaliers; et, parmi eux, les mille qui lui venaient de César, huit cohortes de soldats, moitié Romains, moitié Gaulois, et se jeta sur les Parthes, qui caracolaient à côté de lui.

Ceux-ci, soit qu'ils ne voulussent pas soutenir le choc, soit qu'ils obéissent aux ordres du suréna, cédèrent à l'instant même.

— Ils fuient ! cria Publius Crassus.

— Ils fuient ! répétèrent les soldats.

Et cavaliers et fantassins se mirent à la poursuite de l'ennemi.

A la tête de ces soldats, qui semblaient se dévouer furieusement à la mort, étaient Censorinus et Megabacchus; — un Romain, un barbare, son nom l'indique du moins; « l'un remarquable par son courage et sa force, dit Plutarque, l'autre par sa dignité sénatoriale et son éloquence; » tous deux amis de Publius et du même âge que lui.

Comme l'avait pensé le jeune chef, l'infanterie ne resta pas en arrière.

Ce devait être une belle course, à travers le désert, que celle de ces cavaliers romains et celle de ces beaux Gaulois aux longs cheveux blonds, aux torses à demi nus, qui s'élançaient, toujours riants, au-devant du danger, le rencontraient, luttaient avec lui, et tombaient sans jamais reculer d'un pas!

C'était ainsi qu'à l'autre bout du monde venaient de tomber sous le fer des soldats de César soixante mille Nerviens.

Mais, cette fois, c'étaient les Romains qui devaient périr et les barbares triompher.

Quand les Parthes virent ceux qui les poursuivaient hors de toute communication avec le gros de l'armée, ils s'arrêtèrent.

Les Romains s'arrêtèrent de leur côté, pensant qu'en les voyant en si petit nombre, l'ennemi ne refuserait pas un combat corps à corps.

Mais il n'en fut point ainsi.

Les Parthes avaient adopté un mode de combat dont ils ne voulaient pas se départir.

La grosse cavalerie parthique tint ferme, en effet; mais que pouvaient Romains et Gaulois, avec leurs javelines de trois pieds de long et leur courte épée, contre des hommes couverts de cuir cru et de fer?

D'ailleurs, la cavalerie légère les avait complétement enveloppés.

Une mer de sable brûlant était soulevée autour d'eux; ce nuage ardent aveuglait et étouffait les Romains en même temps.

Puis du milieu de ce nuage jaillissaient incessamment ces effroyables flèches, c'est-à-dire la mort; non pas une mort douce et prompte, mais lente et atroce.

Les Romains étaient frappés et ne voyaient pas où frapper. C'était la foudre invisible, et mortelle quoique invisible.

Ils tournoyaient dans d'effroyables cercles, tombaient, se relevaient; par cette espèce d'instinct qui fait que l'homme cherche l'homme, ils s'appuyaient les uns sur les autres, et, alors, ils présentaient de nouveau ce but vivant, cette cible frémissante qu'à une lieue de là, continuait d'offrir le gros de l'armée.

Les blessés se roulaient sur le sable embrasé, brisant dans leur corps les flèches dont ils étaient criblés; d'autres essayaient de les arracher eux-mêmes ou de les faire arracher par leurs compagnons, et tout leur corps frissonnait sous ces douleurs insupportables, sous ces déchirements de chair que leur causaient les fers barbelés; c'étaient des rugissements comme dans une arène, des rugissements de bêtes, et non des lamentations et des plaintes d'hommes.

Publius, au milieu de cette effroyable mêlée, de cet épouvantable tumulte, donna l'ordre de charger; mais les soldats lui montrèrent leurs bras cloués à leurs boucliers, leurs boucliers cloués à leurs corps, leurs pieds cloués à la terre; de sorte qu'il leur était impossible de fuir, d'attaquer, et à quelques-uns même de tomber.

Alors, il chargea, désespéré, avec le peu d'hommes qui étaient encore sans blessures.

Il joignit la grosse cavalerie parthique.

Mais les armes des Romains, trop faibles, s'émoussaient sur ces chevaux et ces cavaliers de fer.

Les Gaulois, sur lesquels avait compté Publius, furent dignes d'eux-mêmes.

Les Parthes frappaient avec des épieux ces hommes à la tête nue, aux bras nus, au torse nu ; ceux-ci se cramponnaient aux hommes, les jetaient à bas de leurs chevaux, les étouffaient entre leurs mains, ne pouvant les blesser ; d'autres se glissaient sous le ventre des chevaux, trouvaient un endroit désarmé, y plongeaient leur courte épée, et fouillaient les entrailles de l'animal, jusqu'à ce qu'il tombât, ou tout au moins jetât son cavalier par terre, et l'animal, bondissant de douleur, écrasait sous ses pieds Gaulois et Parthes, qui mouraient embrassés par la haine, comme des amants le seraient par l'amour.

Au milieu de tout cela, la soif, la soif dévorante, qui faisait souffrir, plus que leurs blessures, les Gaulois surtout, ces Gaulois habitués aux larges fleuves, aux majestueuses rivières, aux ruisseaux limpides.

Au bout d'une heure d'une effroyable boucherie, il ne restait plus, de tout ce corps d'armée, que deux ou trois cents hommes.

On pensa à se retirer.

Ces débris mutilés jetèrent leurs regards autour d'eux.

Publius, blessé à trois endroits, était encore debout sur son cheval, criblé de flèches.

On se réunit autour de lui.

Un mamelon de sable s'élevait à quelques pas de ce champ de bataille parthe.

Par une habitude de stratégie, les survivants se retirèrent et se massèrent sur ce mamelon.

On attacha les chevaux au centre.

Les hommes se serrèrent autour des chevaux, réunissant leurs boucliers comme une muraille.

Ils croyaient ainsi repousser plus facilement les attaques des barbares.

Ils se trompaient ; le contraire arriva.

Dans une plaine unie, le premier rang protége le second, le second le troisième.

Là, au contraire, l'inégalité du terrain élevait le second rang au-dessus du premier, le troisième au-dessus du second ; de sorte que, ceux qui étaient derrière se trouvant découverts de la moitié du corps, tous étaient également exposés.

On vit la faute commise ; il était trop tard pour la réparer.

Les soldats regardèrent Publius, comme pour chercher dans ses yeux un dernier espoir.

— Mourons ! répondit celui-ci.

Résignés, les soldats répétèrent :

— Mourons !

Ils attendirent les coups qu'ils ne pouvaient plus rendre.

Il y avait là, au milieu de tous ces hommes dévoués par Atéius aux dieux infernaux, deux Grecs, deux habitants de la ville de Charres ; ils se nommaient Hiéronyme et Nicomachus ; ils conseillaient à Publius de s'ouvrir un chemin en brisant cette muraille qui l'enveloppait, et de fuir, par des chemins qu'ils connaissaient, vers Ichnes, ville située sur l'Euphrate.

S'ils parvenaient à cette ville, qui avait pris le parti des Romains, leur salut était assuré.

Publius regarda autour de lui.

Il vit le champ de bataille couvert de morts et de mourants, et, parmi ceux qui l'entouraient, la plupart blessés et incapables de le suivre.

— Non, répondit-il aux deux Grecs, je resterai.

— Mais, si tu restes, répondirent-ils, la mort est inévitable.

— Il n'y a pas de mort assez terrible, répondit le jeune homme, pour faire abandonner à Publius ceux qui meurent avec lui. Quant à vous, ajouta-t-il, vous êtes des Grecs, non des Romains, sauvez-vous.

Et, leur tendant sa main gauche, — car sa main droite était percée d'une flèche, — il les congédia.

Les deux Grecs lancèrent leurs chevaux au galop, et disparurent dans le tourbillon de poussière soulevé par les Parthes.

L'un deux se sauva et arriva à Ichnes, où il raconta ce qui s'était passé, et comment il avait quitté Publius, et quels étaient les derniers mots que le noble jeune homme lui avait dits.

Eux partis, Publius se retourna vers ceux qui l'entouraient.

— Maintenant, dit-il, comme il ne nous reste plus qu'à mourir, que chacun meure comme il l'entendra.

Et, ne pouvant pas se tuer lui-même, blessé qu'il était à la main, il présenta le défaut de sa cuirasse à son écuyer, qui lui enfonça son épée dans le côté gauche.

Publius poussa un soupir et tomba.

Censorinus mourut de la même manière.

Megabacchus se tua lui-même.

Ceux qui restaient se firent tuer jusqu'au dernier, à l'exception de quelques-uns, que l'on prit vivants, et qui donnèrent les détails de l'effroyable catastrophe.

Les Parthes, ayant appris de leurs prisonniers le rang que tenait le jeune Publius Crassus, lui coupèrent la tête, la mirent au bout d'une pique, et marchèrent contre le gros de l'armée romaine.

XLII

La charge tentée par Publius sur les Parthes avait, au reste, donné un peu de relâche à l'armée.

Crassus, se voyant moins pressé qu'auparavant, avait rallié ses troupes, qui, tout en conservant leurs rangs, s'étaient mises en retraite vers une suite de collines qui pouvaient quelque peu rompre l'effort de la cavalerie parthique.

Ses yeux étaient constamment tournés, par un double espoir, vers ce point où avait disparu son fils et par où il s'attendait à le voir revenir.

Publius, de son côté, avait dépêché plusieurs ordonnances à son père, lui demandant du secours ; mais les premiers envoyés étaient tombés sous les flèches des Parthes.

Au moment extrême, Publius avait renouvelé la même tentative.

Un messager était parvenu, en échappant à mille morts, à traverser les rangs ennemis, et, au moment où Crassus allait atteindre la première de ces collines vers lesquelles il battait en retraite, il avait rejoint Crassus, qui, voyant un cavalier accourir à lui à toute bride, s'était arrêté pour l'attendre.

— Crassus, lui avait crié celui-ci, ton fils et les siens sont perdus si tu ne leur envoies promptement du secours.

Puis, comme si le cavalier n'avait eu de force que pour venir et prononcer ces paroles, il était tombé de cheval après les avoir dites.

Crassus demeura un instant indécis; puis la nature l'emporta, et il ordonna à l'armée de marcher au secours de son fils.

Mais il n'avait pas fait cent pas dans la direction indiquée, que, de tous côtés, de nouveaux cris retentirent en même temps que redoublait cet effroyable mugissement du tam-tam.

Les Romains s'arrêtèrent, s'attendant à un nouveau combat.

Alors reparurent les Parthes.

Ils s'étendaient, toujours circulairement, autour des Romains, tandis que, cependant, un groupe plus épais marchait droit à eux.

Ce groupe était précédé d'un homme portant une tête au bout d'une lance, et cet homme criait :

— Quels sont les parents, quelle est la famille de celui dont voici la tête ? On dit bien que son père s'appelle Crassus ; mais nous n'en croyons rien : il est impossible qu'un jeune homme d'un cœur si noble et d'une valeur si brillante que celui à qui appartenait cette tête soit le fils d'un père si lâche et si dépourvu de cœur.

Les Romains virent cette tête et la reconnurent pour celle de Publius.

Mais personne ne répondit, excepté Crassus, qui jeta un cri de douleur, et cacha son visage derrière son bouclier.

Les Romains avaient, dans cette journée, vu des choses bien des terribles, mais aucune qui leur brisât le cœur à l'égal de celle-ci.

Les cœurs les plus forts frémirent; les âmes les mieux trempées se trouvèrent défaillantes; si bien qu'au milieu de toutes ces faiblesses, ce fut le malheureux père qui, le premier, reprit courage.

Il regarda autour de lui d'un air résolu.

Puis, voyant tout le monde abattu par la douleur plus encore que par la crainte :

— Romains, s'écria-t-il, cette douleur ne regarde que moi ! La fortune et la gloire de Rome reposent en vous; relevez donc la tête !... Tant que vous vivrez, Rome sera intacte et invaincue; si vous avez pitié d'un père qui perd un enfant fameux par son courage, changez votre pitié en colère, et tournez cette colère contre l'ennemi ! Ne vous laissez point abattre par ce qui arrive; ceux qui tentent de grandes choses doivent passer par de grands malheurs. Ce n'est point sans qu'il en ait coûté du sang que Lucullus a vaincu Tigrane, et Scipion, Antiochus. Nos ancêtres ont perdu, en Sicile, mille vaisseaux, et, en Italie, bon nombre de préteurs et de généraux; n'ont-ils pas toujours fini par être les maîtres de ceux qui d'abord étaient vainqueurs ?... Ce n'est donc pas, croyez-le, par la faveur de la fortune, mais par une fermeté inébranlable, et par leur courage à affronter les grands périls, que les Romains sont parvenus au degré de puissance qu'ils ont aujourd'hui. — Allons, soldats ! ajouta-t-il, le cri de guerre ! et prouvons à ces barbares que nous sommes toujours les Romains, maîtres du monde !

Et lui-même, alors, poussa le premier le cri de guerre.

Mais ce cri n'eut qu'un écho faible, rare, inégal, languissant.

Au contraire, les Parthes y répondirent par un cri général, éclatant, sonore, plein de force.

Aussitôt, l'action commença.

La cavalerie parthique se répandit sur les ailes, prit l'armée en flanc, et recommença de faire pleuvoir cette épouvantable grêle de flèches qui avait déjà coûté si cher aux Romains, tandis que la première ligne de l'ennemi, armée d'épieux, les resserrait dans un petit espace.

Mais, au moins, ces hommes armés d'épieux, on pouvait les joindre.

Quelques soldats romains, pour en finir plus tôt avec l'agonie, se jetèrent sur eux, et ceux-là moururent d'une mort épouvantable mais prompte.

Le large fer des épieux passait au travers du corps de l'homme et pénétrait jusque dans le corps du cheval.

L'on vit des coups si rudement portés, qu'ils perçaient deux soldats à la fois.

Le combat dura ainsi jusqu'à la nuit.

Les Romains étaient près de trente mille : il fallait le temps matériel de les tuer.

Les Parthes se retirèrent en criant :

— Crassus, Crassus, nous t'accordons cette nuit pour pleurer ton fils, à moins que, la nuit te portant un bon conseil, tu ne consentes à être conduit volontairement devant Orodès, au lieu d'y être traîné de force.

Après quoi, ils dressèrent leurs tentes côte à côte des tentes romaines, comme pour garder leurs prisonniers, et leur ôter tout espoir de fuite.

Les Parthes passèrent la nuit en musique et en fête.

Quant aux Romains, leur nuit fut sombre et silencieuse. Ils ne s'occupèrent ni d'ensevelir les morts, ni de panser les blessés.

Les blessures, on le savait bien, étaient inguérissables.

Nul ne pensait donc aux autres, chacun pleurait sur soi-même.

Et, en effet, il semblait impossible d'échapper à la mort, soit qu'on attendît le jour et le destin, soit qu'on essayât de fuir à travers des plaines sans bornes. D'ailleurs, si l'on fuyait, que faire des blessés? Les emporter, c'était rendre la fuite impossible ; les laisser, c'était la rendre plus impossible encore, puisque leurs cris, leurs imprécations, en voyant qu'on les abandonnait, dénonceraient cette fuite à l'ennemi.

Crassus était l'auteur de tous ces maux; cependant, chacun voulait le voir et l'entendre : on espérait que de la suprême autorité, qui eût dû être la suprême intelligence, descendrait quelque rayon d'espoir.

Mais lui, retiré dans un coin de sa tente, couché la face contre terre, la tête voilée, il semblait la statue de l'Abattement!

Parce que deux hommes passaient avant lui dans la République, Pompée et César, il avait cru que tout lui manquait, et il venait de sacrifier des milliers d'hommes à cette ambition, qui, au lieu de faire de lui le premier de ses concitoyens dans la gloire, en faisait le premier par le malheur.

Les deux lieutenants Octavius et Cassius firent ce qu'ils purent pour relever le courage de Crassus ; mais, voyant que c'était peine inutile, ils résolurent d'agir sans lui.

Ils rassemblèrent les centurions et les chefs de bande ; on prit l'avis de chacun, et l'avis de la majorité fut qu'il fallait à l'instant même, et sans bruit, lever le camp et battre en retraite.

Il n'y avait, à tout prendre, en s'orientant bien, que cinq heures de marche pour arriver à la ville de Charres.

Un chef de cavalerie nommé Ignatius fut chargé, non pas de commander l'avant-garde, mais d'éclairer le pays avec trois cents cavaliers; il savait le chemin, et répondait, si on voulait le suivre, de ne pas faire faire fausse route à l'armée.

Il monta à cheval avec ses hommes, et sortit du camp.

Mais alors ce que l'on avait prévu arriva : les blessés s'aperçurent qu'on les abandonnait; ils poussèrent des clameurs qui, à l'instant même, portèrent le désordre parmi ceux qui étaient sains et saufs.

Ceux qui avaient pris les devants s'imaginèrent, en entendant ces cris, que les Parthes venaient de faire invasion dans le camp romain et étaient à leur poursuite.

Ignatius et ses trois cents hommes prirent le galop.

Vers minuit, en effet, ils arrivèrent à Charres.

Mais leur crainte était si grande, qu'ils ne se crurent pas en sûreté derrière les murailles de la ville.

Ils se contentèrent de longer les remparts, en criant aux sentinelles :

— Dites à Coponius, votre commandant, qu'il y a eu une grande bataille entre Crassus et les Parthes.

Et, sans donner aucun autre détail, ils continuèrent leur chemin, gagnèrent le pont, et mirent la rivière entre eux et l'ennemi.

On rapporta à Coponius ce qui venait d'arriver, et on lui répéta les paroles que semblait avoir jetées en passant l'esprit de la nuit.

Alors, lui comprit que cet avis lui avait été donné par des fuyards.

Il commanda, en conséquence, aux troupes de prendre les armes, fit ouvrir les portes et s'avança d'une lieue à peu près dans le pays par lequel, en cas de défaite, il pensait que devait revenir le reste de l'armée de Crassus.

XLIII

Les Parthes s'étaient aperçus de la retraite des Romains; cependant, ils ne les avaient pas poursuivis.

On remarque en général chez les barbares ce respect pour la nuit, ou cette crainte dans les ténèbres. Les Cosaques, pendant la retraite de Russie, furent longtemps sans oser s'opposer à nos marches nocturnes; c'était le matin qu'ils reprenaient nos traces sur la neige, et les suivaient jusqu'à ce qu'ils nous eussent rejoints.

Il en fut de même pour Crassus.

Dès le jour, les Parthes entrèrent dans le camp, et massacrèrent à peu près quatre mille blessés qu'on n'avait pu emporter.

En outre, la cavalerie fit prisonniers un grand nombre de fuyards, qui, perdus dans les ténèbres, vaguaient éparpillés dans la plaine.

Le lieutenant Vargontéius s'était ainsi égaré avec quatre cohortes.

Au jour, se voyant environnée d'ennemis, la petite troupe se retira sur un tertre.

Là, sans qu'elles fissent un pas pour aller en avant ou en arrière, pour attaquer ou pour fuir, ces quatre cohortes furent massacrées.

Vingt hommes seulement se réunirent, et, dans un accès de désespoir, se ruèrent l'épée nue sur les barbares.

Ceux-ci, soit étonnement, soit admiration, les laissèrent passer.

Les vingt hommes, sans presser le pas, sans se débander, continuèrent leur course vers Charres, et arrivèrent à la ville sans avoir été autrement inquiétés.

Crassus et le gros de l'armée avaient suivi les traces d'Ignatius, et, vers quatre heures du matin, avaient rencontré les troupes que Coponius avait amenées au-devant des Romains.

Coponius recueillit donc dans la ville et le général et les restes de son armée.

Le suréna ignorait la route suivie par Crassus; il croyait, sur un faux avis, que quelques fuyards seulement s'étaient retirés dans la ville, et que Crassus s'était échappé avec le gros de l'armée.

Devait-il laisser les Charrènes tranquilles, ainsi que ceux qui s'étaient réfugiés derrière leurs murailles, ou se mettre à la poursuite de Crassus?

Il fallait s'assurer, avant de prendre un parti, que Crassus n'était pas dans la ville; il dépêcha donc vers Charres une espèce de parlementaire parlant ces deux langues, le latin et le parthe.

Cet homme s'approcha des murailles.

Il devait appeler Crassus, et, si Crassus n'était point à Charres, Cassius.

Au *qui-vive* des sentinelles, il répondit donc qu'il était envoyé par le suréna, et qu'il avait de sa part une mission pour le général romain.

Crassus fut averti.

On l'invitait à ne pas voir cet homme; on lui disait de

se tenir en garde contre les ruses des Parthes, les plus fourbes de tous les barbares; mais Crassus n'écouta rien.

Ne sachant plus que devenir, il vit dans cette ouverture une chance de salut pour son armée.

Crassus se rendit, malgré tous, sur les remparts.

Cassius l'y suivit.

L'envoyé du suréna leur dit que son maître voulait avoir avec Crassus une entrevue personnelle.

Pendant les quelques paroles échangées entre eux à ce sujet, arrivèrent des cavaliers parthes qui connaissaient de vue Crassus et Cassius; ils venaient s'assurer de l'identité du général romain et de son lieutenant.

Convaincus que c'étaient Crassus et Cassius à qui ils avaient affaire, ils le dirent au parlementaire.

Alors, celui-ci commença de s'ouvrir, disant que le suréna était disposé à négocier, à accorder aux Romains la vie sauve, à condition qu'ils deviendraient alliés du roi Orodès, signeraient avec lui un traité d'alliance et quitteraient la Mésopotamie.

— Le général, ajouta le parlementaire, croit ce parti plus avantageux aux Romains et aux Parthes que d'en venir aux dernières extrémités.

Pendant tout ce temps, c'était Cassius qui avait été interpellé et qui avait répondu.

Arrivé à ce point de l'entrevue, il se retourna vers le général pour prendre ses ordres.

Crassus fit signe d'accepter.

Cassius accepta donc, et demanda quels seraient le lieu et l'heure de l'entrevue.

Le parlementaire dit que réponse serait faite à ces deux questions dans la journée.

Puis il tourna bride pour rejoindre le suréna, et lui annoncer que Crassus et Cassius n'étaient pas échappés, mais étaient bien dans Charres.

Les Charrènes étaient occupés violemment par les Romains et tout entiers à leurs ennemis.

Les Parthes pouvaient donc espérer qu'aucun des Romains se trouvant dans la ville ne leur échapperait.

Aussi le suréna ne prit-il plus la peine de dissimuler.

Dès le lendemain, au point du jour, il était avec ses Parthes devant Charres, et ses Parthes accablaient les Romains d'injures.

— Si vous voulez obtenir une capitulation, leur criaient-ils, si vous tenez à la vie comme vous nous l'avez prouvé en fuyant devant nous, vous n'aurez cette capitulation et ne sauverez votre vie qu'en nous livrant Crassus et Cassius enchaînés.

Les Romains écoutaient ces injures avec consternation; ils sentaient qu'ils ne pouvaient se fier aux habitants de la ville; ils comprenaient que chaque pavé couvrait une trahison.

Crassus voulait leur rendre quelque espoir : il leur parlait d'Artabase et de ce secours d'Arméniens tant méprisé aux jours de la prospérité, et si vivement apprécié depuis les revers.

Mais les Romains secouaient à bon droit la tête, disant qu'ils ne devaient plus compter que sur eux-mêmes, et que leur seul salut était dans la retraite.

En conséquence, ils engageaient Crassus à profiter de la nuit, à quitter la ville, et à faire le plus de chemin possible pendant l'obscurité.

Crassus était tout disposé à se rendre aux désirs de ses soldats; seulement, pour réussir, ce projet avait besoin de rester secret, chacun étant convaincu que, si un seul habitant de la ville en était instruit, dix minutes après, le suréna le saurait à son tour.

Cependant il fallait un guide.

Crassus voulut le choisir lui-même; — il avait la main si heureuse!

Il tomba sur un nommé Andromachus, qui n'était rien autre chose qu'un espion des Parthes.

Crassus était bien décidément dévoué aux dieux infernaux.

Les Parthes furent donc informés des moindres détails de la fuite de Crassus.

Aussi ne s'émurent-ils point.

Les Romains sortirent de Charres sans qu'un seul bruit, sorti du camp des Parthes, leur fît craindre que leur retraite fût connue. Il est vrai que le suréna, sachant que son ennemi avait pour guide Andromachus, était toujours certain de le rejoindre.

En effet, celui-ci guidait les Romains par des routes qui semblaient les éloigner de la ville, et qui, cependant, les maintenaient dans les environs.

Il finit par détourner l'armée du chemin, l'engagea dans des marais et des fondrières; si bien qu'à ces marches et à ces contre-marches, à l'aspect du terrain, au sentiment instinctif qu'ils éprouvaient d'être plus près du danger que jamais, beaucoup déclarèrent qu'Andromachus était un traître, et refusèrent de le suivre.

Cassius, pour son compte, se prononça formellement, accusant Andromachus, qu'il eût tué, si Crassus ne l'eût pris sous sa protection.

Mais, alors, laissant Crassus à son aveuglement, Cassius se sépara de lui avec cinq cents cavaliers à peu près, et retourna vers Charres.

Là, il prit des guides arabes, et, comme ceux-ci lui disaient qu'ils lui conseillaient d'attendre, pour se mettre en route, que la lune eût dépassé le Scorpion :

— Je ne m'inquiète pas du Scorpion, dit-il, mais du Sagittaire. En route! en route!

Et il se mit à chevaucher dans la direction de l'Assyrie.

Une autre fraction de l'armée se sépara aussi de Crassus.

Celle-là, conduite par des guides fidèles, parvint à une chaîne de montagnes qui s'étend à quelque distance du Tigre et qu'on appelle les Sinnaques.

Ils étaient mille environ, sous les ordres d'un lieutenant qui était connu d'eux par son courage; ils avaient donc toute confiance en lui. Ce lieutenant se nommait Octavius.

Quant à Crassus, son mauvais génie ne l'avait point abandonné : d'abord, ce mauvais génie s'était appelé Ariamnès; maintenant, il s'appelait Andromachus.

Le jour surprit Crassus engagé dans les marais et les fondrières.

Il commença de comprendre qu'il y avait trahison.

Le glaive sur la gorge, il ordonna à Andromachus de le conduire sur un meilleur terrain.

Force fut à celui-ci d'obéir.

Après bien des fatigues, il ramena l'armée sur le grand chemin.

Crassus avait encore avec lui quatre ou cinq cohortes, une centaine de cavaliers et cinq licteurs.

A peine ce qui lui restait d'hommes était-il, grâce à l'amélioration du terrain, rallié autour de lui, que l'ennemi parut.

Crassus gagna une crête de montagne, et, de là, à une

demi-lieue de lui, il vit une autre colline couverte d'hommes dont les armes étincelaient au soleil levant.

Ceux qui occupaient cette colline étaient Octavius et ses soldats.

C'était un dernier espoir.

On allait donc pouvoir se soutenir l'un l'autre.

Les Parthes se dirigèrent vers Crassus, comme s'ils eussent su que là était le général en chef, et ils commencèrent l'attaque.

XLIV

On sait de quelle manière attaquaient les Parthes.

Seulement, cette fois, en même temps qu'ils attaquaient, ils furent attaqués.

Octavius, dont ils ne paraissaient pas vouloir s'occuper d'abord, en voyant son général enveloppé, fit un appel à ses hommes, afin que ceux qui seraient de bonne volonté allassent, avec lui, lui porter secours.

Cinq cents hommes d'abord, puis les quatre mille cinq cents autres descendirent de leurs montagnes comme une avalanche de fer, rompirent les rangs des Parthes, et firent leur jonction avec Crassus.

Alors, réunis à leurs compagnons, tous ensemble, ils le firent placer au centre, l'enveloppèrent de leurs corps, le couvrirent de leurs boucliers, et crièrent fièrement à l'ennemi :

— Tirez tant que vous voudrez maintenant! pas un trait n'atteindra notre général, que nous ne soyons tous morts autour de lui et avant lui.

Et tous, pressés ainsi les uns contre les autres, ils commencèrent, masse mobile et presque impénétrable, à cause des boucliers, à battre en retraite vers les Sinnaques.

Le suréna remarqua avec inquiétude qu'il ne restait presque plus autour de Crassus que des hommes à boucliers, la plus grande partie des soldats armés à la légère et qui ne portaient pas cette arme défensive étant morts; les boucliers, sans neutraliser les coups des flèches terribles, en amortissaient cependant l'effet. Groupés comme ils étaient, les Romains présentaient l'image d'une immense tortue à la caparace de fer se mouvant lentement, mais enfin se mouvant, et, cela, tout en gagnant le pays montagneux. Il comprit qu'une fois qu'il allait être engagé dans cette chaîne de collines, la cavalerie, qui faisait sa force principale, lui devenait inutile; il vit que l'ardeur de ses Parthes s'émoussait, et il ne fit aucun doute que, si la nuit survenait, et que les Romains parvinssent à quitter la plaine, ils étaient sauvés.

Alors, le barbare en revint à la ruse, qui lui avait toujours aussi bien réussi que la force.

On laissa évader à dessein quelques prisonniers, tout en faisant semblant de les poursuivre et de tirer dessus.

Les Parthes, par ordre de leur chef, avaient dit, devant ces prisonniers, que les Romains se trompaient quand ils croyaient que le roi Orodès leur voulait faire une guerre d'extermination; que rien, au contraire, ne lui serait plus honorable que l'amitié et l'alliance des Romains, s'il pouvait croire à cette amitié et à cette alliance, et que, si Crassus et les Romains se rendaient, on les traiterait, certes, avec humanité.

Les prisonniers se sauvèrent donc, et, ayant échappé à ceux qui les poursuivaient et aux traits lancés sur eux, ils rejoignirent leurs compagnons, auxquels ils firent part de ce qu'ils avaient entendu.

Ils furent conduits jusqu'à Crassus, à qui ils répétèrent la fable inventée par le suréna.

Celui-ci, les ayant suivis des yeux, les avait vus regagner l'armée romaine, et, remarquant le mouvement qui s'y faisait depuis leur arrivée, il suspendit l'attaque.

Puis, débandant son arc, d'un pas tranquille, et accompagné de ses principaux officiers, il s'avança vers Crassus, lui tendant la main et l'invitant à une entrevue.

Les soldats, voyant ces démonstrations pacifiques, firent silence, et ils entendirent la voix du général ennemi qui disait :

— Romains, c'est malgré lui, et parce que vous êtes venus le chercher au cœur de ses États, que le roi vous a fait éprouver sa vigueur et sa puissance; et, maintenant, en vous renvoyant tous sains et saufs, il veut vous prouver sa clémence et sa bonté.

Comme ces paroles étaient en harmonie avec ce que venaient de rapporter les prisonniers, les Romains les accueillirent avec une joie extrême.

Mais Crassus secouait la tête, et ne voulait pas s'y fier. Toute négociation, jusqu'alors, avait voilé quelque piége et quelque mensonge, et il ne voyait, chez les Parthes, aucun motif à un changement de conduite si incroyable et si inattendu.

Il en délibérait donc avec ses officiers, opinant pour repousser toute ouverture, si séduisante et si doucereuse qu'elle fût, et surtout pour continuer sans perdre un instant, la retraite vers les montagnes, quand les cris des soldats revinrent troubler sa délibération.

Eux aussi avaient délibéré et avaient décidé que leur

chef irait au suréna comme le suréna venait à lui, et accepterait les propositions qui lui étaient faites.

Crassus voulut s'opposer à leur désir; mais ce n'était déjà plus un désir, c'était une volonté.

Les cris et les injures commencèrent à se faire jour et s'élancèrent de ces masses aigries.

Crassus était un traître, Crassus était un lâche; il les livrait à des ennemis auxquels lui-même n'osait pas aller parler, quand ces ennemis venaient à lui sans armes.

Le général romain insista, leur demandant d'attendre un jour seulement, leur promettant que, le lendemain, ils seraient en sûreté dans la montagne.

Mais ces hommes désespérés étaient à bout de force et de patience; ils ne voulurent entendre à rien. Ils frappaient leurs armes les unes contre les autres pour couvrir sa voix, passant de l'injure à la menace, et criant, eux qui venaient de dire qu'on n'arriverait au corps de leur général que lorsqu'on les aurait tous tués, et criant que, si Crassus ne descendait pas vers le suréna, eux allaient le prendre et le livrer.

Ce rayon d'espérance les avait rendus aveugles et fous.

Enfin, Crassus dit qu'il était prêt à faire ce qu'exigeait l'armée; mais, avant de marcher vers les Parthes, s'adressant à haute voix à ses soldats :

— Octavius, dit-il, Pétronius, et vous tous, officiers ici présents, vous êtes témoins de la violence qui m'est faite; mais, si vous échappez à ce danger, oubliez la façon dont me traitent mes propres soldats, et dites à tout le monde que c'est par la perfidie de ses ennemis, et non par la trahison de ses compatriotes, que Crassus a péri.

Et, sur ces mots, Crassus commença de descendre seul la colline.

Mais, alors, Octavius et Pétronius eurent honte de laisser ainsi leur général s'exposer seul et le suivirent.

Les licteurs de Crassus, jugeant que c'était de leur devoir de ne point abandonner leur maître, vinrent aussi se ranger à ses côtés.

Mais Crassus les renvoya.

— Si c'est pour traiter, dit-il, je suffis au traité; si c'est pour mourir, je suffis à la mort.

Il voulut renvoyer comme eux Octavius et Pétronius; mais ceux-ci refusèrent absolument de le quitter, ainsi que cinq ou six Romains dévoués, qui voulurent partager, quel qu'il fût, le sort de leur général.

Tous trois s'avancèrent donc vers le groupe ennemi, qui les attendait. A cinq ou six pas derrière eux marchait leur petite escorte.

Les premiers qui vinrent à la rencontre de Crassus, et qui lui adressèrent la parole, furent deux Grecs métis, comme si, depuis Sinon, dans toute trahison, devait se retrouver un Grec.

Ceux-ci, en reconnaissant Crassus, sautèrent à bas de leurs chevaux, et, le saluant profondément, lui adressèrent la parole en grec, l'engageant à envoyer quelques hommes pour s'assurer que le suréna s'avançait sans armes.

— Si j'avais fait cas de ma vie, répondit Crassus dans la même langue, je ne serais pas venu me mettre en votre pouvoir.

Cependant, faisant halte un instant, il envoya devant lui deux frères nommés Roscius, pour demander combien on serait à l'entrevue et de quelle chose on traiterait.

Le suréna commença par retenir les deux frères; puis,

franchissant rapidement avec ses officiers la distance qui le séparait encore de Crassus :

— Eh quoi! dit-il, nous sommes à cheval et le général des Romains est à pied! Un cheval! vite un cheval!

— Inutile, répondit Crassus. Puisqu'il y a traité entre nous, débattons ici les clauses de ce traité.

Mais le suréna :

— Il y a traité, dit-il, à partir de ce moment, sans aucun doute ; cependant, rien n'est encore signé, et, ajouta-t-il avec un mauvais sourire, vous autres Romains, vous oubliez vite tout traité qui ne porte pas votre cachet.

Puis il tendit la main à Crassus.

Celui-ci donna la main au suréna, tout en jetant à ceux qui le suivaient l'ordre d'amener son cheval.

— Pourquoi demander ton cheval? dit le suréna ; crois-tu que nous manquions de chevaux?... Tiens, en voici un que le roi te donne.

Et il montrait un cheval magnifique, splendidement caparaçonné avec un frein d'or.

En même temps, et avant que Crassus eût essayé de s'en défendre, les écuyers l'avaient enlevé, l'avaient mis en selle, et, marchant à ses côtés, frappaient le cheval pour hâter sa marche.

Il était évident que la trahison s'accomplissait et que l'on voulait enlever Crassus.

XLV

Ce fut Cassius qui s'aperçut le premier de la trahison et qui tenta de s'y opposer.

Il jeta un regard rapide sur ceux qui entouraient Crassus et chercha vainement, parmi eux, une physionomie rassurante.

Ceux qui souriaient, — et le surena, avec ses yeux peints, ses joues fardées, ses cheveux séparés au milieu du front comme ceux d'une femme, était des plus souriants, — ceux qui souriaient, souriaient d'une façon sinistre, comme fait la vengeance satisfaite.

Octavius, qui avait continué de marcher à pied, saisit la bride du cheval de Crassus, et l'arrêta.

— Le général n'ira pas plus loin.

Mais le surena frappa du bois de son arc le cheval de Crassus, qui se cabra, et essaya de s'arracher à Octavius.

Les autres Romains qui accompagnaient Crassus comprirent alors le signe d'Octavius; ils écartèrent les écuyers et se portèrent en avant du cheval de Crassus, en disant :

— C'est à nous de faire escorte à notre général.

Alors, sans que les hostilités fussent encore déclarées, on s'agita, on se poussa, on fit tumulte.

Dans ce tumulte, Octavius tira son épée, et, voyant qu'un écuyer avait saisi le cheval de Crassus par le frein et le tirait à lui, il passa son épée au travers du corps de l'écuyer, qui tomba.

En même temps que l'écuyer tombait, Pétronius, qui avait accepté un cheval, tombait aussi de son cheval, mais sans blessure et d'un coup reçu sur sa cuirasse.

Octavius se baissa pour aider son compagnon à se relever, et, comme il se baissait, il reçut par derrière un coup qui le tua.

Pétronius, lui-même, était tué avant d'avoir pu se relever.

En ce moment, Crassus, à son tour tomba.

Avait-il été frappé ou tombait-il par accident ?

On l'ignore.

Seulement, à peine fut-il à terre, qu'un Parthe, nommé Promaxatrès, se jeta sur lui et lui coupa la tête d'abord, la main ensuite, — la main droite.

Au reste, toute cette catastrophe, rapide comme l'éclair, comme l'éclair aussi sembla passer au milieu des nuages.

Les soldats restés sur la colline étaient trop loin pour bien voir les détails, et, de ceux qui accompagnaient Crassus, une partie fut tuée en même temps que lui, Octavius et Pétronius.

Et l'autre partie, c'est-à-dire trois ou quatre hommes seulement, profitant de la bagarre, parvinrent à regagner la montagne, et cela, comme on le pense bien, sans songer à regarder derrière eux.

Le surena laissa là le corps de Crassus, examina curieusement sa tête et sa main, à laquelle était son anneau, et les donna à un chef nommé Syllacès.

Puis il s'avança vers les Romains, et, lorsqu'il fut à portée de la voix :

— Romains, dit-il, la guerre est finie; c'était à votre général seulement que le roi en voulait ; car ce n'était pas vous, c'était votre général qui avait voulu la guerre. Vous pouvez donc venir à nous en toute sécurité ; ceux qui viendront auront la vie sauve.

Une partie de l'armée crut encore aux paroles de cet homme, et se rendit.

L'autre partie resta où elle était, et, la nuit venue, n'ayant plus de chef, se dispersa dans la montagne.

Ce furent encore ces hommes dispersés qui eurent la meilleure chance.

De ceux-ci, quinze cents ou deux mille parvinrent à regagner les frontières, tandis que, de ceux qui s'étaient rendus, on n'en revit jamais un seul : tous furent égorgés par les Parthes.

« On rapporte, dit Plutarque, qu'il y eut en tout vingt mille morts et dix mille prisonniers. »

Seulement, comme les prisonniers ne reparurent point, on peut les mettre au nombre des morts.

Maintenant, passons à l'épilogue de cette effroyable tragédie, sur laquelle nous nous sommes peut-être un peu longuement étendu, ne pouvant échapper à son côté dramatique et surtout philosophique.

Pendant que ces choses se passaient en Mésopotamie, à quelques lieues de Charres, Orodès avait fait sa paix avec l'Arménien Artabase.

Une des conditions de cette paix avait été le mariage de la sœur d'Artabase avec Pacorus, le fils d'Orodès.

On était donc en fête dans la capitale de l'Arménie, tandis qu'on massacrait, en Mésopotamie, Gaulois et Romains.

Ces fêtes, données à propos du mariage des deux jeunes gens, consistaient tout particulièrement en représentations scéniques de l'ancien théâtre grec ; car Orodès, tout barbare qu'il était, parlait un peu la langue latine et très-bien la langue grecque, tandis que Artabase, auteur dramatique en même temps que roi, faisait, comme roi, de l'histoire, comme auteur dramatique, des tragédies.

Or, un soir, au moment où les tables du festin venaient d'être enlevées et où un acteur tragique de Tralles, ville de Carie, nommé Jason, chantait, à la grande satisfaction des spectateurs, le rôle d'Agavé dans *les Bacchantes* d'Euripide, on frappa à la porte du palais.

Artabase ordonna de s'informer qui frappait.

Un officier sortit, puis rentra un instant après, disant

que c'était un chef parthe, nommé Syllacès, qui venait donner au roi Orodès de bonnes nouvelles de la Mésopotamie.

Le roi Orodès connaissait Syllacès comme un des familiers du suréna ; Syllacès était, en outre, un grand de l'empire.

Sur un signe d'assentiment du roi Artabase, il ordonna que Syllacès fût introduit.

Syllacès commença par se prosterner aux pieds d'Orodès, et, en se relevant, il lâcha le pan de son manteau, qui laissa rouler aux pieds d'Orodès la tête et la main de Crassus.

Orodès comprit à l'instant même, et sans explication ; et les Parthes présents au festin firent retentir la salle d'applaudissements et de cris de joie.

Le roi fit asseoir Syllacès près de lui.

De son côté, l'acteur Jason, qui chantait le rôle d'Agavé, comme nous l'avons dit, et qui en était à la scène entre Cadmus et Agavé, dans laquelle Agavé tient entre ses mains la tête de Penthée, que, dans sa folie, elle prend pour une tête de lion ; de son côté, disons-nous, l'acteur Jason, passant la tête de Penthée à un personnage du chœur, et prenant celle de Crassus, s'écria comme s'il continuait son rôle d'Agavé, mais en montrant la tête de Crassus au lieu de celle de Penthée :

— J'apporte de la montagne un nouvel ornement pour mon thyrse, un brillant trophée de chasse. J'ai pris, comme tu peux le voir, ce lion dans mes filets.

L'à-propos fut saisi avec fureur.

Puis, comme il continuait son dialogue avec le chœur, et que le chœur demandait :

— Qui lui a porté le coup mortel ?

Promaxatrès s'élança aux côtés de Jason, et, lui arrachant la tête des mains :

— Moi ! moi ! dit-il répondant par le vers d'Euripide : « C'est à moi qu'en appartient l'honneur. »

En effet, on se le rappelle, c'était lui qui avait tué Crassus, et qui, l'ayant tué, lui avait coupé la tête et la main.

Cet épisode inattendu compléta la fête, fête étrange où luttaient ensemble la civilisation et la barbarie, la tragédie factice et la tragédie réelle.

Orodès fit donner un talent à chacun des deux acteurs, un talent à Jason, un talent à Promaxatrès.

Ce fut ainsi que se termina cette grande et folle entreprise de Crassus, et que se rompit, par la mort d'un de ses membres, le premier triumvirat.

Si l'on veut savoir ce que devinrent les autres acteurs de cette scène, nous allons le dire en deux mots.

Le suréna fut assassiné sur l'ordre d'Orodès. Par cette défaite de Crassus, il était devenu en quelque sorte plus grand que le roi ; Orodès l'abattit comme un chêne qui fait trop d'ombre.

Pacorus, son fils, qui venait d'épouser la sœur d'Artabase, et qui avait vu la tête et la main de Crassus jouer un rôle aux fêtes de ses noces, fut vaincu et tué dans une grande bataille qu'il livra aux Romains.

Orodès tomba malade d'une hydropisie : la maladie était mortelle ; mais son second fils, Phraates, trouvant qu'il ne mourait pas assez vite, l'empoisonna.

« Or, il arriva, dit Plutarque, que le poison était le remède inconnu de la maladie dont était atteint Orodès ; *que la maladie le reçut et l'absorba, et qu'ils se chassèrent l'un l'autre.*

» En conséquence, ajoute Plutarque, Orodès se sentit soulagé. »

Mais, alors, Phraates prit la route la plus courte : il étrangla son père.

XLVI

Revenons à Caton et à Pompée ; puis, de là, nous jetterons un coup d'œil dans les Gaules, et nous verrons ce que fait César.

Caton est toujours l'homme excentrique, ayant le privilége de tout faire, mais, avec tout cela, ne pouvant se faire nommer consul.

Nous avons dit que Caton s'était mis sur les rangs et avait échoué.

Ce n'est vraiment pas assez dire ; quand il s'agit d'un homme de l'importance de Caton, il faut encore dire comment il échoue.

On se rappelle ce que Caton avait prédit à Pompée à l'endroit de César.

César, il faut l'avouer, donnait parfaitement raison aux prophéties de Caton.

Il était le seul qui grandît au milieu de ces jours désastreux.

Il avait, avec un bonheur inouï, échappé à temps à ces guerres mesquines du Forum qui, depuis six ans, amoindrissaient Pompée ; il y avait échappé pour faire la guerre, une guerre importante.

Il y a dans la guerre quelque chose de sérieux et de loyal qui élève les hommes à toute la hauteur qu'ils sont susceptibles d'acquérir.

Au Forum, qu'était César ?

Un tribun moins populaire que Clodius, moins énergique que Catilina, moins pur que les Gracques.

A l'armée, César commençait à rivaliser Pompée, et, en rivalisant Pompée, à dépasser tous les autres.

Or, à cette magie de la gloire, la plus éblouissante de toutes les magies, se joignait cette habileté profonde, cette corruption sourde et éternelle, qui étaient les deux grands moyens de César.

Caton, voyait moins les victoires que remportait César dans les Gaules, que l'effrayant chemin qu'il faisait dans Rome.

Il n'y avait qu'un moyen pour Caton d'arrêter cette marche, qui tendait à l'abolissement de la République ; c'était de se faire nommer consul ; consul à Rome, il réagissait contre César, imperator dans les Gaules.

Il se mit sur les rangs.

Mais il fit décréter par le sénat que les candidats solliciteraient eux-mêmes le peuple, et que personne ne pourrait briguer les suffrages en leur nom.

C'était un assez mauvais moyen d'arriver.

Caton était par lui-même un médiocre solliciteur.

« D'un autre côté, le peuple, dit naïvement Plutarque, était mécontent qu'on lui enlevât son salaire. »

Aussi Caton, sollicitant à la manière du Coriolan de Shakespeare, échoua-t-il dans sa candidature.

Or, il était d'habitude, quand on éprouvait un échec semblable, que celui qui l'avait éprouvé s'enfermât pendant quelques jours et passât ces quelques jours avec sa famille et ses amis dans la tristesse et le deuil.

Mais Caton ne fit point ainsi.

Comme il mettait sa disgrâce sur le compte de la corruption, et qu'il prétendait valoir mieux que son époque, il ne voyait dans cette disgrâce qu'un nouvel hommage rendu à lui par ses concitoyens.

Aussi, ce jour même, se fit-il frotter d'huile et alla-t-il jouer à la paume au champ de Mars; puis, après son dîner, selon son usage, descendit-il au Forum sans tunique et sans souliers, et s'y promena-t-il jusqu'à la nuit avec ses familiers.

Le peuple suivait Caton, applaudissait Caton, mais ne le nommait pas consul.

Cette conduite valut à Caton le blâme de Cicéron, l'homme du juste milieu.

— Tu voulais être consul, ou tu ne voulais pas l'être, dit Cicéron.

— Je voulais l'être, répondit Caton, pour le bien de la République, et non pour la satisfaction de mon propre orgueil.

— Alors, raison de plus, dit Cicéron; si c'était pour le bien de la République, il fallait sacrifier à la République ta rigidité.

Caton secoua la tête; il était de ceux qui trouvent toujours qu'ils ont raison.

Caton, nous l'avons dit, avait un fanatique que l'on appelait Favorinus; cet homme était à Caton ce qu'Apollodore était à Socrate: à Rome, on l'appelait le singe de Caton.

Il se mit — lui, Favorinus — sur les rangs pour l'édilité.

Il échoua.

Il avait été soutenu par Caton.

Caton ne portait pas bonheur, mais Caton était entêté.

Il se fit remettre les tablettes où étaient inscrits les

votes, montra que tous les votes étaient écrits de la même main, en appela aux tribuns et fit casser l'élection.

L'année suivante, Favorinus fut nommé édile.

Nous avons dit que tout nouvel édile avait coutume de donner des jeux.

Favorinus chercha quels jeux il pourrait donner pour faire concurrence à Curion, son collègue.

Curion était ruiné, mais comme on était ruiné à Rome : — il devait peut-être huit ou dix millions, une misère ! — il fallait que Favorinus se ruinât pour rester au-dessous de cet homme ruiné.

L'avantage des fortunes détruites, c'est qu'on ne craint pas de les détruire.

A un moment donné, César aura besoin de Curion, et lui donnera cinquante millions de sesterces (dix millions de francs).

Est-ce que nous n'avons pas vu, de nos jours, des hommes qui n'étaient jamais ruinés?

Caton entra comme Favorinus donnait sa langue aux chiens, ne sachant que trouver de nouveau, dans une époque où Pompée faisait combattre trois cent quinze lions à crinière et vingt éléphants.

Caton se chargea des jeux.

Le bruit se répandit aussitôt à Rome que c'était Caton qui se chargeait des jeux de Favorinus.

Caton *impresario*, ce serait chose curieuse.

Caton ramena les jeux à la simplicité antique.

Au lieu de couronnes d'or, il distribua aux musiciens des couronnes d'olivier comme à Olympie.

Puis, au lieu des présents magnifiques qu'on avait l'habitude de faire, il distribua aux Romains des cruches de vin, de la chair de porc, des figues, des concombres et des fagots de bois ; et aux Grecs des poireaux, des laitues, des raves et des poires.

Les Grecs, qui étaient gens d'esprit, croquèrent leurs raves et sucèrent leurs poireaux en riant.

Les Romains, qui avaient bon estomac, mangèrent leur chair de porc et leurs figues, en disant :

— Le drôle de corps que ce Caton !

Puis, par une de ces bizarreries comme en fait le peuple, le peuple mit à la mode les jeux de Favorinus.

On s'étouffait pour aller chercher sa botte de raves ou son fagot.

Curion et ses jeux firent un *fiasco* complet.

Il est vrai que c'était Caton en personne qui posait les couronnes d'olivier sur la tête des chanteurs et qui distribuait les poireaux et les concombres.

On voulait voir Caton marchand de légumes.

Favorinus, du milieu de la foule, applaudissait Caton avec la foule.

C'était pendant ce temps que s'accomplissaient entre Milon et Clodius, les événements que nous avons racontés, et à la suite desquels Pompée avait été momentanément nommé seul consul.

Caton s'était d'abord opposé à cette nomination. — Caton, on le sait, s'opposait à tout. — Mais deux événements étaient arrivés, qui, sans coïncidence entre eux, devaient cependant, selon Caton, avoir une influence fatale sur la liberté.

Julie, la femme de Pompée, était morte, comme nous l'avons dit ; Crassus avait été battu et tué par les Parthes.

La mort de Julie rompait l'alliance du beau-père et du gendre : Julie était le trait d'union entre César et Pompée.

La mort de Crassus rompait le triumvirat.

La crainte que Crassus inspirait tout particulièrement à César et à Pompée leur faisait observer l'un vis-à-vis de l'autre les conditions du traité signé ; mais, quand la mort leur eut enlevé cet adversaire qui pouvait, sinon par son génie, du moins par sa fortune, lutter contre celui des deux à qui la victoire fût restée, on ne vit plus que ce qui était réellement, c'est-à-dire deux lutteurs prêts à se disputer la possession du monde.

Or, Caton n'aimait pas Pompée, mais surtout il haïssait César !

Caton n'oubliait pas que César avait publié son *Anticaton*, et que, dans cet *Anticaton*, il lui reprochait deux choses : la première, d'avoir passé au tamis les cendres de son frère pour en extraire de l'or ; la seconde, d'avoir cédé sa femme, jeune, à Hortensius, dans l'espérance de la reprendre plus tard vieille et riche ; — ce que fit Caton.

En attendant, il se désespérait. Que voulaient donc ces deux hommes — César et Pompée — qui trouvaient le monde trop étroit pour eux deux ?

Les dieux avaient divisé l'univers en trois parts : à Jupiter, le ciel ; à Neptune, la mer ; à Pluton, les enfers ; et le partage fait, tout dieux qu'ils étaient, ils s'étaient tenus tranquilles. César et Pompée n'étaient que deux à partager l'empire romain, et l'empire romain ne pouvait leur suffire !

XLVII

Ce qui effrayait Caton, c'était cette étrange puissance que prenait sur Rome César absent de Rome.

Tandis que l'écho de l'Orient apportait la nouvelle de la

défaite de Crassus, l'écho de l'Occident apportait la nouvelle des victoires de César.

Un jour arriva cette nouvelle, que César avait marché contre les Germains, avec lesquels on était en paix, et leur avait tué trois cent mille hommes!

C'était la même infraction que celle qu'avait commise Crassus contre les Parthes ; seulement, Crassus avait laissé trente mille hommes et perdu la vie là où César avait trouvé une nouvelle occasion d'augmenter sa gloire et sa popularité.

Au bruit de cette victoire, le peuple poussa de grands cris de joie, et demanda que l'on rendît publiquement grâce aux dieux.

Mais Caton, au contraire, s'éleva contre César, qui avait commis cette injustice d'attaquer un peuple avec lequel on était en paix, et il demanda qu'on livrât César aux Germains, pour qu'ils eussent à faire de lui ce que bon leur semblerait.

— Sacrifions aux dieux, dit-il, pour les remercier de ce qu'ils ne font pas retomber sur l'armée la folie et la témérité du général ; mais punissons ce général pour ne point attirer sur nous la vengeance des dieux et ne pas charger Rome du poids d'un sacrilége.

Il va sans dire que la proposition de Caton fut honteusement repoussée.

César apprit au fond des Gaules la bonne volonté de Caton pour lui, et, dans une lettre au sénat, chargea à son tour Caton d'injures et d'accusations.

Parmi ces accusations, les deux registres des comptes cypriotes, l'un noyé, l'autre brûlé, tenaient grande place ; et, à l'endroit de la haine de Caton contre Pompée, César demandait si cette haine n'avait point pour cause le refus qu'avait fait Pompée de la fille de Caton.

A ces deux imputations, Caton répondit que peu importaient d'abord ces deux registres perdus ou conservés; que, sans avoir reçu de la République ni un cheval, ni un soldat, ni un vaisseau, il avait rapporté de Chypre plus d'or et d'argent que Pompée n'en avait jamais conquis par toutes ses guerres, par tous ses triomphes, et en bouleversant le monde; que, quant au refus que Pompée aurait fait d'avoir Caton pour beau-père, c'était, au contraire, lui, Caton, qui avait refusé d'avoir Pompée pour gendre; — non point qu'il crût Pompée indigne de s'allier à lui, mais parce qu'il trouvait les principes de Pompée trop peu conformes aux siens.

Pompée, nommé seul consul, avait, comme nous l'avons vu, rétabli l'ordre et fait condamner Milon, sans s'inquiéter si Milon avait été son homme, et sans mesurer le service que Milon lui avait rendu en tuant Clodius.

La tranquillité, exilée de Rome, y avait donc fait, comme Cicéron, une rentrée triomphale.

Cicéron appelle le consulat de Pompée *divin.*

Où tout cela menait-il Rome?

A la royauté, — ou tout au moins à la dictature.

En effet, le mot *roi* était tellement détesté des Romains, que c'eût été une grande folie de prononcer le mot.

La chose, déguisée sous le nom de dictature, était beaucoup moins effrayante. Il y avait bien les souvenirs de la dictature de Sylla; mais la dictature de Sylla avait été une dictature aristocratique, et toute la noblesse, tout le patriciat de Rome surtout, trouvait qu'une pareille dictature valait encore mieux que des tribunats comme ceux des Gracques et de Clodius.

Il en résulta que Pompée se crut assez fort pour faire un essai.

On répandit sourdement dans Rome que Pompée consul ne pouvait encore faire tout le bien qu'il désirait, et surtout empêcher tout le mal qu'il craignait.

Puis, à la suite de ce regret exprimé, les gens qui l'avaient exprimé secouaient mélancoliquement la tête, comme réduits d'en venir à cette extrémité, en disant :

— C'est triste à avouer, mais il faudrait un dictateur.

De sorte qu'on n'entendait que ces mots dits à demi-voix:

— Il faudrait un dictateur! un dictateur est nécessaire.

Puis on ajoutait :

— Et franchement, n'est-ce pas? il n'y a que Pompée qui puisse être dictateur!

Caton entendait dire cela comme les autres, et rentrait chez lui furieux.

Enfin, un homme se chargea de formuler ce prétendu désir du peuple, ce prétendu besoin de Rome : c'était le tribun Lucilius.

Il proposa publiquement d'élire Pompée dictateur.

Mais Caton était là ; Caton monta à la tribune après lui et le mena si rudement, que Lucilius faillit perdre son tribunat.

Voyant cet échec, plusieurs amis de Pompée se présentèrent en son nom, déclarant que jamais Pompée, lui eût-on donné la dictature, ne l'eût acceptée.

— Mais, dit Caton, parlez-vous au nom de Pompée lui-même, ou seulement en votre propre nom ?

— Nous parlons au nom de Pompée, répondirent les ambassadeurs.

— Eh bien, reprit Caton, il y a un moyen bien simple à Pompée de montrer sa bonne foi ; il a tout pouvoir ;

qu'il fasse rentrer Rome dans la légalité, en aidant à la nomination de deux consuls.

Le moyen proposé par Caton fut reporté à Pompée.

Le lendemain, Pompée descendit au Forum, et, s'adressant au peuple :

— Citoyens, dit-il, j'ai obtenu toutes les charges beaucoup plus tôt que je ne l'avais espéré ; et je les ai déposées toujours beaucoup plus tôt qu'on ne s'y était attendu. Que désire Caton ? Je ferai selon son désir.

Caton demanda que, par l'influence de Pompée, deux consuls fussent élus, et, s'il était possible, sans trouble.

Pompée fixa les comices à un mois, déclara que tous les citoyens étaient libres de se présenter, pourvu qu'ils remplissent les conditions nécessaires au consulat, et affirma que, sans trouble, ils seraient élus.

Beaucoup se présentèrent.

Domitius et Messala furent élus. — Domitius était le même contre lequel Pompée avait fait tant d'entreprises illégales, et qu'il avait tenu assiégé dans sa maison, tandis qu'il se faisait nommer consul avec Crassus.

Puis Pompée se démit du pouvoir ; il rentra ou fit semblant de rentrer dans la vie privée.

D'où venait cette facilité à redevenir simple particulier ?

Il y avait près de deux ans que Julie était morte, et Pompée était amoureux !

De qui Pompée était-il amoureux ?

Nous allons vous dire cela.

D'une femme charmante, fort à la mode à Rome : de la fille de Métellus Scipion, de la veuve de Publius Crassus.

Elle s'appelait Cornélie.

C'était, en effet, une personne fort distinguée, très-versée dans la littérature, et musicienne excellente : elle jouait de la lyre ; ce qui ne l'empêchait pas d'avoir étudié la géométrie, et, dans ses moments perdus, de lire les philosophes.

C'était ce que, de nos jours, nous appelons, nous autres Français, une femme de lettres, et ce que les Anglais appellent un bas bleu.

Ce mariage fit hocher toutes les têtes sérieuses de Rome.

Pompée ne comptait pas moins de cinquante-trois ans ; qu'avait-il affaire d'une femme de dix-neuf ans qui eût été d'âge à épouser juste le plus jeune de ses deux fils !

D'un autre côté, les républicains trouvaient que, dans cette occasion, Pompée avait oublié la situation précaire de la République.

Sous les nouveaux consuls, les troubles recommençaient. Que faisait Pompée pendant qu'on se bousculait au Forum, comme aux beaux jours de Clodius et de Milon ?

Il se couronnait de fleurs, faisait des sacrifices et célébrait ses noces.

Mais pourquoi Caton avait-il troublé le consulat de Pompée ? Il convenait tant à Cicéron ! tout allait si bien à Rome quand Pompée était seul consul !

Aussi, lorsque Messala et Domitius eurent fait leur temps, — je n'oserais même pas dire qu'ils le firent jusqu'au bout, — cette idée rentra dans la tête de tous les *honnêtes gens* de Rome d'avoir Pompée pour dictateur.

Remarquez que, grâce à l'opposition faite par Caton, Caton était au nombre des *malhonnêtes gens*.

On proposa donc de nouveau la dictature pour Pompée. Mais alors Bibulus monta à la tribune.

Vous vous souvenez de Bibulus? C'est le gendre de Caton.

Bibulus monta donc à la tribune. On s'attendait à quelque sortie véhémente contre Pompée.

Point: Bibulus proposa de réélire Pompée seul consul.

Ainsi il lui donnait une grande autorité, mais limitée au moins par des lois.

— De cette façon, disait Bibulus, la République sortira de la confusion où elle est, et on sera esclave du meilleur citoyen.

Cet avis paraissait étrange de la part de Bibulus.

Aussi, quand on vit Caton se lever, pensa-t-on qu'il allait, selon son habitude, tonner contre tout le monde et même contre son gendre.

Mais il n'en fut rien.

Au grand étonnement de la multitude, on entendit sortir de la bouche de Caton ces paroles, qui furent prononcées au milieu d'un profond silence :

— Jamais je n'eusse ouvert l'avis que vous venez d'entendre ; mais, puisqu'un autre l'a fait, je pense que vous devez le suivre. Je préfère à l'anarchie une magistrature quelle qu'elle soit, et je ne connais personne de plus propre que Pompée à commander dans de si grands troubles.

Le sénat, qui n'attendait que l'opinion de Caton pour se prononcer, se rangea à cette opinion aussitôt qu'elle fut émise.

Il fut donc décrété que Pompée serait nommé seul consul, et que, s'il avait besoin d'un collègue, il choisirait lui-même ce collègue ; seulement, ce ne pourrait être avant deux mois.

Pompée, enchanté d'avoir trouvé un appui dans

l'homme chez qui il comptait rencontrer un adversaire, invita Caton à le venir voir dans ses jardins du faubourg.

Caton s'y rendit.

Pompée se porta au-devant de lui et l'embrassa, le remerciant de son appui, le priant de l'aider de ses conseils, et de faire comme s'il partageait l'autorité avec lui.

Mais Caton, toujours rogue, se contenta de répondre à toutes ces politesses de Pompée :

— Ma conduite précédente n'avait pas été dictée par un sentiment de haine ; ma conduite présente n'est pas réglée par un motif de faveur. Autrefois, comme aujourd'hui, je n'ai consulté que l'intérêt de l'État. — Maintenant, toutes les fois que tu me consulteras sur tes affaires privées, je te donnerai volontiers un conseil ; mais, quant aux affaires publiques, que tu me le demandes ou non, j'en dirai toujours mon avis, et tout haut encore !

Pour Cicéron, c'était tout le contraire de Caton : celui-ci semblait tenir à honneur d'être mal avec tout le monde, celui-là était aussi bien avec César qu'avec Pompée.

Au mois de novembre de l'an de Rome 700, c'est-à-dire cinquante-trois ans avant Jésus-Christ, Cicéron écrivait à Atticus :

« Je trouve une première consolation, et comme une planche dans mon naufrage, à ma liaison avec César. Il comble mon frère Quintus — je dirai ton frère, bons dieux ! — d'honneurs, d'égards, de bonnes grâces, au point que Quintus ne serait pas mieux, m'ayant pour imperator. Croirais-tu que César vient, à ce qu'il m'écrit, de lui abandonner le choix d'un quartier d'hiver pour ses légions ? *Et tu ne l'aimerais pas ! et qui donc aimerais-tu alors, parmi tous ces gens-là?* A propos, t'ai-je mandé que *je suis lieutenant de Pompée,* et que je quitte Rome aux ides de janvier? »

O digne Cicéron !

Et quand on pense que, sans Fulvie, il eût été aussi bien avec Antoine qu'il l'était avec Pompée et avec César !

FIN DU TOME PREMIER

COLLECTION MICHEL LÉVY. 1 fr. le vol. (Extrait du Catalogue.)

ALEXANDRE DUMAS FILS
Antonine, — ... à femmes, La
Boîte d'arg... pt. Dame aux Camél...
Dame aux Perles, Diane de Lys, Doc-
teur Servan... Le Rég... nt Ma... el, Le
Roman d'une Femme, 3 Hommes
forts, La Vie à 20 ans.

PAUL DELTUF
A... n ... es pr... n s... Petits Malheurs d'une j... une F... mme

CH. DICKENS (Trad A. Pichot)
Contes de Noël, Neveu de ma Tante

OCTAVE DO... ER
Fille de ... ol Mad G... k

MAXIME DU CAMP
Mémo... re du Sa... dé, Salon de
1857, S... A... nue

M. EDGEWORTH (Trad Jousselin)
Dehm... n

GABR... EL D'ENTRAGUES
Histoir... d'A... à gent...

ERCKMANN CHATRIAN
L'Illustre doc... u M... f... u...

XAVIER EYMA
A ent... u... rs Co... s F... mm...
du Nou... u M nd... L... P... u N...
es. L. P... s R... ug... r R... d st O...
p... ques. Le T... d... d' g... t

PAUL FÉVAL
A... s a Pau... Les A... n ours de Pa...
Be... c aud Pa... s, Blanche d... u Bosse...
o... n le pe... Pari en... Le pag... u du s...
l... n... d T... à J P... l... Fr Jaroux du
tol. Fils du D... ble Tueur de T... gres

GUSTAVE FLAUBERT
Madame Bo... y

PAUL FOUCHER
La Vie de pla...

ARNOULD FRÉMY
Les Conf... sions d'un Bohémien
Maîtresses pa... nn

GALOPPE D'ONQUAIRE
D... ble bo... u... à Pa... s — En f... o...
vées — Au... ge... Au bâteau

THÉOPHILE GAUTIER
Constant... ople L G... esques

SOPHIE GAY
Anatole, Con... de de Gu... he, Com...
d'Egmont, Duch... de Châ... au u
El... n... Fau F... Laur... d E...
Léon... e de Mont... u... Mah... du
Amu... bureau Mariage s... ous Em...
pi... e M... rie de Mance... Ma... Lo...
d'O... étana Moqueu... a ... u... r Ph...
s ologie du R d... u... e Sa... nc ét... é.
Sou... d'une ... e F... m...

JULES GÉRARD
La Chasse au... on O... d... d... 12 dessins
de Gust. Doré

GÉRARD DE NERVAL
La Bohème ga... e... L F s du
feu. Le Marquis de Fayolle Sou... en...
d'Allemagne

ÉMILE DE GIRARDIN
Émile...

Mme ÉMILE DE GIRARDIN
Contes d'une Vieille F... L... à sa ne...
veu, Croix de Berny (avec Th. Gau...)

... Méry et J. Sand... au) M... gue... te
M... le marquis de Pon angeu... Nou...
ll... s Poé... complètes, Le... c... de
La nay — Le tr... s... s... sannes.

GOETHE (Trad N. Fournier)
We th... r N... ce de H... B... n — H...
maun... Doroth... e N... ice de H. B... se

LÉON GOZLAN
Ba... il de Poud... e d... Coméd... e et
es Coméd... n Den Sougr... n D...
g... aro... g Emo... en... de P... yd
Maresq... o Pam... e Lambert F le
du g... Mé... n du P cq... N...
de Chan... y N... s du Pé... Lab... s...

Mme MANOEL DE GRANDFORT
L'autre Mo... d

LÉON HILAIRE
Nu... f... t...

HILDEBRAND (Trad Wocquier)
... mb... e be... e... S... es d... à Vie
boll... nd

ARSÈNE HOUSSAYE
L'Amou... m... F mm...
om... s... La V... u de Rouen

CHARLES HUGO
Bohèm... d... h... b... d... pa... is.

F. VICTOR HUGO (traducteur)
L... F... F... de Mar... ere... Son-
nets de Sh... k...

F. HUGONNET
Sou... en d'un C... f... e bureau... abe...

JULES JANIN
L'À... e mo... t, Le Chem... n de tra... erse
Cœur pou 2 a... m... u... La Confess... on...

CHARLES JOBEY
L'Amour d'un Nég...

PAUL JULLERAT
Les Deu... B... o... t

ALPHONSE KARR
Ag... t... e Cée... Ch... min le plu...
o L... C... De C... G... ue n Con...
Nu... u De... T... s Ts... ons Fa...
À... Le F... mm... e En...
F... Fu Be... Le Fleur...
G... ép... jo ten... s M u
F. P... M d al qu... e... P be
... aduct... et... n eau... a de La Pé... é
pe... No ande P gnée de Vé... té
P mb... de m n J dn R u
R... n... e R... be... Les Sol...
... de S... te Ad... μ... So...
O... g... Su... e T... u... 500 page
Voy... ge su... vi d... m n a Ja... in

KAUFFMANN
B... lla... e M... u... e

L. KOMPERT (Trad D. Stauben)
Juifs de la Bohème, Scèn... du Ghetto

DE LACRETELLE
La Po... e aux Ch... au r

Mme LAFARGE, née M. Capelle
H... is... de Pi... on

O. DE LA LANDELLE
Les P... nag...

CHARLES LAFONT
Les Lég... nd... de la Char...

STEPHEN DE LA MADELAINE
Le Secret d'une Renommée

JULES DE LA MADELÈNE
Âmes en pe... ne, Marquis des Saffr...

A. DE LAMARTINE
An... a Bossuet, Christ. Colomb, Ci-
cé on Co... fid... nces, Le Conseiller du
pu... pe Com... w... Fén... n G... ne...
e G... a s lla Gu... aume Tell, Hé... oïse
Abélard II... mé... e Soc... at... e J... anne
d'A c., Jacqu... d... M... e de St... gené...
N... son Régina, Ru... tem... Toussaint-
Lou... u...

L'ABBÉ DE LAMENNAIS
Le L... du P... p... a é... tude d...
M A B... nan P... oles d'un Croyant,
... oc é... tude de M Sal... B...

VICTOR DE LAPRADE
P... y hé

CHARLES DE LA ROUNAT
La Com... d... de la nouv...

THÉOPHILE LAVALLÉE
Hist... re d... Paris

CARLE LEDHUY
Cepi... d'A... nu... h... L... S... s... Meud... t

LÉOUZON LE DUC
L'Emp... e... u... Al... xandre II

LOUIS LURINE
Ici... on... ne...

FÉLICIEN MALLEFILLE
Le... pt. La ose M... ce Mém. de
don Juan, Monsieur Corbeau

CH. MARCOTTE DE QUIVIÈRES
Deux Ans en Af... que

MARIVAUX
Théâtre Not... ce d... P... de St-Victor

X. MARMIER
Au bord de la N... a D... ames Intime... G... ande Dame... use Ill t. alle-
mand... s... s and... ma... e...

LE DOCTEUR FÉLIX MAYNARD
Un D... ame dan... s... me... bo... tal...
J... une d'une Dame ang aise Voya-
g... A... u... et au Chi...

CAP MAYNE REID (T... A. Bureau)
Les Chasseurs de chevel... u...

MÉRY
And... é Chén... e... Cha... té... au Chastre
Châ... tes des 3 Tou... s Châ... t vert, Con...
ra... on au Lou... Damas d... dé l'I... on
Il... ts de famill... e, U... e Nuit du Midi
Nu... s... g... s et... d'Orient — Ita... ennes
— pari ennes — Salons et Souterrains
de Pa... s.

PAUL MEURICE
Les T... y... ans de... llage

PAUL DE MOLÈNES
A... ent... du Temps pass... Carac... M...
Réc... ts du temps Ch... n q... contemp...
Hist... ntimes, H... t... en m... el militai-
res. Mém... d'un Gentilh... de siècle
dernier

MOLIÈRE
Œuvres c... mplètes, ... ubliées p...
Philarète Chasles...

Le Catalogue complet de la maison Michel Lévy frères sera envoyé (franco) à... personne qui en fera la demande par lettre affranchie.

Imprimerie L. Toinon et Cie à Saint-Germain